原书第3版

批判性思维工具

[美] 理查德·保罗（Richard Paul） 琳达·埃尔德（Linda Elder）著 侯玉波 姜佟琳 等译

CRITICAL THINKING
TOOLS FOR TAKING CHARGE OF YOUR LEARNING AND YOUR LIFE 3rd Edition

机械工业出版社
CHINA MACHINE PRESS

图书在版编目（CIP）数据

批判性思维工具（原书第 3 版）/（美）理查德·保罗（Richard Paul），（美）琳达·埃尔德（Linda Elder）著；侯玉波等译 . —北京：机械工业出版社，2020.1（2025.4 重印）

书名原文：Critical Thinking：Tools for Taking Charge of Your Learning and Your Life，3rd Edition

ISBN 978-7-111-63820-9

I. 批… II. ① 理… ② 琳… ③ 侯… III. 思维方法 IV. B80

中国版本图书馆 CIP 数据核字（2019）第 262854 号

北京市版权局著作权合同登记　图字：01-2012-5944 号。

Richard Paul, Linda Elder. Critical Thinking: Tools for Taking Charge of Your Learning and Your Life，3rd Edition.

ISBN 978-0-13-218091-7

Copyright © 2012 by Richard Paul and Linda Elder.

Simplified Chinese Edition Copyright © 2020 by China Machine Press.

Published by arrangement with Rowman & Littlefield. This edition is authorized for sale and distribution in the Chinese mainland (excluding Hong Kong SAR, Macao SAR and Taiwan).

All rights reserved.

本书中文简体字版由 Rowman & Littlefield 授权机械工业出版社在中国大陆地区（不包括香港、澳门特别行政区及台湾地区）独家出版发行。未经出版者书面许可，不得以任何方式抄袭、复制或节录本书中的任何部分。

批判性思维工具（原书第 3 版）

出版发行：机械工业出版社（北京市西城区百万庄大街 22 号　邮政编码：100037）

责任编辑：彭　箫

责任校对：殷　虹

印　　刷：保定市中画美凯印刷有限公司

版　　次：2025 年 4 月第 1 版第 12 次印刷

开　　本：147mm×210mm　1/32

印　　张：13.875

书　　号：ISBN 978-7-111-63820-9

定　　价：79.00 元

客服电话：（010）88361066　68326294

版权所有·侵权必究

封底无防伪标均为盗版

| PREFACE 译者序 |

  思维是人类最重要的高级心理活动之一,思维和意识的存在使人类和其他动物有了显著的不同。心理学很早就关注对思维的研究,但传统的心理学把思维与问题解决等联系起来,对思维如何影响人类生活很少关注。随着文化心理学的发展和积极心理学运动的进一步深入,人们开始把研究的重点放在思维方式的影响上,心理学家意识到思维方式是一个人幸福和成功的决定性因素。本书就是这种思路的体现,作者理查德·保罗和琳达·埃尔德通过对成功人士的分析,总结出了一系列优秀的思维特征,并试图把这些成功思考者所使用的方法提供给我们每一个人,掌握了这些思维方法的人将会成为命运的主宰。

  本书用17章的篇幅阐述了批判性思维的问题,这些问题包括从批判性思维的概念、意义到如何成为一个批判性思考者以及一个好的批判性思考者应该是什么样的等问题。作者在第1章里首先阐述了公正性的含义,并把它看成是批判性思维的正确走向。第2章分析了批判性思维的不同阶段,看看你是处于哪个阶段的思考者是进一步思维训练的基础。第3章从自我理解的角度分析了如何做到思维公正。第 4 章则详细阐述了批判性思维的组成。第 5 章给批判性思维确立了标准。第 6 章从提问的角度阐述了批判性思维如何通过训练而养成。第 7 章阐述了批判性思维学习中要掌握的内容。第 8 章讲了优秀思考者的学习过程。第 9 章则是对学习的评估。第 10～13 章进一步阐述了批判性思维在一些特殊领域的培养和应用问题，这些问题涉及决策、自身非理性的克服、媒体和宣教偏见以及心理谬误的问题。第 14 章从道德的要求阐述了批判性思维的问题。随后的第 15 章和第 16 章则从策略性角度阐述了批判性思维。第 17 章则对如何成为一名高级的批判性思考者做了总结。通过这一系列的分析，我们能清楚地看到批判性思维是如何培养和建立起来的。

　　本书的最大特点是实践性强，每一种观念或观点都有方法的支持，也就是说，只要你遵照作者提供的方法，你一定能够把自己训练成为一个具有批判性思维的思考者。与布鲁克·诺埃尔·摩尔和理查德·帕克所撰写的同类书籍《批判性思维：带你走出思维的误区》相比，这本书所提供的方法操作性更强。批判性思维作为心理学应用的一个重要领域，对我们每个人的成长都是必不可少的，我们相信这本书所提供的理论和方法能对我们每个人训练自己的思维有所帮助。

　　感谢北京大学心理学系人格与社会心理学研究中心的研究生参与了这本书的初译，他们是郭晓明、蔡雯欣、陈书怡、李昕琳、姜佟琳、孙晓琪以及华南师范大学的董梦辰同学。同时感谢本书的策划编辑，她从选题到统稿都付出了巨大的心血。全书由我校稿审定，由于时间关系和译者的水平有限，难免会有不当之处，欢迎读者批评指正。

侯玉波
于北京大学静园 3 院

| PREFACE 前 言 |

  思维方式决定着行为方式。思维决定行为、感受和需求。如果思维方式不现实，你将会因此身陷沮丧和挫折之中。如果思维方式过于悲观，你就会错失生活中很多快乐的事情。

  认真思考生活中能够引发你强烈情感的事情，然后分析在这些事情中，是怎样的思维方式引起了你这样强烈的情感。举个例子说，假如上大学使你感到无比兴奋，这可能是源于你对大学的美好预期。而如果你不愿意去上课，这可能是因为你认为上课很无聊，或者可能是学习内容太难。

  同样地，如果你觉得自己的生活质量不够理想，这也很可能是你的思维方式导致的。在生活中，积极的思维方式带来积极的心理感受，相反，消极的思维方式带来消极的心理感受。

  当你认为大学生活必定是充满了快乐、友谊，受到同学的尊重和喜爱时，你的生活也会充满同样的欢乐和激情。而当你认为原本设想的一切美好都没有实现、你对这耿耿于怀的时候，你会深感失望甚至沮丧（这主要取决于你对经验解释的消极程度）。

  大多数人的思维方式都是潜意识的。这就像大部分悲观的人都不会承认自己是悲观的一样，他们绝不会承认他们自己以消极悲观的方式来思考自我和自己的生命经验，并且总是千方百计地让自己不高兴。

要想在人们没有意识到自身思维过程的情况下改变思维是不可能的。当思维在潜意识中运作时，我们无法察觉到思维的存在，从而也就不会想去改变我们的思维方式。

在现实生活中，只有少数人能够认识到思维方式在生活中的重要作用，并且能够对其进行控制。对于大多数人而言，在很多情况下，我们都是自己思维方式的受害者，我们惯常的思维方式常常对我们有害无益。我们是自己最大的敌人，潜意识中的思维方式成为我们生活中问题的来源：它妨碍我们对机会的觉察和把握，使我们不能专注于最有意义的事情；妨害我们的人际关系，使我们坠入痛苦的深渊。

我们如何界定一名优秀的大学生呢？决定一名大学生是否优秀的最重要因素就是他们的思维方式。从事学术研究时思维质量高，研究质量就会相应地提高；阅读的时候思维方式活跃，读书就会卓有成效；写作的时候思维质量高，写出的文字自然经读耐读。总的来讲，如果一名学生研究做得不错，阅读和写作也优秀，那么这名学生就是优秀的。当然，导师也会在学生的学习中起到一定的作用。在帮助学生学习的过程中，有的导师做得好，有的导师做得差一些，但是即使最好的导师也不能代替学生学习、思考、阅读和写作。如果一名学生缺少对课程内容进行思考的必要思维技能，他就不是一名优秀的学生，就不会在大学中获得成功。

本书探讨的一个关键问题就是：如果思维方式是一个人幸福、成功与否的决定性因素，我们为何不去发现和学习那些幸福、成功人士的思维技巧呢？你或许不能精通所有的思维技巧，但是学到任何一种思维技巧，你都会获益匪浅。

本书将会呈现那些成功思考者所使用的思维方式，并且提供学习和练习这些思维方式的方法。通过对本书的阅读和学习，你将会成为一个掌握自己命运的批判性思考者。但最终决定你的思维方式能否改善的关键还是你自身提高的意愿。下面是成功思考者的一些特征：

- 优秀的思考者总是在思考他们的思维过程。优秀的思考者认为思维并不是自动的。他们不认为优秀的思维方式是天生的，他们关注自己的思维过程，不断地对其进行反省和调整。
- 优秀的思考者都有明确的目标。优秀的思考者从不盲目，他们知道自己的目标所在。他们清楚自己想要什么，拥有明确的目标并知道这些目标之间的优先顺序。他们不断地检查和调整自己的行动使其服从于目标。
- 优秀的思考者使用一些思维"工具"来提升他们思维的质量。优秀的思考者知道如何清晰地表述自己的思维方式、如何检查思维方式的准确性和精确性。他们知道如何专注于与目的相关的问题上。优秀的思考者知道如何全方位深度地看待问题，使思维方式更加具有逻辑性。
- 优秀的思考者能够将他们的思维与感受、需求相分离。优秀的思考者清楚想法自身不能转化为现实。他们知道人们会不理性地感到愤怒、害怕或者缺乏安全感，但他们不会允许无端的情感左右他们的决策。他们能洞察自己的心思，这使得他们可以审查自身思维运作的过程，从而可以仔细地控制思维过程（见第 1 章）。
- 优秀的思考者常常分解、剖析事情。优秀的思考者常常"分析"他们的思维方式。他们不相信心智可以自动对思维方式进行分析。我们必须有意识地学习和分析思维方式这个方法，这需要我们了解（思维组成部分的）相关知识和进行

（精确控制这些思维组成部分的）练习（见第 2 章）。
- 优秀的思考者经常评估自己的思维方式——找出他们思维方式的优缺点。优秀的思考者不相信心智会对自己自动地进行评估。他们认识到心智对自己的评估方法有天生的缺陷。人们必须有意识地学习评估思维方式的方法，这也需要（关于思维普遍标准的）知识和（执行这些标准的）练习。

本书作为一个整体，将会向我们展示对生活中的问题和困难进行正确思考的思维方法和技巧，帮助我们解决学习中、生活中和职业道路上遇到的困难。如果你能认真学习这些方法和技巧，并练习使用它们，你就可以控制自己的思维方式，从而最终提升自己的生活质量。

新版的特点

- 新！对于原版中一些过于前端的章节，我们很多老师在授课时都没能把它纳入自己的课程中，因此我们将这些章节删除了。本书所有内容都可以在一个学期或者两个学期内授完。
- 新！新版中修正了书中的很多图表，并且添加了一些新的图表，这些图表可以让我们更加直观地理解书中的观点。
- 修订！新版第 15 章、第 16 章提供了一些练习策略，有助于我们提高生活质量、设计自己批判性思维方式的练习计划。
- 修订！第 14 章强调了我们发展批判性思维的主要障碍——自我中心和社会中心。让同学更真实地了解要成为一名优秀的思考者所需要做的种种努力。
- 修订！本书使用的批判性思维的概念是全面、综合、详尽的。此外，我们还以简明、易懂的语言向同学介绍批判性思维的原则。本书阐明的批判性思维的概念适用于所有与人类思维和生活有关的领域。
- 修订！书中的概念都建立在公正思维的基础上，以帮助教师培养学生公正的思维方式、拒绝诡辩的思维方式。
- 修订！第1章不仅强调了思维技能的发展，更强调发展思维特质。这能够有助于教师培养学生换位思考的思维能力，训练学生的正直性、公平公正等其他思维品质。
- 修订！本书选用了通俗易懂的语言而不是专业术语，以使同学能够很好地理解书中的观点。

致谢

感谢以下学者阅读我们的草稿并提出了宝贵的建议，他们是：Dr. Rochelle R. Brunson, Alvin Community College; Jan C. Graham, Maryland Community College; 以及 Bob Schoenberg, University of Massachusetts, Boston.

献辞

谨以此书献给那些因普遍存在的偏见、自欺和不道德的思维方式而遭受苦痛折磨和不公的人。

感谢

特别感谢 Gerald Nosich——一名有奉献精神的思想家、学者典范、我的终生挚友。

目 录 CONTENTS

译者序
前言

绪论 // 1

最新的批判性思维概念 // 1
作为一个思考者,你的技能如何 // 2
良好的思维方式需要付出努力 // 5
批判性思维的概念 // 8
成为自己思维的批判者 // 11
建立新的思维方式 // 11
培养对自己推理能力和识别事物能力的信心 // 12

 第 1 章 成为公正的思考者 // 15

批判性思维的强弱 // 16
公正性需要什么 // 20

认识思维特质之间的相互关联性 // 35
小结 // 38

第 2 章　你处于批判性思维前四个阶段的哪个阶段 // 39

阶段 1　鲁莽的思考者 // 40
阶段 2　质疑的思考者 // 42
阶段 3　初始的思考者 // 44
阶段 4　练习中的思考者 // 48
一份通向进步的"游戏计划" // 50
为制订练习计划而建议的策略 // 50

第 3 章　自我理解 // 59

监控日常思维和生活中的自我中心 // 60
努力做到思维公正 // 61
识别大脑的三个与众不同的功能 // 62
理解你与大脑间的特殊关系 // 64
将所学课程与你的生活问题建立联系 // 68
整合理智和情感的学习 // 68

第 4 章　思维的组成 // 71

推理无处不在 // 72
思维的成分 // 74
思维成分的整合 // 83
思维要素之间的关系 // 84
批判性思维指向一定目标 // 85

批判性思考者能够组织概念　// 86

批判性思考者评估获取的信息　// 89

批判性思考者能够区分推论与假设　// 93

批判性思考者能够透彻理解推论的意义　// 99

批判性思考者能够调整观点立场　// 102

批判性思考者的观点立场　// 103

小结　// 104

第5章　思维标准　// 105

深入理解通用思维标准　// 106

将思维元素和思维标准结合　// 115

使用思维标准的简要指南　// 121

第6章　培养良好思维的提问　// 131

思维中提问的重要性　// 132

质疑你的问题　// 133

呆板的问题反映惰性的思考　// 134

三种问题类型　// 134

成为苏格拉底式提问者　// 138

关注问题的类型　// 140

关注思维标准　// 141

关注思维元素　// 143

关注问题优先次序　// 146

关注思维领域　// 147

小结　// 150

第 7 章　掌握思维，掌握内容 // 151

超越表面化的记忆，深度学习 // 152

内容和思维的关系 // 153

通过思维理解内容，通过内容进行思考 // 154

用思维的知识在课堂上思考 // 156

第 8 章　了解优秀思维者是如何学习的 // 159

优化学习的 18 个策略 // 160

典型大学课堂的逻辑 // 162

理清你所学课程的最基本概念 // 166

清楚课程和学科必要的思维模式 // 168

生物化学的逻辑 // 171

另外四门学科的逻辑 // 175

确保课程设计对你有效 // 182

听说读写和思考 // 186

找出一篇文章的逻辑 // 189

弄清教科书的逻辑 // 189

评价作者推理的标准 // 189

第 9 章　重新评估自己思考和学习的水平 // 191

发展自我评估的策略 // 192

运用特征来评价你的表现 // 192

运用学生特征去评价你自己在具体学科中的表现 // 197

小结 // 201

第 10 章　决策和问题解决　// 202

决策　// 202

问题解决　// 211

小结　// 227

第 11 章　应对自身的非理性　// 229

管好自私的天性　// 231

控制你的社会中心倾向　// 258

小结　// 267

第 12 章　如何甄辨新闻中的媒体偏见和宣教　// 269

民主与新闻媒体　// 270

使得新闻媒介逻辑晦涩难懂的谬见　// 272

新闻媒体的客观性　// 272

对主流观点偏见的知觉　// 277

辨别社会中心思维　// 281

歪曲报道来支持特权的观点　// 282

找到替代的信息来源　// 294

成为一个自我思考者　// 295

小结　// 306

第 13 章　谬误：心理诡计和操纵诡计　// 307

人类心理的真实和自欺　// 308

三种类型的思考者　// 309

思维谬误的概念　// 312

错误的概括化 // 316

分析概括 // 319

44 种赢取辩论的诡计 // 325

谬误识别：分析过去的一则演讲 // 346

谬误识别：分析当代的一则演讲 // 351

谬误识别：分析一则总统候选人的演讲 // 356

避免两个极端 // 359

小结 // 361

第 14 章 努力成为一名有道德的推理者 // 363

为什么人们对道德感到困惑 // 364

道德推理的基础 // 367

小结 // 383

第 15 章 策略性思维：第一部分 // 384

理解和使用策略性思维 // 384

策略性思维的成分 // 387

策略性思维的开始 // 388

第 16 章 策略性思维：第二部分 // 400

小结 // 415

第 17 章 成为一名高级的思考者：总结 // 416

练习批判性思维 // 416

阶段 5 高级的思考者 // 417

阶段 6　完善的思考者　// 420
完善的思考者的心理品质　// 422
完善的思考者的内在逻辑　// 424
完善的思考者　// 424

参考文献 // 426

绪 论

> 心灵自有所归属，天堂或地狱只在一念之间。
>
> ——约翰·弥尔顿，《失乐园》

就像其他语义丰富的名词概念有很多定义的方法一样，批判性思维这一概念也有很多定义的方法。然而，与其他概念一样，批判性思维也具有一些不可忽略的本质要素。在绪论中，我们会介绍批判性思维的本质。我们将为你展开它神秘的面纱，介绍它与你日常生活的关系。最后，我们需要你用自己的语言陈述你对批判性思维的理解，以证明你掌握了这一概念。

最新的批判性思维概念

让我们思考批判性思维这一新的定义。

批判性思维是一种对思维方式进行思考的艺术，该艺术能够优化我们的思维方式。而它包括三个紧密联系、互相影响的阶段：分析思维方式阶段㊀、评估思维方式阶段㊁和提高思维方式阶段㊂。

要想掌握批判性思维方式,个体要有对思维方式进行仔细检视和反思的意愿,必须愿意对自己的思维方式进行分解剖析(把它视为一些独立建构的成分),愿意去正视我们思维方式中的弱点,并且能够在此基础上对思维方式进行重塑(见图0-1)。想要克服思维方式中自有的刻板、故步自封的倾向,个体必须要有足够强烈的动机。

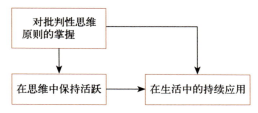

图0-1　批判性思考者使用理论来理解思维的运作方式,然后将这些理论应用到日常生活中去

要想掌握批判性思维方式,个体必须为自己制定高标准,必须学习可行的方法,一步步地趋近这些标准,以至于最终达到这些目标。本书将会帮助大家明白如何掌控自己的思维方式、如何在意识层面觉察出自身的思维方式,将它分解剖析,更好地去了解它,最后优化自身的思维方式。

作为一个思考者,你的技能如何

没有什么比优秀的思维方式更实用的。无论你在什么情境下、

㊀ 是指在任何情境中关注思维的各个元素,即目的、悬而未决的问题、信息、解释和推理、概念、假设、结果和意义、观点的阶段。
㊁ 是指指出它的优势和劣势的阶段,围绕内容的清晰度、准确性、精确性、相关性、深度、广度、重要性和公正性。
㊂ 是指强调其优势,减少劣势的阶段。

有什么样的目标,也不管你面对什么样的困难,只要你能够掌控自己的思维方式,你就能使事情向好的方向发展。无论是学生、消费者、雇员、市民,还是为人父母、爱人或朋友(生活的各个领域的人),所有人都能从良好的思维方式中获益。相反,不良的思维方式总会招来麻烦、浪费时间和精力、带来沮丧和痛苦。

批判性思维方式使个体无论在什么情况下都可以用最佳的思维方式解决问题。人们进行思考通常是为了了解一些情况、应对一些困难、回答一些问题或是解决一些事情。每个人都需要了解我们所居住的这个世界,这种了解对我们的生活很关键。

无论我们如何理解一件事情,我们都会有多种方法去解决它。我们需要充分的信息来帮助我们选择解决的办法。我们需要弄明白:正在发生什么?这真的与我相关吗?当我选择相信某事的时候我是否在欺骗自己?失败的后果是什么?当我想做某件事的时候,我应该如何做准备?我如何才能做得更好?这是我最大的问题所在吗?我需要将精力集中在这上面吗?恰当地应对这些问题是思维每天都面对的任务。

无论何时都没有一种万能的方法能保证你发现事情的真相,但是,却有一种方法可以让你更加接近真相,这就是优秀的思维方式。为了最大限度地发挥你的思维技能,你必须学会有效地批判自己的思维方式。要做到批判性地对待自己的思维方式,你必须首先了解思维的本质。

用一分钟时间思考一下你自出生以来获得的所有经验:有关运动、财富、友谊、怒与怕、爱与恨、父母、自然、城市、习惯和禁忌、人类习惯与本性方面的所有经验。这些学习是一种自发的过程。学习可以分为很多种,其中一种非自发的学习就是内源性学习——学习关于自我的知识、关于思维本身是如何运作的知识、关于我们如何思考以及为何这样思考的知识。

让我们从回答这些不常见的问题开始：你是否了解你的思维方式？你曾经研究过你的思维过程吗？我们知道思维过程涉及很多智力过程，而你又对这些智力过程了解多少呢？更进一步，你是否了解如何去分析、评估和改造你的思维方式？你的思维方式来自哪里？其中有多少是高质量的思维方式？有多少是低质量的思维方式？你思维中有多少是模糊、混乱、不连贯、不准确、无逻辑甚至是肤浅的？在哪些情况下你能够控制你的思维？你知道如何检测自己的思维方式吗？你是否有明确的标准来判断你思维方式的好坏？你是否曾经发现你思维方式中存在的严重问题，然后有意识地进行改正？如果有人希望你能告诉他改进思维方式的心得，你是否确定自己已经掌握了改进思维方式的方法，并且清楚学习这种方法的过程？

如果你跟大多数人一样对于上述问题的答案是："好吧，我承认我对思维方式没有太多的了解。我在一定程度上认为思维方式是理所应当的。我真的不知道思维方式是如何工作的。我从来没有研究过它。我也不知道如何检测它，即使我的确检测过。思维方式在我的头脑中是自动进行的。"

在一生中，我们很少认真地对思维方式进行研究和思考。思维方式的训练既不是学校里的科目，也不能在家庭中学到。但是，如果你停下来想一想思维方式在你的生活中所起的作用，你就会发现你做过的、想要做的和感觉到的任何事情都受到你思维方式的影响。如果你了解到思维的作用如此重要，你就会对人们很少关注自己的思维方式而感到惊奇。进一步讲，如果你像植物学家观察植物那样开始关注自己的思维方式，你的人生会就此改观。你会注意到他人注意不到的东西。你将成为那些致力于发现人类思维实质，了解人类在思考什么、如何去思考，能够对人类思维方式进行评价和改进的少数人之一。

你逐渐会发现：我们所有人在成长道路上都养成了一些不良的思维习惯。例如，在没有证据的时候就匆匆得出结论；让刻板印象主导我们的思考；形成错误的信念；立场先行、以既定视角来观察整个世界；忽视和抨击那些与我们相悖的观点；编造一些谎言和虚假的讹传；进行一些与我们的经验不符的思考。当你发现自己的思维中存在这些问题的时候，我们希望你能询问自己或思考一些关键的问题：我能够学着避免这些不良的思维习惯吗？我能够养成良好的思维习惯吗？我是否能够很好地或者更好地进行思考呢？

很少有人会发现思维中的这些习惯和问题。然而，随着你对于良好思维方式和不良思维方式理解的加深，你从中受益就会越多，你就可以开始做出恰当的决策，可以享有更多重要的权利。你的生活也有更多的可能性，会有更多的选择，会减少不必要的错误，会对生活有更多的理解。如果你想要像优秀思考者一样生活，为何不试着对思维方式进行思考呢？

良好的思维方式需要付出努力

任何事情都会有思维误区。为了提高自己思维方式的质量，你必须完成繁杂甚至令人痛苦的劳作：思维劳作。如果你想要提高自己的思维水平，你必须有所付出。一个人不可能一夜之间就成为一个优秀的篮球运动员或者舞蹈家，同样，我们也不能期望自己一夜之间就变成一个熟练的批判性思考者。为了提升思维水平，你必须有对思维方式进行思考的动机。在体力劳作中，我们常说："没有付出就没有收获！"在这里，更准确地说应该是："没有思维的付出，就没有思维收获！"

这意味着你必须做一些麻烦、困难、具有挑战性的思维练习。

像运动员通过练习和反馈学习肢体动作那样，你要学习思维的"动作"。思维方式的进步就像其他领域的进步一样，这些进步都需要理论的指导、精力的投入和努力练习。本书虽然可以提供成为优秀思考者的练习方法，却不能提供完成这些练习的内部动机，对此，你必须自己做出努力。这就像你必须成为爬下树观察其他同伴动作的那只猴子那样，在观察他人的同时，还必须要检视自己的思维方式。

我们进一步讨论体力和思维活动的相似性。我们相信它们之间的相似性体现在许多方面，因此，体力活动可以为我们的思维活动提供一个可以参照的原型。假如你学习打网球并且希望能打得更好，最好的办法就是通过观看那些优秀运动员的动作影像，认真观察他们是如何打球的。研究他们的动作、知道应该多做什么动作、少做什么动作，不断地练习，然后经过很多练习、反馈、再练习的反复。反复的练习会加深你对这门技艺内部和外部的了解。在这个过程中，你会掌握评论自身表现的专业术语。或许，你会有一个教练伴随你渐渐地进步。同样的方法也适用于芭蕾舞、长跑、钢琴、棋艺、阅读、写作、抚育儿女、教学以及研究等的练习。

思维练习中存在的一个主要问题是：大多数技能练习都是看得见的，而思维并不可见。我们可以看到一项技能表演的录像，但是，观看人坐在椅子上思考，我们会觉得那个思考者好像什么也没做一样。而越来越多的劳动报酬都是由劳动者所能做的思维活动水平决定的，而不是他们的身体力量或者体力劳动。因此，即使思维方式在大多数情况下都是不可见的，但它却是我们拥有的最重要东西。思维的质量决定了我们的贫富、强弱。但是我们通常在思考的时候，并没有注意到我们的思维是如何运作的，我们常常认为思维是理所应当自然发生的。

例如，日常生活和思考中我们经常曲解爱、友谊、诚实、自由、民主、道德这些重要的概念。我们的潜意识总是偏重于我们想要得到的东西，而不是真实地描述自我和世界。

即使我们日常的对话和行为当中暗含了很多概念，但是在很多情况下，这些概念都是不可见的。我们的思维方式也一样，假如我们能够把思维方式呈现在大屏幕上，我们或许会惊奇，甚至震惊于竟然有如此多的思维过程是我们没有注意到的。

要想成为一名优秀的思考者，你必须在思考自己的思维时关注其中暗含的结构——概念就是其中一种，如果你能够认真使用思维的技巧，你就能更好地利用这些结构。当你能清楚地注意到自己的思维、认识到自己思维方式的优缺点、能够像看大屏幕播放节目一样监视自己的思维过程时，你就成了一名优秀的思考者。

批判性思维方式为你提供了思考工具，它适用于生活和学习中所有需要思考的事情。随着思维技能的提高，你会掌握更多思维工具，这些工具可以帮助你在思考任务中更谨慎地推理。无论你追求的目标是什么，目标实现的方法都有好坏之分。批判性思维能够帮助你使用更多好方法，而规避不好的方法（见图 0-2 和图 0-3）。

图 0-2 批判性思维方式是我们理解一切事物的方法

> **问题**
> 每个人都认为是我们的本能决定了我们的行为,但是,大多数思维本身都是有偏见的、歪曲的、不全面的、信息不充分的。我们的生活质量和我们能够取得的成就都取决于我们思维的质量。无论是在物质生活还是精神生活质量上,低级思维方式的代价都是高昂的。优秀的思考必须经过系统的训练。
>
> **定义批判性思维**
> 批判性思维是一种无论思考什么内容,思考者都能通过分析、评估、重构自己的思维来提高自己的思维水平的思维模式。
>
> 批判性思维是自我控制、自我要求、自我监控、自我修正的思维方式。它要求有严格的标准和对这些标准的严格执行。它不仅需要克服自我中心和社会中心的影响,还需要有效的沟通和问题解决能力。
>
> 这样分析思维方式:
> 找出它的目的、困难、信息、结论、假设、意义、主要概念和观点。
> 这样评估思维方式:
> 检查它的清晰性、准确性、精确性、相关性、深度、广度、重要性、逻辑性和公正性。
>
> **结果**
> 一个受过良好训练的批判性思考者能够:
> - 找出关键的问题和困难所在,并且能够清晰、准确地表达出这些问题。
> - 收集并评估相关的信息,使用简练的语言有效地解释这些信息。
> - 得出有效的结论和解决办法,并使用相关的标准检验它们。
> - 思路开阔地识别并评估其他可替代的思维系统,识别、评估它的假设、意义和可能的实践结果。
> - 在寻找复杂问题的解决方法时,能够与他人有效地交流。

图 0-3 为什么批判性思维如此重要(更详细的"定义")

批判性思维的概念

批判性思维的概念反映了一种古希腊的观点。批判性这一词汇有两个希腊根源:kriticos(意思是"恰当的判断")和 kriterion(意思是"标准")。从语源学上来讲:批判性这一概念的含义是"建立在某些标准上的恰当判断"。在《韦伯斯特新世界词典》(*Webster's*

New World Dictionary）中，进入批判性有关的词条显示"以仔细的分析和判断为特点的"，后面接着写道："严格地理解，批判性指尝试对事物的好坏进行客观的判断。"综合这些定义，批判性思维合适的定义为：

批判性思维是建立在良好判断的基础上，使用恰当的评估标准对事物的真实价值进行判断和思考。

批判性思维有三个维度：分析、评估、创造性。作为批判性思考者，我们分析思考以评估我们的思维，而又在评估思考中提高自身思维的质量。

换一种说法，批判性思维是指为了提高我们的思维水平而对自身思维进行的系统性监视。当我们批判性地进行思考的时候，我们不能从它的表面价值进行评定，我们必须清晰地、准确地、相关地、有深度、有广度和有逻辑性地对思维进行分析和评价。我们发现所有推理都发生在观点和参考框架中，这些推理都是由一定的目标引发，并具有一定的信息基础，用来推理的所有信息和数据都必须能够被解释，这些解释涉及概念，这些概念需要假设，思维中使用的基本参考信息都有一定的意义。思维中的缺陷可能发生在思维过程中的任何一个阶段，因此我们要密切注视思维的每一方面。

当我们进行批判性思考的时候，我们自己是能够对思维的各个方面进行批判性的分析和质疑的，这种质疑十分重要。批判性思维一些常用的质疑方式如下：

让我们来思考一下，这里最基本的问题是什么？我应该用哪种观点思考这一问题？这样假定对我来说有没有意义？我能从这些数据中做出哪些合理的推论？这些图形有什么含义？这里最基本的概念是什么？这些信息与那些信息一致吗？什么原因使问题变得复杂?我怎么才能检验这些数据的准确性呢?如果这些都符合,这有什么其他的含义吗?这是一个可靠的信息来源吗?

在运用上述问题来反思我们的思维方式时,你可以发现批判性思维活动中的一些最基本的"动作",这些基本"动作"适用于任何学科、任何问题。本书的主要目的就是帮助你学习批判性思维语言,并且帮助你把这种语言内化为自己学习和生活的基本工具。积极使用批判性思维中的分析和评估工具,你就能够提高自己的思维质量。

批判性地思考		
教与学	生活	言论
创造力	倾听	政治
情绪	医疗	信仰
直觉	写作	问题解决
习惯	护理	阅读

图 0-4 批判性思维可以用于我们思考的所有事情

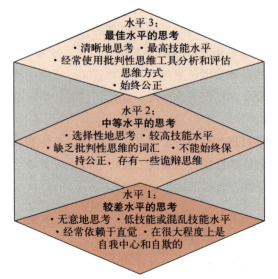

图 0-5 思维的三个水平

成为自己思维的批判者

你可以为自己做的最重要、最有意义的事情就是开始批判性地思考自己的思维方式。这么做并不是否定自己,而是对自己的完善。这样做能够是练习思维技能的开始,是终生学习的开端。为了成为自己思维的批判者,你首先要觉察到自己的思维方式,了解它的结构,观察它的含义,找出它的基础和优缺点。你必须认识到:只有投入精力和刻苦练习,你才能够彻底改变你的思维方式。你需要了解你思维的缺点,以及你努力想要学习的优点。无论你现在的思维处于哪个层次,你要明白通过努力你可以改善自己的思维。批判性思考者努力追寻的最终目的就是促进自己思维创造性的进步。

建立新的思维方式

在学校教育中,大部分人使用试误这种费力的方式来改变思维方式。在学校学习批判性思维的过程中,学生很少得到过他人帮助。他们掌握的思维工具很少,结果是总以一种无意的方式依靠我们的天生能力进行思考。在这样的思考过程中,学生养成了一些好的思维习惯,同时也形成了一些不良的思维方式。这些思维混杂在一起很难进行区分。通常情况下,学生往往在没有清晰认识到思维目标的情况下就进行学习。作为一个思考者,他们不清楚自己的目标,只是机械地将每一节课当作任务来完成。不知道如何更好地去学习。

为了能够进行深层次的学习,在学习上,学生需要一个有力的杠杆。学生要清晰地知道自己努力的目标,而且需要有力的工具来帮助优化他们的思维和学习过程。

批判性思维正是这样一个有力的杠杆。它实用性很强，能够帮助学生节省时间和精力，使他们享受生活中更多积极快乐的情绪，它会使学生更加成功。因此，无论你的角色是一名学生、学者、父母、消费者、市民还是其他，成为自己思维的批判者对你都是有益的。

如果你还没有改善你的生活质量，那么你还没有发现批判性思维真正的力量。我们希望本书会成为你生活转变的推动力。任何人都能从良好的思维方式中获益。

培养对自己推理能力和识别事物能力的信心

无论你在学校中表现得如何，重要的是你能认识到人类思维的力量。思维的力量，是无穷的。但是，如果我们想要发掘自己的潜力，我们必须要掌控自己的思维。能够掌控住自己思维方式的人能够在各个方面取得进步。

对于学龄儿童，我们经常会认为那些问题回答得最快、考试卷子交得最早、测试题做得最快的学生是最"聪明"的学生，他们也因此获得更好的印象，这往往使得这些学生视自己的智力为骄傲的资本。相反，那些看起来反应相对慢的学生常常认为自己是不重要的、无能的，从而轻易地放弃了学习，他们不明白龟兔赛跑的道理。

事实上，标准化的智力试验常常成为学习的阻碍。是否掌握了知识不重要，关键是看是否注重提高并控制自己的思维方式。批判性思维是一种学习工具，并且它适合所有水平的学生。世界上很多最优秀的思考者不是最快的思考者，例如爱因斯坦、达尔文和牛顿。优秀的思考者可能是那些一直辛勤地工作、经常提问、追求重要观点、综合思考各种信息、区分地对待事物、试图在重要的思想观点之间建立联系的人。他们对自己的思维有强烈的信心,他们享受学习和思考过程中不同观点的碰撞交锋。

看一看达尔文(F. Darwin,1958)是如何描述他在学习中的挣扎的:

> 我很难清晰准确地表达我自己的观点,这浪费了我大量的时间;但是这也有好处,这种缺陷强迫我专心思考每一句话,因此我可以发现自己推理、观察以及其他方面出现的错误(p.55)。

在解答思维问题的时候,达尔文(1958)依靠的是勤奋和不断的反思,而不是惊人的记忆和快速的反应。

> 我没有快速的理解力和过人的智力……我理解冗长抽象的思维过程的能力有限……我的记忆量很大,但是却很模糊……我的记忆很差,我对日期或者一句诗的记忆从来没有超过几天……我的创造力一般,至少不比别人好……我想我只是擅长注意到别人常常忽视的东西,并能够认真地观察他们……我有耐心花几年的时间来思考一个未解的难题(p.55)。

爱因斯坦(Clark,1984)在学校中表现很糟糕,当他的父亲询问班主任"孩子将来应该从事什么职业"的时候,老师回答说:"无所谓,因为在任何领域他都不会取得成功。"他没有在任何方面表现出过人的天分。成为科学家后,他也否认自己的智力超常,"我没有任何特殊的天分,我只是好奇心比较强"(p.27)。

优秀的思考者有一些共同特征,他们会系统认真地思考自己解决问题的方式;会对自己不理解的问题进行提问;他们不关心对他们智力水平的界定,也不理会智力试验的结果;他们认为无论记忆好坏、反应快慢,学习最重要的是坚持不懈的投入,以及在学习过程中掌握优秀的思维技巧。只要去做,个体就能养成优秀的思维技巧。本书就是要教会你这些思考的技巧。

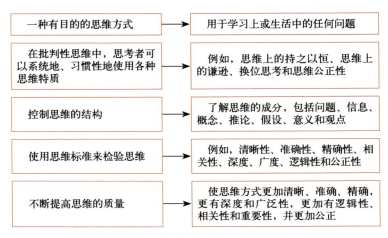

图 0-6　批判性思维：一个详细的定义

记住，赛跑的胜者是乌龟，而不是兔子。成为赢得赛跑的乌龟吧。

| CHAPTER 1　第 1 章 |

成为公正的思考者

并不是所有的思维方式都是公正的，我们可能会成为一名不公正的思考者。我们常常自私、狭窄地学习和应用思维技能。很多思维技能娴熟的人都在这样做。例如，那些政治家，他们利用圆滑（虚假）的说辞操纵人们，他们做出承诺却不去履行，为了维护自己的权力和威望而说假话。从某种意义上说，这些人是技能娴熟的思考者，他们的思维能够帮助他们实现自己的目的，但是最优秀的思考者不会用思维技能来追求自私的目标。优秀的思考者不会试图去控制他人。即使需要付出代价，他们也会努力保持公正。他们了解思维不是与生俱来就是公正的，人的本性是自私的。他们了解要想做到公正需要养成特定的思维特质——谦逊、勇气、整合性、自主性、换位思考、坚毅及对推理的信心。

本章将介绍公正性的含义，并讨论公正性思维的特质。如果你想成为一个公正的思考者，那么你必须进行公正性的"练习"。你必须能够发现你自私的行为，并不断努力改变这些行为。你要变得理性、有同情心、有奉献精神，跳出自己的思维框架来观察自己和自己行为对他人的影响。你必须不断地做出判断，将公正思维内化为自己自我认同的一部分。

批判性思维的强弱

批判性思维可能走向两个不同的方向：自我中心或公正。当我们学习批判性思维所需要的思维技巧时，我们既可以自私地使用这些技巧，也可以公正地使用它们。例如，当教给学生如何识别推理中的错误（通常称为谬误）时，大多数学生能很容易从他人的推理中找出错误，但是却很难找出自己推理中的错误。学生善于通过指出他人谬误使得对手的思考看起来很糟糕，但是却很少以此来分析和评价自己的推理。

自由党的人善于发现保守党观点的错误，保守党常常看到自由党观点中的错误。宗教信徒常常看到非信徒思维中的错误，非信徒能看到信徒思维中的错误。反对堕胎的人很容易发现支持堕胎言论中的错误，支持堕胎的人也很容易发现反对堕胎观点中的错误。

我们称这些思考者为批判性程度较弱的思考者。我们之所以称之为"弱的"，是因为即使这些思维在很多方面是很好的，如高水平的思考技巧及批判性的思维方式，但是它却缺少了很多重要的内容，就是比那些技巧更为重要的**公正**。批判性思考者没能善意地考虑反对者的观点，缺少公正性。

批判性较弱的思考者传统上被称为诡辩家。诡辩是一种以赢得辩论为目的的思维技巧，它不管思维中是否存在问题，也不管相关的观点是否被忽略了。诡辩性思维的目的就是要赢。诡辩的思考者使用低水平的言辞和论证，使得不合理的思维看起来合理，使合理的思维看起来不合理。诡辩性思维是律师、法庭原告和一些政客经常使用的思维方式，对于这些人，他们更加关心的是输赢而不是公正。他们利用思维技巧和诡计来操纵人们的情感和观点。

只要没有遇到批判性程度更强的思考者，诡辩思考者就能赢。批判性程度强的思考者不会轻易地被圆滑、诡辩的言辞和思维诡计所蒙蔽。批判性强的思考者最鲜明的特点就是对公平和正义的追求。他们总是向着道德而努力，决不会做出利用或是伤害他人的行为。他们能对他人观点进行换位思考，尽管不一定赞同，但是，他们也渴望倾听别人的观点。当遇到更合理的推理的时候，他们也会改变自己的观点。他们用合乎道德的方式进行思考，不会用他们的思维来控制他人或者隐瞒真相（用批判性较弱的思维方式）。大概一个世纪以前，威廉·格雷厄姆·萨姆纳（William Graham Sumner，1906）就描述了批判性程度强的思考者。他说他们：

不容易被外界干扰……不会轻易相信某人的唯一论断……总是考虑事情的各种可能性，不论处理的事情是十分确定的，还是十分复杂的……都能权衡不同证据……能够抵抗住偏见的影响。

世界上有太多自私的思考者，太多诡辩家、欺骗家，太多不道德的律师、政客，他们擅长歪曲信息来服务他们自身的利益。我们希望你能够成为一个技能熟练且公正的思考者，一个能够甄别那些损害他人利益的诡辩游戏的思考者。我们也希望你能够有勇气公开地反对那些不道德的思维方式。这本书也是假定你会认真地学习批判性思维的公正性。

进行批判性程度强的思考需要我们在学习批判性思维的基本技能时就培养公正性，并且"练习"公正的思维方式。如果我们掌握了这种公正性，我们就能避免利用思维技能来服务自身的利益；我们就能以同样的标准对待所有的观点；我们会希望自己和对手都能合理地推理；我们就能对对手和自己采用同样的推理评判标准；我们就能像质疑他人一样质疑反思自己的目的、证据、结论、意义和观点。

对于推理的评估，公正思考者会试着找出这些推理真正的优缺点。本章的目的就是要培养公正的思考者。开始，我们会探讨那些优秀思考者的特点，而余下的内容我们注重培养批判性思维的公正性。事实上，除非特别的说明，之后提到批判性思维指的都是批判性程度高的公正思考者。

本章余下的内容将探讨公正思考者所要具备的各种思维特质。公正性要求的比我们想象的要多，它需要一系列相互联系、相互依赖的思维特质。

最后一点：除公正性以外，批判性程度高的思维方式还要求思维有高度的条理性。当你培养自己的推理能力、内化本章提出的思维特质的时候，你会培养出许多诡辩家没有的技能和洞察力。

当我们考察公正性思考者具备的思维特质时，我们也要考察这些思维特质是如何提高思维质量的。除了公正性以外，批判性程度强的思考者还有深度的洞察力。批判性程度弱的思考者虽然掌握了一些能够帮助他们达成目的的思维技能（例如辩论的技巧），但是他们不具有本章所强调的特质。

例如，一些学生利用思维技能在学习上取得了优异的成绩，但是他们却从来没有认真思考过他们所学的学科。他们成为"攻破考试"的专家，练就了强大的通过考试、做笔记和短期记忆的技巧，他们懂得如何获取老师的喜爱。但是，他们只是学术上的诡辩者，只具有蒙混过关和达到目的的手段，就算他们甚至可以将这些技能迁移到生活的其他领域，但是无论如何，他们都不能成为公正的批判性思考者。（例如第 12 章和第 13 章中讲的媒体偏见和谬误。）

我们现在开始介绍公正批判性思考者所包含的思维特质（见图 1-1）。在每一部分，我们：

（1）介绍一种思维特质。

（2）讨论与之相对的特质。

(3)说明这一特质与养成公正的批判性思维习惯的关系。
(4)说明这种特质与公正性的关系。

图 1-1　批判性思考者需要努力培养必要的思维特质和品质

首先让我们弄清楚公正性的概念。

这些特质是相互联系的,可以让一个人经验更开放、有原则、提高思维功能。

我们会不自觉地发展图 1-2 所示的这些特质,因此我们需要训练自己,培养思维的优良特质。

图 1-2　与优秀的思维品质相反的一些特质

公正性需要什么

公正性要求我们努力平等地对待每一种观点。这需要我们认识到我们常常对他人的观点抱有偏见，我们常常会给他人的观点贴上"喜欢"（赞成我们观点的）和"不喜欢"（不赞成我们观点的）两类标签。我们常常忽视反对意见，这在我们有自私的理由时更为明显。例如，为了避免帮助贫困人口而牺牲自身的利益，我们就选择忽略成千上万贫困人口的呼声。因此，当情境要求我们考虑自己不愿接受的观点时，公正性的思维品质就显得尤为重要了。

公正性需要我们没有偏见地对待所有相关的观点，排除个人、亲友、集体和国家的感受和利益的影响。它要求坚持良好的思维标准（如准确性、逻辑清晰、广度等），不受个人和团体利益的影响。

公正性的反面就是思维的不公。思维不公指的是推卸准确、清晰地表达相左意见的责任。当我们不公地思考的时候，我们总是认为自己是正确的、公正的。不公的思考和行动中通常有自欺的因素。我们常常为自己进行公正性的辩护，努力找出能够证明我们自身行为是合理的理由，努力去证实我们自己是"正确的"。

因为我们天生都是以自我为中心的，所以我们都会落入不公正的思维陷阱。事实上，在理解人类思维不公的时候，我们应该了解到自我中心（也因此是不公正思考）是人思维的一种固有本性（见第11章）。在这里，我们想强调的是我们永远不可能完全掌握本章中所有的思维特质。没有永远公正的人，人的自私本性是与生俱来的。公正性的每一点进步都是个体不断地与自己内在私心进行斗争的结果，我们时刻都要面对这样的心理斗争。心理斗争势必会产生痛苦，但回报却是高度自控的批判性思维，这种思维不会轻易地被别人操纵，持这种思维的人能够看到事实和真相，做到客观公正。

完全公正的思维状态是我们永远也达不到的理想状态。公正性要求我们同时拥有思维的谦逊、勇气、换位思考、正直性、坚毅、自主性和对推理的信心（用好的推理说服自己）特质。除非这些特质整体发挥作用，否则公正性是不完备的。

然而，这些特质并没有受到普遍的重视。我们日常生活很少讨论这些特质，教学中也很少涉及，电视上也不会谈论。这些思维特质不是学校课程的内容，也没有专门的测验来测试这些特质。但是这些特质却是思维公正性及批判性思维必不可少的。让我们从思维谦逊开始进行详细解释。

思维谦逊：努力发现自己对未知知识忽视的程度

简单地介绍思维谦逊就是：

> 思维谦逊就是要认识到自己对未知知识的忽视程度。因此，思维谦逊要求个体清晰地认识到自我中心导致的自欺行为（认为自己比自己实际知道的要多）。这意味着个体要对自己的偏见和观点的局限性有所了解。它要求我们清晰地认识到自己有哪些信息是不知道的，特别是事件能够引起个体强烈情感的时候，更要知道对该事件自己有哪些不清楚的地方。思维谦逊要求我们不能宣称自己知道我们实际上并不知道的事情。思维谦虚并不是懦弱、服从，而是摒弃自负。思维谦逊要求我们觉察并且评估自己信念的基础，要求我们找出那些不能被正确的推理所支持的信念。

与思维谦逊相反的就是思维自负，即认为自己知道了实际并不知道的事情。思维自负的人缺乏对自欺行为和观点局限性的认识，他们常常声称了解自己其实并不了解的事情。思维自负的人常常也会成为自己偏见的受害者。

当我们谈论思维自负时，并不一定就是指那些外表上看起来自以为是、高傲自大的人。这些思维自负的人外在表现很可能是十分谦虚的。例如，一个不加思考就顺从邪教领袖的人表面上经常否定自己（"我什么也不是，你是无所不能的"），但是实际在思维上，他却对自己错误的信仰十分坚定。

不幸的是：现实生活中大多数人都认为自己知道其实并不了解的事情；我们都有错误的信念、偏见、错觉和谬见。当这些错误信念受到挑战的时候，我们都不愿意承认自己的思维是"欺骗性的"。我们总认为自己是谦虚的，但往往我们是很自负的。我们不但没有意识到自己知识的局限性，还忽视和掩盖这些局限性，这带来了大量的痛苦和时间浪费。

例如，当哥伦布"发现"北美大陆时，他相信奴役印第安人是上帝的意愿。据我们所知，他当时根本没有认识到声称遵从上帝的意愿是他自己思维自大的表现。下面摘选自霍华德·津恩（Howard Zinn）的《美国人民的历史》（*A People's History of the United States*，1995），思考这一段内容：

> 哥伦布报告说，那些印第安人"十分的幼稚和无私，如果你没有见过他们的话，你是绝对不会相信的。当你索要他们的财产时，他们从来都不会拒绝。相反，他们乐意与任何人分享……"他以向印第安人的族长寻求帮助来总结自己的报告，作为回报，他答应印第安人在下次航行中将为他们带来"他们需要的足够量的黄金……"哥伦布的语言中充满了宗教词汇：像"永恒的上帝，我们的主，给予信徒以无所不能的胜利。"……哥伦布后来写道："让我们以主的名义继续从事奴隶买卖。"（pp.3-4）

思维的自负和公正是不兼容的，因为如果我们对自己判断的事情过分自信，我们就很难做出公正的判断。如果我们不了解某一宗教（如佛教），我们就不能公正地评判这个宗教。如果我们对宗教存有误解、偏见或假象，我们就会曲解这一宗教。错误的知识使我们不能做出公正的判断，错误的概念、偏见和幻想等都是错误的知识。我们喜欢快速地、过分自信地做出判断。在人们的思维中，这些不良的习惯是普遍存在的。

思维谦逊对于成为公正的批判性思维者十分重要。要成为公正的思考者，就要了解自己缺乏哪些知识，这种了解可以让我们从多方面提高我们的思维。它可以让我们认识到偏见、错误信念和不良思维习惯能够导致学习缺陷。例如，思考我们学习肤浅性这一倾向：我们才学习了一点，我们就认为自己知道了很多；我们才获得了有限的信息，就草率地进行概括；我们混淆了死记硬背和深层学习之间的区别；我们会不加思考地接受了我们听到和读到的信息，特别是当这些信息与我们所坚信的信念一致时。

本章接下来的讨论将会鼓励你做到思维谦逊，帮助你提高对思维自负的警惕。从现在开始，看一看你是否能够提高对自己知识局限性的意识。努力发现自己的自负思维（这种思维在你身上应该每天都会出现）。当你发现了自己的自负思维时，你应该为能发现自己思维中的弱点而奖励自己。

能够觉察出缺点是一种优点。作为初学者，回答下面的问题：

- 你能够列出你经常持有的偏见吗？[思考一下你对你的国家、宗教、朋友、家庭的印象，你的这些印象仅仅是根据他人（父母、朋友、同伴、媒体）传达给你的信息做出的。]
- 你是否曾经在没有证据支持自己的判断的时候，就坚定地支持或者反对某一观点？
- 你是否曾经在没有充分信息去评判某一争端时，就假定自己的群体（你的家庭、宗教信仰、国家、朋友）是正确的。

思维的勇气：培养自己敢于挑战大众信念的勇气

思维公正性的第二个特质就是思维的勇气。

具有思维勇气就意味着个体能够公正地面对各种意见、信念和观点，即使这会让你感到痛苦。它可以让你准确公平地评判与你意见相左的信念。思维的勇气一个重要的作用，就是可以帮助你判断在社会大众普遍接受的观点中，哪些是合理的，哪些仅仅是主观喜好的结果。具有思维勇气的人知道有时候社会传输给我们的结论和信念也是错误的。

为了确定信息的准确性，一个人不能只是被动地、不加批判地接受所有东西。要具有思维勇气，要了解那些被社会认为是危险和荒谬的观点常常包含着一些真理，而群体普遍认同的观点也可能包含错误。要做到公正地思考，我们必须培养思维的勇气，必须不畏惧不遵从大众观点可能受到的社会严厉惩罚。

与思维的勇气相对的是思维的懦弱，是害怕自己与他人观点不同。如果缺乏思维勇气，我们就不敢对那些我们认为是危险荒谬的意见、信念和观点进行认真思考。如果缺乏思维勇气，当我们面对强烈冲突观点的时候，我们会感到威胁，不愿意去检查审视自己的思维，也就很难做到思维的公正性。

下面的观点或者与之相反的观点在一些人心中是"神圣的"：

- 做一个保守的人／自由的人。
- 信仰上帝／不信仰上帝。
- 信仰资本主义／信仰社会主义。
- 赞成堕胎或不赞成堕胎。
- 赞成经济制裁或不赞成经济制裁。

不管你站在哪一边，我们常常会这样描述自己："我是一个_____。"（这里填一个内部信仰。例如，我是一个基督教徒；我是一个保守主义者；我是一个社会主义者；我是一个无神论者。）

一旦我们使用信仰来定义自己，那么当这些信仰被质疑的时候，我们内心就会产生恐惧，屈服于这些恐惧就是思维懦弱的表现。质疑我们的信念就好像质疑我们自身一样，我们内心强烈的恐惧会阻碍我们公正地对待那些相反的信念。当我们"考虑"相反的意见时，我们会潜意识地抨击这些观点，拒绝这些观点。我们需要思维勇气来克服与特定的信念相联系的内心恐惧。

思维勇气重要的另一个原因，是它能够有力地帮助我们应对他人的反驳。他人有对我们提出质疑的权利，他们持有特定的信念，当我们挑战他们的信念时，他们可能会做出反驳。很多人通过别人的观点来判断自己，从他人的称赞中来认同自己。这些人的思想背后隐藏着对被反驳的恐惧，很少有人会去挑战自己所属群体的意识形态和信念系统，这是思维懦弱的第二种形式。这两种形式都使我们不能公正地考虑自己和他人的观点。

我们不应该以自己的个人信念来定义自己，界定自己最好的方法是根据形成信念的过程来做出关于自己的定义。这就是我们所谓的批判性思考者。思考下面的解决办法。

我不会认同任何信念的内容。我只认同自己形成信念的过程。我是一个批判性思考者，我愿意检验我的信念，并且愿意放弃那些不能被证据和理性思考支持的信念。我会时刻跟随证据和推理的脚步。我的真实身份是一个批判性思考者、一个终生的学习者、一个通过建立更加合理的信念不停寻求提高自己思考水平的人。

当我们不再将我们自己的身份和信念联系起来的时候，我们的思维就会更有勇气、更加公正。我们不会再为有相斥的信念而感到恐惧，不会再为自己的信念被证明是错误的而感到恐惧。我们可以轻松地承认自己曾经犯过的错误，并乐意去纠正自己："告诉我你的信念、理由，或许我可以从你的信念中进行学习。我会随时准备放弃那些与事实不相符的信念。"了解了思维勇气之后，思考你认识的人中有多少具有思维的勇气。

思维换位思考：从他人的角度学习理解相反的观点

现在让我们来学习另一个公正思维的必要特质：思维同理心、换位思考。

思维的换位思考就是站在他人的角度思考问题，从而真正地理解他人的观点。这要求我们准确地再现他人的观点和推理，从他人的前提、假设和观点进行推理。这一特质要求个体积极回忆自己坚持错误的情况，也要求个体有能力辨别在当前情况下也可能会犯类似的错误。

与思维换位思考相对的是思维的自我中心性，即以自我为中心来进行思考。当我们从自我中心的角度进行思考的时候，我们就不能理解他人的思想、感受和情感。很不幸，自我中心倾向是我们思维的自然本性，我们大部分的注意力都集中在自己身上。我们的痛苦、需要和希望都是最重要的，他人的需要无关紧要。我们不会主动地从反对者的角度考虑问题，也不会主动从那些可能改变我们自己观点的角度思考问题。

不能够理解他人的观点，又如何能够公正地对待他人呢？公正的思维需要努力置身于他人（或其他有知觉的动物）情景，思考他人观点。这需要我们尊重那些孕育出不同观点的背景和环境。人类思维的方式源于人们生活情景，源于不同的背景和情况。如果我们不能从他人的角度出发准确地理解他人的观点，我们就不能公正地评判他们的观点和信念。但是，从他人的观点思考问题不是一件容易的事，这是一项很难获得的技能。

为了培养思维换位思考的技能，请练习下面的策略：

（1）在不同意某人观点的时候，换位思考。告诉对方，"接下来 10 分钟我将从你的观点出发与你谈话，如果你也能从我的观点出发进行谈话。这种方法可以使我们更好地了解对方"。确保你能够准确地表达对方的观点。

（2）在讨论的过程中，用下面的句子总结对方的谈话："你是不是想说_____。对吗？"

（3）阅读的时候，告诉自己你认为作者想要说什么。这样可以使你能够正确地理解他人的观点，从他人的观点思考问题。只有这样你才有资格来评论他人的观点。

思维正直：用同样的标准评判他人和自己

让我们来思考思维正直这一特质：

> 思维正直是指尊重严谨的思维，用同样的标准要求自己和他人。例如，在寻求证据的时候，要求对手证据的标准，我们自己也应该做到。我们要经常练习为他人辩护，这要求我们承认自身思维和行动的不一致性，并识别出自身思维中的不一致。

> 思维正直的反面就是思维虚伪，是指一种不诚实、自相矛盾的思维状态。因为思维的天性是自我中心的，是虚伪的，它会为我们不合理的思维和行为进行辩解，使之合理化。自我内部需要塑造一个积极的形象，对于自我中心思想来说，诚实的表象是很重要的。因此，我们常常将虚伪隐藏起来，即使我们要求他人的标准更加严格，我们也认为自己是公正的。即使我们声称遵守某些信念，但却常常言行不一。

假如我对你说我们两个的关系对我来说很重要，但是，你却发现我在重要的事情中对你撒了谎。我表现得很虚伪。然而，在自我中心思想中，我会为自己的撒谎行为进行合理化解释，我会为自己辩解道："她最好不知道这件事，这件事会让她难过，也不利于我们关系的发展。毕竟这件事也不是那么重要，不是什么大不了的事。"当我用这样的方式合理化我的撒谎行为后，我就能隐藏自己的虚伪。即使我曾经撒过谎，但是，我也能使自己确信我做了当时情景下最应该做的。简单地说，在自己的思想中，我是好的。

当思想和行为一致的时候，我们就是思维正直的。我们做到了我们承诺的，没有表面说一套实际上却做另一套。

很明显，如果我们用不一致的标准去评判自己和他人的思维，我们就无法公正地对待他人，虚伪的实质是不公。如果我们不能认识到自己思想和行为之间的不一致性，我们就不能对自己的道德问题进行合理的推理，就会为了自身的利益歪曲其他的观点。

思考下面的政治案例：一直以来，媒体都在质疑中央情报局行为的合理性。这些屡遭媒体质疑的行为涵盖从暗杀外国政治领袖（如试图暗杀古巴总统卡斯特罗）到培训其他国家（如中美洲和南美洲国家）的军警刑讯来从犯人口中获得信息。在了解到这些阴谋行为时，我们只要想象一下，如果其他国家想要暗杀我们的总统或是教给我们军警如何虐待犯人，我们将做何反应。一旦我们意识到这一点，我们就会发现自己行为中的不一致性。在对执行这些阴谋行为的人的态度上，我们的思维是不正直的。

所有的人都有思维不正直的时候。当我们这么做的时候，我们的思维是不公的，没能通过合理的思考来发现自身思维和生活中的矛盾。

思维坚毅：不轻易地放弃；战胜挫折和困难

让我们思考思维坚毅。

思维坚毅指的是战胜挫折、完成复杂任务的品格。有些困难十分复杂，不容易解决。但思维坚毅的人面对复杂任务和挫折时不会放弃，他们清楚认真地对复杂问题进行推理比快速得出结论更加重要。思维坚毅要求严格遵守理性标准，而不是根据第一印象做出判断或是快速给出简单化的答案。它还要求对困惑和未解决的问题进行长时间努力的思考，并从中获得深刻的见解。

与思维坚毅相反的是思维的懒惰，思维懒惰的人在应对具有挑战性任务的时候很容易放弃，他们对复杂思维活动带来的痛苦和沮丧容忍度较低。

高水平的思维活动需要思维坚毅，因为高水平的思维活动都包含一定的思维挑战。没有思维坚毅性，就无法克服这些挑战。数学、化学、物理、文学、艺术及其他任何领域的高质量推理都需要思维的坚毅。很多同学在一门学科的起步学习阶段就放弃了。由于缺乏思维坚毅，他们没有能够深入地思考这一学科，从而没有获得更深的见解。他们回避可能会令他们沮丧的思考，毫无疑问，最终，他们会因为无法解决生活中遇到的复杂问题而处处受挫。

学生常常因为以下两种原因而缺乏思维坚毅性。

（1）本能地厌恶思维困难，往往选择容易的事情，选择最省事儿的方法。这就是思维的自我中心本能。

（2）学校教育中不但很少培养思维的坚毅性，反而鼓励学生快速地完成任务。那些反应最快的学生被认为是最聪明的，认真、谨慎地解决问题通常得不到赞赏。这导致学生认为速度是学习中最重要的。那些没有快速完成任务的学生会认为自己没能力、很笨或者幼稚。然而我们生活中需要解决的问题都是复杂的，因此需要勤奋、努力和扎实的思维技巧而不是反应的速度。在思维过程中的专注程度将决定我们解决问题的程度。

反应较快的学生在面对困难任务的时候也容易放弃，因为他们认为自己能够快速地找到"正确"答案，能够避免思维痛苦。当他们没有能够快速并且轻松地找到正确答案的时候，他们常常责备老师的题目"愚蠢"。事实上，这些学生没有认识到每一个问题都没有唯一"正确"的回答；一些答案仅仅有恰当和更恰当之分，并且不存在简单、快捷地解决这些复杂问题的有效方法。

缺乏思维的坚毅是如何影响思考公正的呢？在理解他人的观点时，只要他们的观点与我们的不同或是本质上较复杂，都需要思维坚毅。如果我们不能理解他人的观点，考虑他人使用的信息，理解并分析他人对这些信息的解释、他人的信念，那么我们就不能了解他们的目的以及他们看待世界的观点，就不能公正地对待他们的观点。

举个例子来讲，假如我们是基督教徒，想要公正地对待无神论者的观点，只有通过阅读和理解那些优秀无神论者的论著，我们才能公正地对待这些观点。一些有洞察力的无神论者写了一些书来解释他们的观点以及这么想的原因，这其中不乏一些复杂推理，只有那些思维坚毅的基督教徒才能够坚持阅读和理解无神论者的观点，从而能够公正地对待这些观点。当然，无神论者要理解基督教徒的观点也是相似的。

对推理的信心：重视证据和推理，将之视为发现真相的重要工具

对推理的信心是思维公正的又一个重要特质。

对推理的信心是建立在两种信念基础上的，第一种信念就是给人们提供自由推理的环境、鼓励人们靠自己的推理能力得出结论会满足人们高层次的需要。这种信心同时也建立在第二种信念基础

上，这种信念就是人们可以学会自己思考；形成有价值的观点；得出合理的结论；清晰、准确、相关、有逻辑地思考；借助良好的推理和明确的证据来说服彼此；并且排除那些人类本性和社会生活中障碍的影响，成为理性的人。

当一个人有了对推理的信心时，他就会按照合理的推理行动。合乎理性这一观点就成为人们一生最有价值的东西。简单来讲，对推理的信心就是将正确的推理作为接受或拒绝某一观点和立场的基本标准。

与推理信心相反的是对推理的怀疑。不严谨的思考者会感到合理推理带来的威胁。人在本性上是不擅长分析自己观点，而又对自己的观点坚信不疑的。我们对自己的观点分析得越多，我们就会发现自己观点中存在越多的问题，就会更少地去坚持未经分析过的观点。没有对推理的信心，人们自然会坚定地相信自己的观点，不管这些观点有多么荒唐。这就像是下面的对话一样，因没有对推理的信心，思维是不公的：

"在生活中，我已经形成了很多信念，但是这些信念没有经过仔细的分析。如果让我思考这些信念，我也会非常吃惊，但是我还会固守这些信念，因为仔细分析这些信念是十分费时和痛苦的。所以我会仍然坚持我已有的信念，并且事事也都会一切如常。"

在很多情况下，我们生活在一个不理性的世界里，一个充满了各种不合理信念和行为的世界里。例如，除了那些建立在严格观察和实验证据基础上的科学解释外，人们还是会相信未被证实的观念，如占星学。面对困难的时候，很多人会跟随自己的原始本能行动。例如，有人会跟随一些领导者，而这些领导者唯一的资本就是他们操纵、激发大众热情的技能。只有少数人才能够认识到理性思维在我们生活中的积极作用。很少有人拥有对推理的信心。相反，人们经常会有下面的不合理、盲目的信念，这些错误信念通常是由不合理的动机和情感产生的。

（1）新任有魅力的国家领袖（思考那些能够激发大众并使群众支持不公正战争的领导者，如希特勒支持灭绝一个族群）。

（2）新任有魅力的邪教领袖。

（3）认同父亲是一家之主的传统观念（被信仰或者社会传统授予的）。

（4）信任权威机构（警察、社会工作者、法官、神父、福音派传教士等）。

（5）信仰宗教力量（如被许多宗教信仰定义的"圣灵"）。

（6）新任一些官方或非官方的社会团体（信仰一个帮派、一个经济团体、一个教会、一个政党等）。

（7）相信意识形态（如右翼分子、左翼分子）。

（8）相信直觉。

（9）相信未经分析的情感。

（10）相信本能冲动。

（11）相信命运（一些未知的力量主宰我们的命运）。

（12）相信社会或法律机构（法院、学校、商业团体、政府）。

（13）相信一个社会群体或文化的风俗习惯。

（14）相信自己未经分析的经验（相信自己对过去经验的解释是唯一正确的解释）。

（15）相信具有一定社会地位的人（富有的人、著名的人、有权利的人）。

在特定的情况下，对推理的信心是可能与上面的一些情况兼容的，决定是否兼容的关键是信念依托推理和证据的合理程度。我们要思考的是：相信某一信念充分合理的依据。例如，如果一个朋友的行为长期一致，那么我们就有充分理由信任这个朋友。但是，即使我们喜欢新认识的人，或者新认识的人承认彼此之间存在友谊，我们都不能做出信任新认识的人是有充分合理依据的结论。

当你考虑不同观点以及自己对推理的信心时，问一下自己你被合理推理改变的可能性有多大？假设你遇到一个对你男朋友/女朋友有兴趣的人，你对这个人非常嫉妒和反感。如果你了解到这个人是一个非常和善、有思想、宽容的人，你是否会改变自己的看法？当你希望你的男朋友/女朋友为了你而拒绝这个人的时候，你是否会改变自己的看法？如果你认为你的男朋友/女朋友跟另外一个人在一起会更加开心，你是否会因此而做出理性的改变？随着阅读、经验的增长和反思，你是否会觉察并放弃自己的不合理观点？你是否会承认你最坚信不疑的信念（例如，你的信仰或政治信念）可能是不合理的？

对推理的信心和思维公正之间具有直接的联系。一个思维公正的人不可能对推理的重要性置之不理。如果我宣称能够做到思维公正，而我却不考虑与我观点相左的合理推理，这就是一个缺乏对推理的信心、思维不公正的例子。思维公正要求我们考虑以前从未考虑过的推理、考虑合理推理，要求我们根据更合逻辑、更准确、更公正地推理调整自己的观点，而做到这些的前提是对推理拥有信心，当能够进行合理的推理时，我们就能更好地思考。

思维自主：重视思考的独立性

最后一个思维的特质就是思维自主。

思维自主意味着坚持用合理的标准进行思考。这意味着自己要对事物进行思考而不是不加判断地接受别人的观点。思维自主的思考者在决定接受或者拒绝某观点的时候不依赖于他人。只有证据证明他人的观点是合理的时候，他们才会接受他人的观点。

在形成观点的过程中，批判性思考者不是被动地接受他人的观点，而是自己积极主动地对环境和事件进行思考。他们拒绝不公正权威的影响，能够认识到合理权威的贡献。他们仔细地建立自己思维和行动的准则，而不是盲目地接受他人提供的准则。他们不局限于常规做事的方式，经常批评他人对社会习俗和现实的盲目接受。独立思考者努力探索有深刻见解的观点，不管这些观点是否被社会接受。独立的思考者不是任性的、顽固的、对他人合理的建议不负责任的，他们是自我检视的思考者，审慎地对待自己的错误和思考中的问题，他们能够自由地选择自己认为有价值的观点。

当然，对于思维自主的理解不能局限在其这一特质本身，我们应该将它理解为与思维其他特质互相联系、互相影响的一个维度。

与思维自主性相反的是思维遵从和思维依赖。思维自主是很难培养的，是因为无论是在知识领域、政治领域还是经济领域，在很大程度上，人们总是被动地接受社会现实，自主性思考几乎肯定不会得到社会权威认可的结论，只有简单地遵从社会期望的思维和行为模式才能被社会接受。

因此，大多数人在思维和行为上都是因循守旧的，像镜子一样接受周围人的价值和信念系统，缺少自己独立思考的能力和动力，成为思维遵从的思考者。只要人们不加批判地接受他人的文化价值观，只要人们没有经过自己分析就遵从别人的信念，人们的思维就不是自由的。

即使是经过多年学习获得了博士学位的人也可能是思维依赖的，这种依赖在学业和个人生活上都有体现。他们可能不加批判地接受学科中一些错误的实践，并且以此为基础不加批判地反驳合理的批评。不管接受了多少学校教育，他们依然可能被社会制度和规则所奴役，而又对这些社会规则带来的痛苦和伤害一无所知。

人们不可能在思维遵从的情况下做到思考公正，因为独立思考是多角度看待问题的前提条件。当我们思维遵从的时候，我们仅仅能在"接受"的观点中进行思考;而要做到思考公正就是要拒绝不加判断的接受,没有亲自对这些观点的优缺点进行思考就不能接受这些观点。没有思维自主性的人在思考其他观点时,要么是非常容易被这些观点动摇(因为我们没有能够看穿操纵与宣教),要么会歪曲这些观点(因为这些观点与我们从前形成的信念系统不一致)。

认识思维特质之间的相互关联性

批判性思维所有必要的思维特质是相互关联的。思考一下思维谦逊:为了能够意识到自己知识的局限性,我们需要思维勇气来面对我们自己的偏见和无知。为了能够发现我们的偏见,我们常常需要注重那些反对观点并进行合理推理。为了达到这些目的,我们必须要有思维的坚毅性,因为学着理解我们的偏见需要时间和努力。除非我们有对推理的信心来相信我们不会犯错误,不会被相反观点所误导,否则这种努力不会显得公正。

此外,虽然思考其他观点不会损害我们的利益,但是这并不足以激发我们去仔细思考这些观点。我们必须做到思维公正,必须认识到公正地对待反对观点的责任,必须倾听那些反对观点来确保我们没有忽视和偏见。而要做到这一点,我们又回到了最初的出发点:思维谦逊。

让我们从另外一个角度考虑思维正直。思维正直是一个很难培养的思维品质。我们经常会在思考过程中设立不一致的标准,不承认或者有时根本没有意识到背后的动机。例如,我们的自我中心和社会中心倾向使我们容易相信利己的好消息。同样,我们倾向于相信那些能够实现我们自私愿望的言论。每个人都有使用双重标准的内在倾向,这明显是一种不良的思维信念。这一思考模式与争做世界的领导者、扩大权利和优势、更多地满足自私愿望的思考模式是非常一致的。

然而，我们不能公开地使用双重标准。因此，我们需要避免仔细地考察证据和解释。而要做到这种忽视，思维傲慢是非常有用的。例如，我可以假设我知道你将要说什么（在你说之前），精确地知道你依据的是什么（在证据证明之前），以及目前的状况（在我仔细研究情况之前）。思维傲慢使我们很容易忽视对待自己和他人的双重标准。没有同理心使得我们很容易忽视自身的自欺行为，更容易坚持自己的观点。回避对自己判断的思考，会让我们规避觉察到自己不一致时产生的恐惧感。在这种情况下，思维谦逊、换位思考和思维正直的缺失证明了我们的思维是不公正的。

从另一个方向考虑，如果我们感觉到自己有责任公正地对待他人的观点，这种责任要求我们从他人的角度来思考问题，做到思维谦逊，这样要使用双重标准就很难了。我们不喜欢他人，然而却能公正地对待他人的观点代表我们做到了思维公正。

表 1-1 是惯常思维和批判性思维的区别。

表 1-1 惯常思维和批判性思维的区别

惯常思维	批判性思维
我们常常仅仅是思考	批判性思考者分析自己的思考
我们常常以自我为中心进行思考	批判性思考者仔细检查，思考的自我中心根源
我们常常得到不值得信赖的思考标准	批判性思考者揭露不合理的标准，并且用更好的标准取代之
我们常常被困扰在直觉意义系统中	批判性思考者将自己的思考提升到意识水平，使自己可以从那些不严谨的直觉思考中解脱出来
我们常常使用没有清晰结构的逻辑系统	批判性思考者寻求工具以阐明和评估自己使用的逻辑系统
我们常常生活在思维和情感的自由状态中	批判性思考者使用思维和情感明确自己是谁、我们是什么以及我们人生的目标
我们常常被自己的思想所控制	批判思考者学习控制自己的思想

表 1-2 是培养优秀的思维特质需要经常问自己的问题。

表 1-2 培养优秀的思维特质需要经常问自己下面这些问题

思维特质	定义	经常问自己的问题
思维谦逊	认识到自己不知道的知识,对自己知道什么和不知道什么有敏锐的判断力	• 我真正了解多少(关于自己、关于情况、关于他人、关于我的国家、关于世界上正在发生的事) • 偏见对自己的思考影响有多大 • 我被灌输了哪些错误信念 • 那些未加批判地接受的信念如何阻碍我对事物真相的探查
思维勇气	敢于质疑自己信念的品质	• 我对自己的信念有多少分析 • 我对自己的信念有多少质疑?其中很多信念是儿童时期学到的 • 当有明显的证据证实我的信念是错误的时候,我在多大程度上表示愿意放弃这一信念 • 在多大程度上我愿意与大多数人作对(即使人们可能嘲弄自己)
思维换位思考	要能够包容与自己不同的观点,尤其是强烈反对的观点	• 我在多大程度上能够准确地理解自己反对的观点 • 我对对手观点的总结能够使得对方满意吗 • 我能够看到他人观点的独到见解和自己观点中的偏见吗 • 当他人的思考与我不同的时候,我能够理解他人的感受吗
思维正直	对自己和他人使用同样的要求标准(拒绝双重标准)	• 我所做的与我是如何想的相一致,还是我说一套却做另一套 • 我在多大程度上对自己的要求和对他人的要求相一致 • 我的生活中有多少不一致或冲突的时候 • 我为找出并减少自欺行为做出了多少努力
思维坚毅	克服困难和挫折,解决复杂问题的思维品质	• 我是希望独立解决复杂问题,还是遇到困难就想要放弃 • 我是否能够在思考一个困难的思维难题并解决这一难题的过程中表现出耐心和决心 • 在处理复杂问题的时候我是否有策略 • 我是否期待学习任务比较简单,或者我是否认识到有挑战性的思维任务的重要性

(续)

思维特质	定义	经常问自己的问题
对推理的信心	建立在一种信念基础上，这一信念认为给予人们自由推理的机会能够最好地满足人们高层次的需要	• 当有证据证实一个更合理的结果时，我是否会改变自己的立场 • 当我说服别人的时候，是坚持合理的推理，还是为了支持自己的立场而歪曲事实 • 我认为赢得一场争论重要呢，还是从更加合理的角度认清事实更重要呢 • 我是鼓励别人独立得出结论，还是将自己的观点强加给别人呢
思维自主	坚持理性的标准独立思考	• 我在多大程度上遵从于别人 • 我在多大程度上不加批判地接受了政府、媒体、同伴告诉我们的话 • 我是独立地思考问题呢，还是仅仅接受他人的观点呢 • 当我们通过自己的思考得到合理的观点时，我是否愿意独立坚持己见而不管他人不合理的批评

小结

真正杰出的思考者并不是孤立思维特质的产物。没有这些优秀思维特质的人，会不可避免地犯错而自己却时常觉察不到。这些人的思维特质是不严谨的，当他们无意识地去相信自己想要相信的观点、相信那些可以令自己舒服的观点、相信那些可以符合自身利益的观点、相信那些满足自己自私需求的观点时，这些人就不是一个理性的批判性思考者了。阅读本书的时候，我们希望读者能够自己思考并内化这些必要的思维特质。思考自己是否能够抵抗住外部遵从力量以及内部自我中心思想的影响。

打开心世界·遇见新自己

华章分社心理学书目

扫我！扫我！扫我！ 新鲜出炉还冒着热气的书籍资料、有心理学大咖降临的线下读书会的名额、不定时的新书大礼包抽奖、与编辑和书友的贴贴都在等着你！

扫我来关注我的小红书号，各种书讯都能获得！

科普新知

当良知沉睡
辨认身边的反社会人格者

[美] 玛莎·斯托特 著
吴大海 马绍博 译

- 变态心理学经典著作，畅销十年不衰，精确还原反社会人格者的隐藏面目，哈佛医学院精神病专家帮你辨认身边的恶魔，远离背叛与伤害

这世界唯一的你
自闭症人士独特行为背后的真相

[美] 巴瑞·普瑞桑
汤姆·菲尔兹-迈耶 著
陈丹 黄艳 杨广学 译

- 豆瓣读书 9.1 分高分推荐
- 荣获美国自闭症协会颁发的天宝·格兰丁自闭症杰出作品奖
- 世界知名自闭症专家普瑞桑博士具有开创意义的重要著作

友者生存
与人为善的进化力量

[美] 布赖恩·黑尔
瓦妮莎·伍兹 著
喻柏雅 译

- 一个有力的进化新假说，一部鲜为人知的人类简史，重新理解"适者生存"，割裂时代中的一剂良药
- 横跨心理学、人类学、生物学等多领域的科普力作

你好，我的白发人生
长寿时代的心理与生活

彭华茂 王大华 编著

- 北京师范大学发展心理研究院出品。幸福地生活，优雅地老去

读者分享

《我好，你好》
◎读者若初

有句话叫"妈妈也是第一次当妈妈"，有个词叫"不完美小孩"，大家都是第一次做人，第一次当孩子，第一次当父母，经验不足。唯有通过学习，不断调整，互相理解，互相接纳，方可互相成就。

《正念父母心》
◎读者行木

《正念父母心》告诉我们，有偏差很正常，我们要学会如何找到孩子的本真与自主，同时要尊重其他人（包括父母自身）的自主。
自由的前提是不侵犯他人的自由权利。或许这也是"正念"的意义之一：摆正自己的观念。

《为什么我们总是在防御》
◎读者 freya

理解自恋者求关注的内因，有助于我们理解身边人的一些行为的动机，能通过一些外在表现发现本质。尤其像书中的例子，在社交方面无趣的人总是不断地谈论自己而缺乏对他人的兴趣，也是典型的一种自恋者类型。

ACT

拥抱你的抑郁情绪
自我疗愈的九大正念技巧（原书第2版）

[美] 柯克·D. 斯特罗萨尔
帕特里夏·J. 罗宾逊 著
徐守森 宗焱 祝卓宏 等译

- 你正与抑郁情绪做斗争吗？本书从接纳承诺疗法（ACT）、正念、自我关怀、积极心理学、神经科学视角重新解读抑郁，帮助你创造积极新生活。美国行为和认知疗法协会推荐图书

自在的心
摆脱精神内耗，专注当下要事

[美] 史蒂文·C. 海斯 著
陈四光 祝卓宏 译

- 20世纪末世界上最有影响力的心理学家之一、接纳承诺疗法（ACT）创始人史蒂文·C. 海斯用11年心血铸就的里程碑式著作
- 在这本凝结海斯40年研究和临床实践精华的著作中，他展示了如何培养并应用心理灵活性技能

自信的陷阱
如何通过有效行动建立持久自信（双色版）

[澳] 路斯·哈里斯 著
王怡蕊 陆杨 译

- 本书将会彻底改变你对自信的看法，并一步一步指导你通过清晰、简单的ACT练习，来管理恐惧、焦虑、自我怀疑等负面情绪，帮助你跳出自信的陷阱，建立真正持久的自信

ACT就这么简单
接纳承诺疗法简明实操手册（原书第2版）

[澳] 路斯·哈里斯 著
王静 曹慧 祝卓宏 译

- 最佳ACT入门书
- ACT创始人史蒂文·C. 海斯推荐
- 国内ACT领航人、中国科学院心理研究所祝卓宏教授翻译并推荐

幸福的陷阱
（原书第2版）

[澳] 路斯·哈里斯 著
邓竹箐 祝卓宏 译

- 全球销量超过100万册的心理自助经典
- 新增内容超过50%
- 一本思维和行为的改变之书：接纳所有的情绪和身体感受；意识到此时此刻对你来说什么才是最重要的；行动起来，去做对自己真正有用和重要的事情

生活的陷阱
如何应对人生中的至暗时刻

[澳] 路斯·哈里斯 著
邓竹箐 译

- 百万级畅销书《幸福的陷阱》作者哈里斯博士作品
- 我们并不是等风暴平息后才开启生活，而是本就一直生活在风暴中。本书将告诉你如何跳出生活的陷阱，带着生活赐予我们的宝藏勇敢前行

经典畅销

刻意练习
如何从新手到大师

[美] 安德斯·艾利克森
　　 罗伯特·普尔 著

王正林 译

- 成为任何领域杰出人物的黄金法则

学会提问
（原书第12版）

[美] 尼尔·布朗
　　 斯图尔特·基利 著

许蔚翰 吴礼敬 译

- 批判性思维领域"圣经"

内在动机
自主掌控人生的力量

[美] 爱德华·L.德西
　　 理查德·弗拉斯特 著

王正林 译

- 如何才能永远带着乐趣和好奇心学习、工作和生活？你是否常在父母期望、社会压力和自己真正喜欢的生活之间挣扎？自我决定论创始人德西带你颠覆传统激励方式，活出真正自我

聪明却混乱的孩子
利用"执行技能训练"提升孩子学习力和专注力

[美] 佩格·道森
　　 理查德·奎尔 著

王正林 译

- 为4~13岁孩子量身定制的"执行技能训练"计划，全面提升孩子的学习力和专注力

自驱型成长
如何科学有效地培养孩子的自律

[美] 威廉·斯蒂克斯鲁德
　　 奈德·约翰逊 著

叶壮 译

- 当代父母必备的科学教养参考书

父母的语言
3000万词汇塑造更强大的学习型大脑

[美] 达娜·萨斯金德
　　 贝丝·萨斯金德
　　 莱斯利·勒万特-萨斯金德 著

任忆 译

- 父母的语言是最好的教育资源

十分钟冥想

[英] 安迪·普迪科姆 著

王俊兰 王彦又 译

- 比尔·盖茨的冥想入门书

批判性思维
（原书第12版）

[美] 布鲁克·诺埃尔·摩尔
　　 理查德·帕克 著

朱素梅 译

- 备受全球大学生欢迎的思维训练教科书，已更新至12版，教你如何正确思考与决策，避开"21种思维谬误"，语言通俗、生动，批判性思维领域经典之作

终身成长

跨越式成长
思维转换重塑你的工作和生活

[美] 芭芭拉·奥克利 著
汪幼枫 译

- 芭芭拉·奥克利博士走遍全球进行跨学科研究，提出了重启人生的关键性工具"思维转换"。面对不确定性，无论你的年龄或背景如何，你都可以通过学习为自己带来变化

大脑幸福密码
脑科学新知带给我们平静、自信、满足

[美] 里克·汉森 著
杨宁 等译

- 里克·汉森博士融合脑神经科学、积极心理学跨界研究表明：你所关注的东西是你大脑的塑造者。你持续让思维驻留于积极的事件和体验，就会塑造积极乐观的大脑

深度关系
从建立信任到彼此成就

[美] 大卫·布拉德福德 卡罗尔·罗宾 著
姜帆 译

- 本书内容源自斯坦福商学院50余年超高人气的经典课程"人际互动"，本书由该课程创始人和继任课程负责人精心改编，历时4年，首次成书
- 彭凯平、刘东华、瑞·达利欧、海蓝博士、何峰、顾及联袂推荐

成为更好的自己
许燕人格心理学30讲

许燕 著

- 北京师范大学心理学部许燕教授，30多年"人格心理学"教学和研究经验的总结和提炼。了解自我，理解他人，塑造健康的人格，展示人格的力量，获得最佳成就，创造美好未来

延伸阅读

自尊的六大支柱

习惯心理学
如何实现持久的积极改变

学会沟通
全面沟通技能手册（原书第4版）

掌控边界
如何真实地表达自己的需求和底线

深度转变
让改变真正发生的7种语言

逻辑学的语言
看穿本质、明辨是非的逻辑思维指南

经典畅销

红书

[瑞士] 荣格 原著
[英] 索努·沙姆达萨尼 编译
周党伟 译

- 心理学大师荣格核心之作，国内首次授权

身体从未忘记
心理创伤疗愈中的大脑、心智和身体

[美] 巴塞尔·范德考克 著
李智 译

- 现代心理创伤治疗大师巴塞尔·范德考克"圣经"式著作

打开积极心理学之门

[美] 克里斯托弗·彼得森 著
侯玉波 王非 等译

- 积极心理学创始人之一克里斯托弗·彼得森代表作

精神分析的技术与实践

[美] 拉尔夫·格林森 著
朱晓刚 李鸣 译

- 精神分析临床治疗大师拉尔夫·格林森代表作，精神分析治疗技术经典

成为我自己
欧文·亚隆回忆录

[美] 欧文·D. 亚隆 著
杨立华 郑世彦 译

- 存在主义治疗代表人物欧文·D. 亚隆用一生讲述如何成为自己

当尼采哭泣

[美] 欧文·D. 亚隆 著
侯维之 译

- 欧文·D. 亚隆经典心理小说

何以为父
影响彼此一生的父子关系

[美] 迈克尔·J. 戴蒙德 著
孙平 译

- 美国杰出精神分析师迈克尔·J. 戴蒙德超30年父子关系研究总结
- 真实而有爱的父子联结赋予彼此超越生命的力量

理性生活指南
（原书第3版）

[美] 阿尔伯特·埃利斯
罗伯特·A. 哈珀 著
刘清山 译

- 理性情绪行为疗法之父埃利斯代表作

心理学大师作品

生命的礼物
关于爱、死亡及存在的意义

[美] 欧文·D. 亚隆
　　 玛丽莲·亚隆 著

[美] 童慧琦 译
　　 丁安睿 秦华

- 生命与生命的相遇是一份礼物。心理学大师欧文·亚隆、女性主义学者玛丽莲·亚隆夫妇在生命终点的心灵对话，揭示生命、死亡、爱与存在的意义
- 一本让我们看见生命与爱、存在与死亡终极意义的人生之书

诊疗椅上的谎言

[美] 欧文·D. 亚隆 著

鲁宓 译

- 亚隆流传最广的经典长篇心理小说。人都是天使和魔鬼的结合体，当来访者满怀谎言走向诊疗椅，结局，将大大出乎每个人的意料

部分心理学
（原书第2版）

[美] 理查德·C. 施瓦茨 著
　　 玛莎·斯威齐

张梦洁 译

- IFS 创始人权威著作
- 《头脑特工队》理论原型
- 揭示人类不可思议的内心世界
- 发掘我们脆弱但惊人的内在力量

这一生为何而来
海灵格自传·访谈录

[德] 伯特·海灵格 著
　　 嘉碧丽·谭·荷佛

黄应东 乐竞文 译
张瑶瑶 审校

- 家庭系统排列治疗大师海灵格生前亲自授权传记，全面了解海灵格本人和其思想的必读著作

人间值得
在苦难中寻找生命的意义

[美] 玛莎·M. 莱恩汉 著

邓竹箐 译
[美] 薛燕峰 邬海皓

- 与弗洛伊德齐名的女性心理学家、辩证行为疗法创始人玛莎·M. 莱恩汉的自传故事
- 这是一个关于信念、坚持和勇气的故事，是正在经受心理健康挑战的人的希望之书

心理治疗的精进

[美] 詹姆斯·F.T. 布根塔尔 著

吴张彰 李昀烨 译
杨立华 审校

- 存在-人本主义心理学大师布根塔尔经典之作
- 近50年心理治疗经验倾囊相授，帮助心理治疗师拓展自己的能力、实现技术上的精进，引领来访者解决生活中的难题

高效学习 & 逻辑思维

达成目标的 16 项刻意练习

[美] 安吉拉·伍德 著
杨宁 译

- 基于动机访谈这种方法,精心设计 16 项实用练习,帮你全面考虑自己的目标,做出坚定的、可持续的改变
- 刻意练习·自我成长书系专属小程序,给你提供打卡记录练习过程和与同伴交流的线上空间

精进之路

从新手到大师的心智升级之旅

[英] 罗杰·尼伯恩 著
姜帆 译

- 你是否渴望在所选领域里成为专家?如何从学徒走向熟手,再成为大师?基于前沿科学研究与个人生活经验,本书为你揭晓了专家的成长之道,众多成为专家的通关窍门,一览无余

如何达成目标

[美] 海蒂·格兰特·霍尔沃森 著
王正林 译

- 社会心理学家海蒂·格兰特·霍尔沃森力作
- 精选数百个国际心理学研究案例,手把手教你克服拖延,提升自制力,高效达成目标

学会据理力争

自信得体地表达主张,为自己争取更多

[英] 乔纳森·赫林 著
戴思琪 译

- 当我们身处充满压力焦虑、委屈自己、紧张的人际关系之中,甚至自己的合法权益受到蔑视和侵犯时,在"战或逃"之间,我们有一种更为积极和明智的选择——据理力争

| 延伸阅读 |

学术写作原来是这样
语言、逻辑和结构的全面提升(珍藏版)

学会如何学习

科学学习
斯坦福黄金学习法则

刻意专注
分心时代如何找回高效的喜悦

直抵人心的写作
精准表达自我,深度影响他人

有毒的逻辑
为何有说服力的话反而不可信

心理自助

为什么我们总是在防御

[美] 约瑟夫·布尔戈 著
姜帆 译

- 真正的勇士敢于卸下盔甲,直视内心
- 10种心理防御的知识带你深入潜意识,成就更强大的自己
- 曾奇峰、樊登联袂推荐

你的感觉我能懂
用共情的力量理解他人,疗愈自己

[美] 海伦·里斯 莉斯·内伯伦特 著
何伟 译

- 一本运用共情改变关系的革命性指南,共情是每个人都需要培养的高级人际关系技能
- 开创性的E.M.P.A.T.H.Y.七要素共情法,助你获得平和与爱的力量,理解他人,疗愈自己
- 浙江大学营销学系主任周欣悦、北师大心理学教授韩卓、管理心理学教授钱婧、心理咨询师史秀雄倾情推荐

焦虑是因为我想太多吗
元认知疗法自助手册

[丹] 皮亚·卡列森 著
王倩倩 译

- 英国国民健康服务体系推荐的治疗方法高达90%的焦虑症治愈率

为什么家庭会生病

陈发展 著

- 知名家庭治疗师陈发展博士作品
- 厘清家庭成员间的关系,让家成为温暖的港湾,成为每个人的能量补充站

| 延伸阅读 |

完整人格的塑造
心理治疗师谈自我实现

丘吉尔的黑狗
抑郁症以及人类深层心理现象的分析

拥抱你的焦虑情绪
放下与焦虑和恐惧的斗争,重获生活的自由
(原书第2版)

情绪药箱
应对12种普遍心理问题的自我疗愈方案
(原书第5版)

空洞的心
成瘾的真相与疗愈

身体会替你说不
内心隐藏的压力如何损害健康

当代正念大师卡巴金正念书系
童慧琦博士领衔翻译

卡巴金正念四部曲

正念地活
拥抱当下的力量

[美] 童慧琦 译
顾洁

正念是什么?我们为什么需要正念?

觉醒
在日常生活中练习正念

孙舒放 李瑞鹏 译

细致探索如何在生活中系统地培育正念

正念疗愈的力量
一种新的生活方式

朱科铭 王佳 译

正念本身具有的疗愈、启发和转化的力量

正念之道
疗愈受苦的心

张戈卉 汪苏苏 译

如何实现正念、修身养性并心怀天下

卡巴金其他作品

正念父母心
养育孩子,养育自己

[美] 童慧琦 译

卡巴金夫妇合著,一本真正同时关照孩子和父母的成长书

多舛的生命
正念疗愈帮你抚平压力、疼痛和创伤(原书第2版)

[美] 童慧琦 译
高旭滨

"正念减压疗法"百科全书和案头工具书

王俊兰老师翻译

穿越抑郁的正念之道

[美] 童慧琦 译
张娜

正念在抑郁等情绪管理、心理治疗领域的有效应用

正念
此刻是一枝花

王俊兰 译

卡巴金博士给每个人的正念入门书

科学教养

硅谷超级家长课
教出硅谷三女杰的 TRICK 教养法

[美] 埃丝特·沃西基 著
姜帆 译

- 教出硅谷三女杰，马斯克母亲、乔布斯妻子都推荐的 TRICK 教养法
- "硅谷教母"沃西基首次写给大众读者的育儿书

儿童心理创伤的预防与疗愈

[美] 彼得·A.莱文 玛吉·克莱恩 著
杨磊 李婧煜 译

- 心理创伤治疗大师、体感疗愈创始人彼得·A.莱文代表作
- 儿童心理创伤疗愈经典，借助案例、诗歌、插图、练习，指导成年人成为高效"创可贴"，尽快处理创伤事件的残余影响

成功养育
为孩子搭建良好的成长生态

和渊 著

- 来自清华博士、人大附中名师的家庭教育指南，帮你一次性解决所有的教养问题
- 为你揭秘人大附中优秀学生背后的家长群像，解锁优秀孩子的培养秘诀

正念亲子游戏
让孩子更专注、更聪明、更友善的 60 个游戏

[美] 苏珊·凯瑟·葛凌兰 著
周玥 朱莉 译

- 源于美国经典正念教育项目
- 60 个简单、有趣的亲子游戏帮助孩子们提高 6 种核心能力
- 建议书和卡片配套使用

延伸阅读

儿童发展心理学
费尔德曼带你开启孩子的成长之旅
（原书第 8 版）

正念父母心
养育孩子，养育自己

高质量陪伴
如何培养孩子的安全型依恋

爱的脚手架
培养情绪健康、勇敢独立的孩子

欢迎来到青春期
9-18 岁孩子正向教养指南

聪明却孤单的孩子
利用"执行功能训练"提升孩子的社交能力

心理自助

情感操纵
摆脱他人的隐性控制,找回自信与边界

[美] 斯蒂芬妮·莫尔顿·萨尔基斯 著

顾艳艳 译

- 情感操纵,又称为煤气灯操纵,也称为PUA。通常,操纵者会通过撒谎、隐瞒、挑拨、贬低、否认错误、转嫁责任等伎俩来扭曲你对现实的认知,实现情感操纵意图
- 情感操纵领域专家教你识别和应对恋爱、家庭、工作、友谊中令人窒息的情感操纵,找回自我,重拾自信

清醒地活
超越自我的生命之旅

[美] 迈克尔·辛格 著

汪幼枫 陈舒 译

- 樊登推荐!改变全球万千读者的心灵成长经典。冥想大师迈克尔·辛格从崭新的视角带你探索内心,为你正经历的纠结、痛苦找到良药

静观自我关怀
勇敢爱自己的51项练习

[美] 克里斯汀·内夫
克里斯托弗·杰默 著

姜帆 译

- 静观自我关怀创始人集大成之作,风靡40余个国家。爱自己,是终身自由的开始。51项练习简单易用、科学有效,一天一项小练习,一天比一天爱自己

不被父母控制的人生
如何建立边界感,重获情感独立

[美] 琳赛·吉布森 著

姜帆 译

- 让你的孩子拥有一个自己说了算的人生,不做不成熟的父母
- 走出父母的情感包围圈,建立边界感,重获情感独立

与孤独共处
喧嚣世界中的内心成长

[英] 安东尼·斯托尔 著

关凤霞 译

- 英国精神科医生、作家,英国皇家内科医师学院院士、英国皇家精神科医学院院士、英国皇家文学学会院士、牛津大学格林学院名誉院士安东尼·斯托尔经典著作
- 周国平、张海音倾情推荐

原来我可以爱自己
童年受伤者的自我关怀指南

[美] 琳赛·吉布森 著

戴思琪 译

- 你要像关心你所爱的人那样,好好关怀自己
- 研究情感不成熟父母的专家陪你走上自我探索之旅,让你学会相信自己,建立更健康的人际关系,从容面对生活中的压力和挑战

当代正念大师
卡巴金作品

乔恩·卡巴金（Jon Kabat-Zinn）

博士，享誉全球的正念大师、"正念减压疗法"创始人、科学家和作家。马萨诸塞大学医学院医学名誉教授，创立了正念减压（Mindfulness-Based Stress Reduction，简称 MBSR）课程、减压门诊以及医学、保健和社会正念中心。

Jon·Kabat-Zinn©-Jaume-Cosials

21世纪普遍焦虑不安的生活亟需正念

当代正念大师
"正念减压疗法"创始人卡巴金
带领你入门和练习正念——

安顿焦虑、混沌和不安的内心的解药
更好地了解自己，看清我们如何制造了生活中的痛苦
修身养性并心怀天下

―――― 卡巴金老师的来信 ――――

Dear Mark:

Thank you for the beautiful notes that you included in the package of books (vol 1 and 4) that you send to me recently. I am very happy to hold them in my hands and enjoy the elegance of the designs of both the book covers and the interiors. They strike me as extremely inviting to the reader. Thank you.

Your notes did not include an email address, but Hui Qi Tong, copied here, kindly gave it to me, as I wanted to thank you personally for your kindness and all the great effort that went into producing them.

Thank you as well for the lovely poem of Hui Ta that you gifted to me. I actually included the last two lines of it in Wherever You Go, There You Are, which you also published, of course. I love that poem. It says it all. And I appreciate your translation every bit as much as the one I used.

Hui Qi also gave me a copy of the CMP edition of Everyday Blessings. My wife, Myla, and I were so happy to see it, and how beautifully designed it is as well. And very happy to see that you kept the dandelion imagery. I hope it proves inviting and helpful for parenting in China.

I am very touched to learn that in the process of editing these books, you have taken up your own mindfulness practice in the service of waking up to the actuality of things in the present moment. I am deeply touched to know that, because that is the whole purpose of my writings and my work in the world. As you say, "This moment is already good enough." And I would add, "for now."

With a deep bow and warm best wishes, and much gratitude.

Jon

亲爱的马克：

非常感谢你最近寄给我的中文版"正念四部曲"（《正念地活》《觉醒》《正念疗愈的力量》《正念之道》）以及随件附上的优美留言。手捧这些书，我深感欣慰，不仅为封面和内页的典雅设计而感叹，更因为它们对读者散发出的极大吸引力而心怀感激。

虽然你的留言中未附电子邮件地址，但童慧琦细心地向我提供了你的联系方式，使我能亲自向你表达谢意，感谢你和你的团队在这些图书的制作过程中所付出的巨大努力和无私的善意。

感谢你赠予我的无门慧开禅师的诗作。其实，我在《正念：此刻是一枝花》一书中引用了这首诗的最后两句，而这本书也是由贵社出版的。我深爱诗中的意境，它已然道尽一切。我对你的翻译倍感珍惜，丝毫不逊色于我所使用的版本。

慧琦还赠送了一本贵社出版的《正念父母心：养育孩子，养育自己》。我和我的妻子梅拉看到这本书的精美设计时，心中充满了喜悦，更为你保留了蒲公英意象而感动。我希望这本书能在中国的育儿方面发挥鼓舞和帮助的作用。

听闻你在编辑这些图书的过程中，也开始了自己的正念练习，以此唤醒当下真实的存在，我深感触动。因为这正是我在这个世界上写作和工作的全部目的。正如你所说，"此刻，已经足够美好"（this moment is already good enough）。我想我会补充一句，"正是当下的圆满"（for now）。

再次致以深深的敬意、祝福与我的感激。

乔恩·卡巴金

创伤疗愈 & 哀伤治疗

心理创伤疗愈之道
倾听你身体的信号

[美] 彼得·莱文 著

庄晓丹 常邵辰 译

- 有心理创伤的人必须学会觉察自己身体的感觉,才能安全地倾听自己。美国躯体性心理治疗协会终身成就奖得主、体感疗愈创始人集大成之作

创伤与复原

[美] 朱迪思·赫尔曼 著

施宏达 陈文琪 译

[美] 童慧琦 审校

- 美国著名心理创伤专家朱迪思·赫尔曼开创性作品
- 自弗洛伊德的作品以来,又一重要的精神医学著作
- 心理咨询师、创伤治疗师必读书

拥抱悲伤
伴你走过丧亲的艰难时刻

[美] 梅根·迪瓦恩 著

张雯 译

- 悲伤不是需要解决的问题,而是一段经历
- 与悲伤和解,处理好内心的悲伤,开始与悲伤共处的生活

危机和创伤中成长
10位心理专家危机干预之道

方新 主编 高隽 副主编

- 方新、曾奇峰、徐凯文、童俊、樊富珉、马弘、杨凤池、张海音、赵旭东、刘天君10位心理专家亲述危机干预和创伤疗愈的故事

哀伤咨询与哀伤治疗
（原书第5版）

[美] J.威廉·沃登 著

王建平 唐苏勤 等译

- 知名哀伤领域专家威廉·沃登力作,哀伤咨询领域的重要参考用书

伴你走过低谷
悲伤疗愈手册

[美] 梅根·迪瓦恩 著

唐晓璐 译

- 本书为你提供一个"悲伤避难所",以心理学为基础,用书写、涂鸦、情绪地图、健康提示等工具,让你以自己的方式探索悲伤,给内心更多空间去疗愈

| CHAPTER 2　第 2 章 |

你处于批判性思维前四个阶段的哪个阶段

我们大多数人都没有完全表现出自己思维发展的潜能。我们有巨大的潜力,但是我们的潜力绝大多数仍处于休眠和未开发状态。思维技能的进步就像打篮球、跳芭蕾舞或者吹萨克斯的进步一样,没有有意识的投入和学习是不可能做到的。只要我们还认为当下的思维水平是理所当然的,我们就不会进行提高思维的练习。

提高思维水平是一个缓慢进步的过程,需要长期乏味的练习和努力。仅仅参加一个初级的思维训练是不可能成为一个杰出的思考者的。改变思维习惯是一个需要几年的漫长过程,它不是几个星期或几个月就能完成的。我们在第 1 章中讲到的批判性思维所必需的特质只有经过长期的努力才能够养成。

如果想要发展成为一名思考者,我们需要经历的发展阶段分别是:

阶段 1　鲁莽的思考者(我们不能意识到自己思维中的重要错误)

阶段 2　质疑的思考者(我们开始认识到自己思维中存在的错误)

阶段 3　初始的思考者(我们尝试着改善自己的思维,但是却没有常规的练习)

阶段 4　练习中的思考者（我们认识到常规训练的必要性）

阶段 5　高级的思考者（我们随着自己的练习不断地进步）

阶段 6　完善的思考者（有技巧和判断力的思维成为我们的第二本能）

多数人终生都停留在鲁莽的思考者阶段。想要成为完善的思考者需要每天坚持进行练习。

批判性思维发展的阶段

完善的思考者
（有技巧和判断力的思维成为我们的第二本能）

高级的思考者
（我们随着自己的练习不断地进步）

练习中的思考者
（我们认识到常规训练的必要性）

初始的思考者
（我们尝试着改善自己的思维，但是却没有常规的练习）

质疑的思考者
（我们开始认识到自己思维中存在的错误）

鲁莽的思考者
（我们不能意识到自己思维中的重要错误）

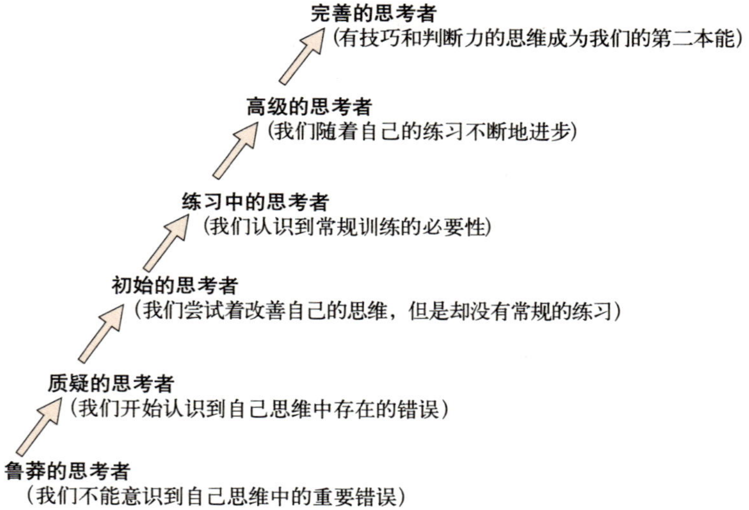

图 2-1　批判性思维发展的阶段

多数人终生都停留在鲁莽的思考者阶段，想要成为完善的思考者需要每天坚持练习

阶段 1　鲁莽的思考者

你是一个鲁莽的思考者吗？人生来就是鲁莽的思考者，其中大多数人终生都停留在鲁莽的思考者阶段，从不对自己的思维进行反

思，根本没有意识到思考在我们生活中的重要作用。在鲁莽的思考者阶段，没有思考所需要的概念。例如，作为鲁莽的思考者，我们根本没有注意到自己如何做出假设、形成概念、寻找信息、利用观点进行思考。在这一阶段，我们不知道如何分析和评价自己的思维方式。我们不知道如何确定自己的目的是否清晰、自己的假设是否公正、自己的结论是否符合逻辑。我们根本没有认识到思维特质的存在，因此更不会努力去掌握这些特质。

在这一阶段，错误的思维方式经常会给我们生活中带来很多问题，但是我们并没有意识到这些错误。我们并不会质疑自己的信念和决定。我们没有思维标准，也不知道这些标准应该是什么。我们缺乏良好的思维特质但是却意识不到。我们没有意识到自欺行为，有很多不实际的幻想，相信自己信念的合理性。我们满怀信心地谈论着这个世界，并且认为真实情况就如我们所看到的一样。我们对"好坏"进行判定，赞成某些活动，反对另一些活动。我们做出决定，对别人做出反馈，有着自己的生活方式，并且不会认真地反省自己的思维及其结果。

尽管我们没有认识到，但这一阶段自我中心倾向主导着我们的思考。由于缺少思维技能，我们注意不到自己的自我中心和偏见，注意不到自己常常对他人进行归类，注意不到自己不合理地忽略很多观点仅仅是因为我们不想改变自己的行为和观点。

如果你在回答上面有关自我思维中的问题时遇到困难，那么你可能就是处在鲁莽的思考者阶段。如果真是这样的话，你也不需要感到抱歉和羞愧，大多数人都处于这一阶段，并且不知道自己处于这一阶段。传统的学校教育和育儿方式并不能帮助人们成为批判性的思考者。通常，父母和老师本人也是鲁莽的思考者，这是一个恶性循环，鲁莽的人培养了鲁莽的人。清楚地知道自己处于这一阶段是向下一阶段过渡的条件。当你过渡到下一个阶段的时候，你就会打破这一恶性循环。为了做到这一点，我们必须深思熟虑，必须能够意识到自己思维中的错误、认识到自己的思维常常是自我中心和不合理性的、认识到改变自己的思维是必要的。

真诚的反思能够激发我们做出改变的动机。我们不仅应该看到自己思维中存在的错误，也要知道如何去发现这些错误。我们必须合理地写出做出改变所必须要做的事情。动机很关键。没有动机，做什么也不可能成功。

阶段 2　质疑的思考者

你准备好接受质疑了吗？我们不能解决自己没有意识到的问题，不能处理一个不存在的情况。如果不能认识到自己知识的局限性，我们就不能寻求自己没有的知识。如果不知道自己需要哪些技能，我们就不能培养他们。

当我们意识到"一般"的思考者思维方式较差时，我们就已经进入了批判性思考的第二个阶段，即质疑的思考者阶段。我们开始注意到我们常常：

- 做出有问题的假设。
- 使用错误的、不完全的或是误导性的信息。
- 做出与所掌握证据无关的推论。
- 没有发现我们思维中的重要意义。
- 没有发现自己的错误。
- 形成错误的概念。
- 从具有偏见的观点中进行推理。
- 自我中心和偏离理性地思考。

当我们认识到思考方式塑造着我们的生活、意识到思维中的问题可能导致生活中的问题时，我们就进入了质疑的思考者阶段。在这一阶段中，我们能够认识到低级思维可能威胁到我们的生活，可能给我们自身和他人带来伤害。例如，我们可以反思下面这些人的思维方式：

- 认为抽烟很性感的青少年。
- 认为子宫检查不重要的妇女。
- 认为头盔影响了视野，因而觉得不戴头盔更安全的摩托车驾驶员。
- 认为喝醉酒也能安全驾驶的驾驶员。
- 决定与一个自私的人结婚，并且认为他在婚后将会改变的人。

我们也能认识到提高我们思维水平的过程困难重重。如果你的思维是在这一阶段，你会发现改变自己的思维习惯是一项很大的挑战，它需要你在日常生活中做出广泛而艰难的改变。

一些出现思维的标志：

- 你发现自己在努力地分析和评估自己的思维方式。
- 你发现你自己在发掘那些能够产生思考的思维结构（例如，概念、假设、推论、意义、观点）。
- 你发现自己在考虑能够优化思维的品质（清晰性、准确性、精确性、相关性、逻辑性），即使你对这些品质可能只有初步的了解。
- 你会发现自己关注思维中的自欺行为，即使你的理解相对比较"抽象"，并且或许不能从生活中找到太多的例子。

在发展对自己思维的质疑能力时，自欺是一个明显的障碍。很多人拒绝承认他们自身的思维是生活中麻烦的来源。如果你像他人一样也拒绝接受这一事实，那么你又回到了鲁莽的思考者阶段，你对自己思维进行剖析的经验也会消失，先前的不良思维习惯仍会继续。例如，你可能用下面这种方式为自己开脱："我的思维其实没那么坏。事实上，我已经能够进行合理的思考了。我提出质疑，我尽量摒弃偏见，我的思维是具有批判性的，我不自欺。"

如果你用这样的方式进行推理，你并不孤单，大多数人都是这样。许多人都认为"如果每个人都能像我一样进行思考，世界将会更加美好"。无论是否接受过教育，人们都会持有这种观点，没有证据显示教育水平与自我反省是相关的。事实上，反而因为受到过教育，很多大学毕业生的思维都是傲慢的。鲁莽的思考者广泛存在于社会的各个阶层，心理学家、社会学家、哲学家、数学家、医生、议员、法官、公务员、社区律师、律师等都可能是鲁莽的思考者。

简单地讲，思维谦逊的缺乏广泛见于社会的各个阶层、各个职业和各个年龄段。人们会或主动或被动地抵制批判性思维的挑战。无论是无意的耸肩还是明显的抵抗，多数人都会采取不同的形式拒绝批判性思维的挑战。这就是为什么在这一阶段对自己的思维进行详细检查十分重要的原因。

阶段 3 初始的思考者

准备好开始了吗？当一个人积极地接受质疑并且想要成为一个更好的思考者时，那么他就进入了所谓的初始思考者阶段。在思维发展的这一阶段，我们开始仔细地对待思维方式。这一阶段的发展为我们进入下一个阶段做好了准备，带领我们向着能够清晰地控制思考的终极目标前进。这一阶段是一个获得领悟和培养毅力的阶段，就像是酗酒者认识到并承认自己是一个酗酒者一样。例如一个酒鬼说："我是一个酒鬼，只有通过自己的努力才能有所改变。"现在想象一下你自己，说："我是一个差劲、不严格的思考者，只有通过自己的努力才能有所改变。"

一旦人们发现自己习惯于不良的思维方式，那么就必须意识到问题的严重性。如果我们处于初始的思考者阶段，我们就应该认识到我们的思考有时候是自我中心的。例如，我们可能发现自己常常忽视别人的需求、过分专注于自己的需求。我们会发现自己很少去理解他人的观点，并且总是假设自己的观点是"正确的"。我们甚至会发现自己试图控制别人以达到自己的目的，或是过分地听从于他人来实现自己的私利（为了回报而遵从于他人）。我们也可能会注意到自己在多大程度上不加思考地遵从他人。

作为初始思考者我们思考自己的思维方式，我们开始：

- 分析情景或问题的逻辑性。
- 清晰、准确地表达问题。
- 检查信息的准确性和相关性。
- 区分出原始信息和他人对此事件的描述信息。
- 找出得出结论的假设。
- 找出有偏见的信念、不公正的结论、错误使用的词汇和忽略的意义。
- 注意到什么时候我们的私利会影响我们的观点。

作为初始的思考者，我们会逐渐懂得如何处理相关的思维元素（目的、问题、信息、解释等），会逐渐认识到检查思维方式清晰性、准确性、相关性、精确性、逻辑性、公正性、广泛性、深刻性和公平性的好处，尽管可能还不能娴熟地掌握这些能力，尽管在这些技能上的表现还很笨拙。我们必须强迫自己严格地思考。我们就像芭蕾舞的初学者一样，我们感觉学习基本动作很傻，一点也不高雅，我们会摔跤、犯错误，没有人会花钱看我们表演，我们自己对现在的思维水平也不满意。

要想达到初始思考者阶段，我们的价值观必须进行改变。我们必须探索自己思考的根本，并找出我们为什么做出这样的思考的原因。让我们详细地讨论这一目标。回忆一些影响我们思维形成的主要因素：

（1）你出生在一种文化当中（例如，欧洲文化、美国文化、非洲文化、亚洲文化）。

（2）你出生在某一个时代（某个世纪某个年代）。

（3）你出生在某一个地方（哪个国家、哪个城市、北方还是南方、东面还是西面）。

（4）你的父母抱有特定的信念（包括关于家庭、人际关系、婚姻、童年、服从、信仰、政治和教育等的信念）。

（5）你建立了各种关系（主要建立在周围人群的基础上——和这些人有同样的观点、价值观和禁忌）。

如果改变任何一种影响因素，你的信念系统就会不同。假设你是生活在法国中世纪的一个奴隶，你是否能够意识到你所有的信念都会发生改变？看看你是否还能进行和现在类似的思考。例如，假设其他的因素改变，那么想象一下你的信念与现在的信念有什么不同。你将会发现这些不可控的影响因素是如何塑造我们的信念的。没有人能够控制这些影响。这些影响有好有坏。

例如，假设许多影响因素使我们产生了错误的信念。这些错误的信念就存在于我们的思维中，我们根据这些信念采取行动，而我们的思维却不能筛选出这些错误信念。我们都从自己的文化、成长的地方、父母、朋友那里得到了一些偏见。批判性思维要求我们找出这些错误信念，并且用合理的信念代替这些错误的信念。另外，我们可以从因素的"影响模式"出发，来看待这些影响因素。

例如，我们思考这些领域：社会、哲学、道德、智力、人类学、意识形态、政治、经济、历史、生物、神学和心理学。我们形成了

自己独特的信念系统,因为我们从以下方面受到影响:

- 社会的:我们的思维方式受到所属社会团体的影响。
- 哲学的:我们的思维方式受我们人生观的影响。
- 道德的:我们行动和义务的一致程度,以及我们界定义务的方式将会影响我们的思维方式。
- 智力的:我们的观点、推理方式和处理抽象概念的方法会影响我们的思维方式。
- 人类学:我们的思维方式受到文化实践、风俗习惯和禁忌的影响。
- 意识形态和政治:我们的思维方式受到权力结构和权力应用的影响。
- 经济的:我们的思维方式受到个体经济条件的影响。
- 历史的:我们的思维方式受到我们的历史时间以及我们对历史事件解释的影响。
- 生物学的:我们的思维方式受到生物和神经结构的影响。
- 神学的:我们的思维方式受到宗教信仰和态度的影响。
- 心理学的:我们的思维方式受到我们性格和个体心理学的影响。

通过上面的思考我们应该意识到我们对自己的思维方式了解得很少。我们的思维方式是一个未开发的世界、一个被我们的生活所塑造的内部世界。我们生活在这个世界中凸显出这一内部世界的重要性。它决定我们是高兴还是沮丧,决定我们所看到的、所想的事物。它可以让我们疯狂,也提供给我们安慰和平静。如果我们能够认识到这些事实,我们就会有动机去控制自己的思考,不做别人手中任人塑造的泥人,最终,掌控自己的生活。

让我们思考初始思考者容易走入的两个误区:

误区1：教条专制主义——相信真相不是通过推理和调查获得的，而是通过一些预先设定的、非理性的信念获得的。

误区2：主观相对主义——相信不存在评判事物对错的思维标准。

两个误区都给我们提供了简单化的答案。作为一个初始的思考者，想要获得进步、避免进入任何误区，就需要培养推理的信心，将推理作为我们获取知识和见解的方法。这两个误区是相互呼应的。如果我们成为教条专制主义者或者主观相对主义者，我们就丧失了成为批判性思考者的动机。作为教条专制主义者，我们会随自己的"信念"行动。作为主观相对主义者，我们会相信每个人都会通过一些难以解释的方式，自动地获得"他们自己的真相"。在两种情况下都没有为思维活动和批判性思维标准留出空间。两者都认为批判性思维是多余的，认为我们不必去思考。

如果我们能避开这两个误区，如果我们知道自己是如何受到那些不可控因素影响的，如果我们知道技能可以帮助我们控制自己的思维方式，如果我们建立了对推理的信心，如果我们能够做到思维谦逊和思维坚毅，我们就为自己创建了一个良好的基础，在此基础上我们可以重构完整的人格和思考者的身份。

关键问题是如何做？我们如何精确地行动？本章余下的部分将集中于这一问题。从某种意义上讲，这也是本书最重要的目标。

阶段4 练习中的思考者

良好的思维方式可以像打篮球、打网球或跳芭蕾一样训练出来。从初始的思考者走向练习中的思考者的唯一途径，就是进行日常的练习并设计练习的计划。当你这样做了，你就成了所谓的练习中的思考者。

有很多设计训练计划的方法，其中的一些可能更加适合你。例如，你可能会快速浏览一下本书的其他章节。每一个章节都会给你一些提高思维方式的建议，你可以从任意一章开始。

你可能会复习那些自我思考中的任务。你可能会复习思维的成分、思维的标准、思维的特质。你也可能学习第 10 章关于问题解决和第 17 章有关思维策略的知识。你在本书中读到的任何内容都是帮助你设计思考练习计划的一种资源。阅读本书的时候，常常问自己：我在这一部分学到的知识如何应用到我的日常训练中呢？

像大多数人一样，你可以发现一些合适的起点，制订出自己的计划，而真正的挑战是能够坚持完成你的计划。这也是其他技能培训的挑战所在：人们常常不能坚持下来。他们在没有养成练习的习惯之前，就被劳累和笨拙的尝试吓退了。

为了成为一名思考者，你必须编制一套有效的训练计划，这个计划应该是你能够完成的，不会使你的负担过重。最后，胜利属于那些有毅力并且有策略的人。

另外，在这一阶段你可能的确不知道什么对你是有效的，仅仅是觉得可能有效而已。你必须检验你的方法。现实一点，你应该有多个计划进行验证，并最终找到一个有效的训练计划。

戒骄戒躁，不要气馁。练习过程中难免会有反复失误，准备好接受一些暂时的失败，不要轻易气馁。成功需要战胜暂时的失败，其逻辑就像是试穿衣服，试穿的很多衣服可能都不合适，但是你会继续尝试直到找到适合自己的衣服。

考虑另外一个类比：如果你想成为一个优秀的网球手，一开始就想要打得很好、赢得所有的比赛、经过很少的训练就能习得新的击球方式，这些想法并不能帮助你进步。只有通过制订计划并且在实践的检验下反复修改才能让你获得进步。今天，你或许决定眼睛要盯着球；明天，你可能就会在转身的同时眼睛也能够盯着球。每一天，你都要反复思考能够使你取得进步的策略。人类思维的发展就像人类身体的发展一样。理论指导、反复训练和及时的反馈是必要的。

一份通向进步的"游戏计划"

当你认真地思考自己的思维方式的时候，想一想怎么做可以让你的思维不断地进步。优秀的思考者需要具备一系列各自独立却又密切关联的技能和特质，你可以随时选择一些批判性思维的技能进行练习。关键是注重培养基础技能并且确保自己不会贪多。选择你的突破点，反复练习，但是又要限制对突破点的选择，不要过分贪多。过分贪多很可能让你因困难而完全放弃，而如果不重视基础技能，你就永远不会拥有牢固的思维基础。

一步一步地训练并且注重基础技能。记住是乌龟赢得了赛跑的胜利，而不是兔子。做一只明智的乌龟，每天踏出坚实的一步，最终你将会走向成功。

为制订练习计划而建议的策略

我们收集了一些能够激发你制订出一份练习计划的建议。这些建议没有任何魔力，其中的观点也不都是非常必要的。然而，每一条建议都代表了一个可能的突破点、一种可能提升我们思维方式的方法。即使你不能同时实施所有的建议，但是可以根据我们提供的这些建议对你的练习计划进行检验。你也可以加入自己的观点，在你了解这些建议后，我们会解释这一建议计划是如何发挥作用的。

1. 利用"浪费"的时间

所有的人都会浪费一些时间。没有人能够充分、有效甚至快乐地利用所有的时间。有时候我们从一种娱乐活动转到另外一种，然而，这两种娱乐活动却都没能使我们感到快乐。有时候我们会被无法控制的事情激怒。有时候我们由于缺乏良好的计划带来了许多消极的后果，例如如果提前半个小时出发，我们就可以错开交通拥堵时段从而节省时间。有时我们无端地担心，将时间浪费在为过去的事情感到后悔懊恼中。有时甚至我们会只是注视着某个地方出神。

关键是时间已经过去了，被浪费掉了。如果我们认识到这一点，并且当时考虑了其他备选方案，我们就不会以这样的方式浪费掉这些时间了。所以我们的意见是：利用你常常浪费掉的时间来练习你的思维能力。例如，晚上不要为找一个好节目而不停地进行频道转换，你可以用这些时间来回忆自己一天的思维，并评估自己思维的优缺点。你可以问自己下面的问题：

- 今天哪些时候我的思维是最差的？
- 今天哪些时候我的思维是最好的？
- 我今天实际上在思考什么？
- 我解决了哪些问题？
- 我是否无谓地为一些消极的思维而感到沮丧？
- 如果我重新过这一天，我应该做出哪些改变？为什么？
- 我今天做了哪些对自己长期目标有益的事情？
- 我所做的事与自己的价值观相一致吗？
- 如果我以今天的方式生活 10 年，最终，我能够完成一些有价值的事情吗？

每个问题花上一点时间是很重要的。时常或每个星期回顾一下这些问题是很有用的，并且将你的答案写成日志，这样可以保留一个你思维方式发展的记录。

2. 每天解决一个问题

从今天开始,每天(或许是开车上班的路上,或是上学路上)选择一个问题,以便当你有空闲的时候进行思考。通过分析这个问题的要素找出它的逻辑。系统地思考这个问题:这个问题到底是什么?我怎么才能使它成为一个问题的形式?(参考第10章中的模板。)

3. 将思维标准内化

每个星期选取第5章中描述的一个思维标准进行研究,并积极地将它应用到你的思维中。一个星期专注于清晰性,下一个星期专注于准确性,如此坚持下去。例如,如果你正在专注于清晰性,那么试着注意自己在交流中不够清晰的地方。注意别人没有清晰地表达的情况。在阅读的时候,看看你是否清楚自己阅读的内容。在写报告时,问一问自己是否清楚自己想要说什么、是否清楚地将自己的想法写了出来。

在这样做的时候,你要练习四种清晰表达的技能:①在开始说话的时候考虑一下自己的措辞是否准确;②用其他的语句详细表达你的意思;③从你的生活经验中找出例子来证明你要表达的意思;④利用类比、隐喻、图示、表格来说明你的意思。在清晰地表达自己的思想时,你要陈述、详细描述、说明、举例证明你的要点,也要经常鼓励他人这样做。

4. 坚持做思维日记

每个星期写一定数量的日志条目。按照下面的格式将重要的事件记录下来:

- 描述那些对你情感重要的事件(你非常关心的事情)。

- 一次只记录一个事件。
- 单独描述自己在这一情况下的行为，描述要详细和准确。（你说了什么？你做了什么？你是如何反应的？）
- 在你描述的基础上，分析在事件中到底发生了什么，挖掘事件的深层含义。
- 评价你对事件的分析有什么含义。（你在这一事件中学到了什么？如果你可以重新来过，你会对自己的行为做出哪些改变？）

5. 练习思维策略

在第 16 章战略性思考中选择一种策略。当你使用这种策略的时候，在日记中记录你的观察，包括你对自己有了什么新的认识，以及你如何应用这种策略来提高自己的思维水平。

6. 重新塑造你的性格

每个月，选择一种思维特质进行练习，努力思考你如何才能培养这一特质。例如，如果专注于思维谦逊，试着注意自己承认自己错误的情况。找出即使面对有力的证据证明自己是错误的时候也拒绝承认自己犯了错的情况。当别人试图指出你工作或者思维中的缺陷时，注意在什么情况下你会开始防御。注意在什么时候你的自大阻碍了你的学习，例如，你对自己说："我已经懂得了该学科中所有需要学习的东西。"或者是，"我跟他知道的一样多，他以为他是谁啊，凭什么强迫我接受他的观点？"

7. 改变你的自我

每天通过回答下面的问题观察自己的自我中心：当我反思自己一天的行为时，我是否被细小的事情惹怒了？我是否说了一些失去理性的话来坚持自己的意见？我是否将自己的意愿强加给他人？当我对某种事物有强烈的情感的时候,我是否没能表达自己的意愿,以致后来愤恨自己?

一旦你意识到自己的自我中心思维在起作用,你就能通过系统思考得出更合理的思维方式来代替它。一个理性的人在特定情况下会有什么感受?理性的人会怎么做?这些与你的行为有什么区别?(提示:如果你总是得出一个理性的人与你的行为是一致的,你可能在自欺。)(在第11章中找出更多识别自我中心思维的方法。)

8. 改变你看待事物的方法

不管是个人生活还是社会生活事件,我们都生活在一个每个事件都被定义了的世界,在这个世界中,每一个事件都会有一个基本的意义。事件的界定情况决定了我们对它的感受、我们的行动方式,以及它对我们的意义。而事实上,每一种情况都有很多种定义的方法。这给我们很多机会去改善我们的生活。原则上,只有依靠我们自己的力量,才能使自己生活得更加快乐和圆满。

理论上,我们可以将生活中所有事件的消极定义转换成积极定义。这样,我们就可以在可能遭受损失的情况下获得收益;我们就可以在可能带来悲伤的情况下感到高兴;我们就可以在可能带来沮丧的情景中感到满足。在这一建议中,我们要练习改变自己看待事情的方法,将消极的事件看作积极的事件,将山穷水尽看成柳暗花明,将犯的错误看成学习的机会。为了使这个建议更加可行,我们应该给自己一些具体的指导。例如,我们可以列出5~10种会令你感到沮丧、气愤、难过、担心且经常发生的消极情景。然后我们可以找到带来消极情绪的不合理的定义,再用一种更加合理的定义来代替它们,并做出自己新的反应和情感反馈。

假如你有一个舍友,他不停地向你讲述生活中的琐事,这使你感到很厌烦。你会想:"多么讨厌!我怎么能听一个学期无聊的肥皂剧呢?"你可能做出这样的反应:"既然我要为自己的心理学课程做一个研究项目,那么这个项目就是关注我室友的心理好了。"现在,有了这个想法后,你不再是被动地听你室友不停地给你讲述他一天的生活,而是主动地询问他,从而收集心理学作业上用到的信息。因为你现在主导着谈话的内容,你就不会为你室友不厌其烦的讲述感到厌烦,而是会将你们之间的互动转变成自己学习的经验。

另外一个例子是将"不可能完成的困难课程"重新定义为"找出新的基础概念和新的思维方法的挑战"。例如:你对接触异性朋友的方式进行重新定义,从原来的"他的反应将会决定我是否具有吸引力"变成现在的"让我根据自己的感觉来判断一下这个人是不是一开始就被我吸引了"。

如果你采用的是第一种定义,他人对你没有兴趣的话你会感到很失落。如果你采用的是第二种定义,你清楚人们最初的反应不是针对一个陌生人的吸引力,而是针对一个人正在盯着自己看的方式,那么,你就不会把别人没能对你表现出兴趣理解成不喜欢你。

9. 关注自己的情绪

无论何时当你感到一些消极的情绪时,问自己"是什么思维产生了这一情绪?这一思维有没有缺陷呢?我的假设是什么?我应该做这些假设吗?我做此思考所依据的信息是什么?这种信息可靠吗"等(见第3章和第16章)。

10. 分析群体对你生活的影响

仔细地分析你所属的群体鼓励哪些行为、不鼓励哪些行为。对于一个特定的群体,它要求或者希望你相信什么?禁止你做什么?如果你的结论是你的群体没有要求你相信任何东西,也没有任何禁忌的事情,那么这很可能是因为你还没有对你的群体进行深入分析。为了增加对社会化过程和群体成员的理解,复习一下社会学的相关知识(见第11章)。

将建议中的策略一个个合并起来

在制订计划的时候，最关键的是在自己的生活中检测计划中的这些策略，并将策略整合成一个完成的计划，在自己的生活经验上检验，实施这一计划。所有的策略都有优缺点。一个可取的办法是用任意的次序使用下面的所有策略。

（1）利用"浪费"的时间。
（2）每天解决一个问题。
（3）将思维标准内化。
（4）坚持做思维日记。
（5）练习思维策略。
（6）重新塑造你的性格。
（7）改变你的自我。
（8）改变你看待事物的方法。
（9）关注自己的情绪。
（10）分析群体对你生活的影响。

当你用制订的计划提高你的生活质量的时候，假设你发现"改变你看待事物的方法"这一策略一直在你的直觉当中，你就可以把它作为开始的策略。当你专注于这一想法并将它应用到你的生活中时，你会发现群体中存在的社会定义。这样的发现能够使你意识到你的行为是如何受社会定义控制和影响的。你会开始认识到你和他人是如何不加思考地接受了群体定义的。注意隐含在下面陈述中的定义：

（1）"我组织了一个聚会"。
（2）"我们将参加一个会议"。
（3）"你为什么不参加选举"。
（4）"葬礼是在周二"。
（5）"杰克是一个熟人，但不是真正的朋友"。

当你理解这些观点的时候,你就会知道这是社会上多么普遍的定义。你对社会定义了解得越透彻,就越可以用与社会定义相反的方式对情景进行重新定义,进而你就能够理解对情景和人际关系进行重新定义是怎么帮助你"关注自己的情绪"的。对事物的定义带来了你的情绪,当你认为你受到威胁的时候(你将情景定义为"有威胁的"),你会感到害怕。如果你将一种情景定义为"失败",你就会感到失落。而如果你将同样的情景定义为"一个学习的机会",你就会产生学习的动力。当你发现你能够主导这样的练习的时候,这两种策略就能够一起工作并且互相促进。

之后,你就能将策略 10("分析群体对你生活的影响")与你已经内化的两种策略进行合并。群体对我们的影响主要是通过其传递给我们的定义来实现的。当一个群体认为一些事情是"很棒的",而一些事情是"糟糕透的"时,群体的成员就会努力让自己看起来更棒。当一个老板说,"这很有意义",他的下属就知道自己不应该说"不,这很荒唐"。他们这样做是因为他们认为"老板"的名称使得他人在定义情景和人际关系的时候具有优先权。作为一个发展中的思考者,你应该决定接受哪些群体的影响而拒绝哪些群体的影响。

你现在有三个相互联系的策略了:你"改变了你看待事物的方法"并且"关注自己的情绪",还能"分析群体对你生活的影响"。这三种策略合并成了一个。现在,你可以寻找机会将其他任何一种策略合并到自己的思维和生活中去。

- 利用"浪费"的时间。
- 每天解决一个问题。
- 将思维的标准内化。
- 坚持做思维日记。

- 练习思维策略。
- 重新塑造你的性格。
- 改变你的自我。

如果你成功地完成了计划,你就超出了初始的思考者阶段,你成了一名练习中的思考者。我们将在第 17 章中讨论这一阶段及其他两个阶段。

| CHAPTER 3　第 3 章 |

自我理解

在阅读本章之前,你首先应当明确:

- 批判性思维的存在和发展是以与思维相关的基本知识、技能及洞察力的发展为基础的。
- 成为熟练思考者的过程就如同习得篮球、芭蕾舞或萨克斯演奏等程序性知识技能过程一样。
- 这些思维技能可以兼容性地同时服务于两种不兼容的思维极端:自我中心与公正之心。
- 批判性思维技巧的学习可以在较低意识水平的层面上实现,培养出一种程度较弱的批判性思维放肆(如习惯性的自我中心思维)。
- 而本书中我们关注的主要是具有较强程度的批判性思维的发展。
- 公正心的发展需要我们形成思维特质间相互关联的心理网络。
- 批判性思维的发展具有明确而可预测的阶段性特点。
- 批判性思维的培养极富挑战性,因为这既有赖于"计划性的训练",同时需要经过数年的积累与发展,绝非数周或数月即可一蹴而就的。

本章的目标在于使读者更好地理解人类的思维本性。我们将从人类的自我中心及其呈现的干扰开始,之后我们将会探讨获得更好自制的基本特性。通过本章的学习我们可以看到,我们头脑中的一些基本机制总是在维护我们自身潜在的自我中心的。我们必须理解这些机制。它们以互相关联的方式运作,因此,只有通过实际的视角洞察我们的大脑运作方式,我们才能有望去理解和改变自我。

监控日常思维和生活中的自我中心

倾向于被自我中心的思维和感受所主导是人类在学习中面对的一个最基本的挑战。我们即刻的欲望、痛苦、想法和感受深深地主导了我们的生活。出于本质上的自私,我们去寻求自我满足。我们并不去考虑自身的看法是否精确,反而总认为我们已经思考过;我们并不去深入思考个人成长、发展和自我完善的问题,也总是认为我们已经思考过;我们并不会去主动地发现自己的弱点、偏见和自欺。相反,我们总是以满足自己的需求为目标,避免他人的反对,合理化自己的观点和行为。

人们倾向于用自我中心的方式进行思考,这意味着我们几乎没有真正地理解自身思维和情感的本质。例如,我们中的很多人无意识地相信,不思考也是有可能获得知识的,也是有可能阅读的,并且优秀的写作能力是一个人与生俱来的,而非后天努力的结果。因此,我们倾向于逃避学习的责任,不再尝试学习新的思维模式。我们中的很多人在思维上是墨守成规和过于简单化的,而自我中心又妨碍了我们发现这一问题,我们用自己发明的内在枷锁束缚住了自己。

这些内在的枷锁会对我们的人际关系、成功、成长和幸福感带来负面的影响。通过忽视自我或假装自己是思维公正的就想克服人类的自我中心是不可能的。只有发展明确的习惯，才能约束住我们的自我中心。我们只有看到自己回应方式的不足，通过重组思维来调整，而不是简单否认这些回应模式，才能超越自我中心式情感的回应。例如，如果你想被老师提问，却又"担心会被嘲笑"，你必须明确产生这种恐惧情感的自我中心思维："如果我问了这个问题，其他学生可能认为我很木讷或很愚钝。"明确这种思维之后，你可以对其进行替换。例如："我的任何问题都能帮助我学习，其他学生也是这样。更为重要的是，如果有学生认为我的问题是愚蠢的，那是他们的问题，他们缺乏一种将提问理解为学习的能力。我不会因为他人对学习的狭隘理解而阻碍我的学习。"

我们之后将回到处理自我中心的问题上来。同时开始思考自我中心是什么，并且找出它的存在。

努力做到思维公正

尽管没有人会将自己定义为自我中心者，但是每一个人都应该认识到，自我中心是我们了解自身思维时所需理解的一个重要内容。应对自我中心的一个方法就是探索我们被自我中心塑造的程度。例如，就像我们之前强调的，我们都出生在特定的文化、国家和家庭中。父母向我们反复灌输某一信念（与家庭、个人人际关系、婚姻、童年、服从、宗教、政治、教育等），我们与有某些信念的人建立各样的人际联系（那些鼓励或期待去被接受的人）等。我们是这些影响的产物。只有通过自我理解，我们才能成为一个不是仅仅受到影响，而是能够独立进行批评性思考的人。

如果我们不加辨别地去相信他人的灌输，我们的信念很有可能就是自我中心的，并且深深影响我们的思考习惯。例如，一个关于态度的研究显示，我们无意识地使用自我中心标准去证明自身信念的合理性。

（1）"它是真的，因为我相信它。"虽然人们并不会公开做出这样的声明，但是却经常采取这样的模式：当别人认同我们时，便觉得他们是对的；反对我们时，便觉得是错的。我们对他人的回应方式表明，我们自我中心地认为自己的视角一定是正确的。

（2）"它是真的，因为我们相信它。"我们自我中心地认为自己所属的团队看待事情的视角是正确的。在这样的思维方式下，我们的宗教、国家、朋友是特别的，并且比其他宗教、国家和朋友都更好。

（3）"它是真的，因为我想相信它。"我们更乐意相信自己愿意相信的事物，不考虑事物是否是荒谬的。

（4）"它是真的，因为我曾经总是相信它。"我们更乐意相信与自己信念一致的事物。我们自我中心地假定自己信念的正确性。

（5）"它是真的，因为相信它符合我的利益。"我们更乐意相信那些有益于自己财富、权力和地位的观点，哪怕这些观点与自己的道德信仰相冲突也无所谓。

如果我们能自觉地意识到自身的这些倾向，并有意识地通过客观思考去克服它，这种对于自己的清晰理解就能够帮助我们成为一名批判性思考者。这要求我们将自己的思维分为两类：①自我中心的思维方式；②发展理性公平心的思维方式。而为了有效地进行分类，我们必须清楚我们思维的运作方式，就像病理学家理解大脑的运作方式一样，我们必须对我们的思维运作方式有深刻的洞察。

识别大脑的三个与众不同的功能

大脑拥有三个基本的功能：思维、感受与需求。

（1）思维的功能是指创造意义：对我们生活中的事件赋予意义，将事件分类进已被命名的种类，并寻找相对应的模式。思维不断地让我们理解正在发生的事情，注意到事情的各个方面，弄清事情的本质。

（2）感受的功能指的是，对思维功能所创造的意义进行监控或评价，根据我们赋予它们的意义，评估我们生活事件的积极性或消极性，感受让我们知道如何体会生活中发生的事情。它会告诉我们何时产生这样的感受是正确的、何时这样的感受会招致麻烦。

（3）需求的功能是指分配行动的能量，以让我们能够保持自己的渴望和对可能的事物的追求。需求能够让我们清楚什么是值得去追求、值得奋斗的东西，也能够让我们明白哪些事物并不值得追寻，不要自寻烦恼。

我们的大脑会不断地让我们理解三个方面：①我们生活中正在发生的事情；②对于这些事情的感受（积极或消极的）；③运用我们的能量去追寻的东西。更为重要的是，在思维、感受和需求之间，存在着一种隐性的、动态的关联，三者是相互作用的。例如，当我们认为受到威胁时，我们感到恐惧，并且不可避免地想要逃离或攻击威胁我们的东西。当我们认为需要学习的科目与我们的人生和价值毫无关联时，我们就会对学习它感到厌烦，并不会尊重这一学科。

图 3-1 表示大脑的三个基本机制是复杂相关的。

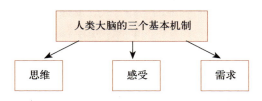

图 3-1　大脑的三个基本机制是复杂相关的

理解你与大脑间的特殊关系

现在已经可以很明显地看出，每个人都和其大脑无意识地形成了一种特殊关系。而要成为批判性思维者，我们必须将这种无意识的关系提升到意识水平。我们所有的行为都是关于"我们是谁、我们正在经历什么（现在每时每刻）、我们将要去哪里（我们的未来），以及我们从哪里来（我们的过去）"这些内在想法的产物。此外，所有这些想法都在和我们的情绪和感受相互作用。情绪和感受机制不断地对我们的生活质量进行评估。

对于我们"相信"的每一个积极想法，我们的头脑会很自然地倾向于产生积极的情感去与之匹配。相反，对于每个消极的想法，大脑倾向于产生消极的情感。如果我们能够很明确地识别大脑中这三个机制持续作用的相互关系，我们将对我们自身的思维进行控制和调整。让我们更进一步来思考这个观点。

图 3-2 表示大脑的三个基本机制是如何运作的。

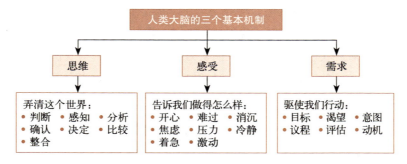

图 3-2　思维指出正在发生的事情；感受告诉我们事情的进展是顺利还是糟糕至极；需求则驱动我们指向或脱离某一行动

正因为我们给经历的每个情境赋予意义，故而我们体验着愉悦、幸福、沮丧、痛苦、困惑、渴望、激情和冷漠等情绪。我们选择某一特定的视角思考事件，将事件与我们曾经历过的相似或相关环境中的情感体验进行联结。我们根据客观现实，在对现实的客观解释、洞察甚至歪曲中理解事物的意义，做出相应的反应。例如，相同情境中的两个人会做出完全不同的反应，一个体验到痛苦和沮丧，而另一个却感受到好奇和兴奋。

来思考这个例子：两个学生要完成提升写作能力的任务。第一个人可能体会到困难、遭遇挫折，并且最终放弃。这个学生给提升写作能力的任务赋予了消极的意义，将之定义为一个注定失败的情境。因为他认为学习写作应该是容易的，而当他实际遭遇困难的时候，他感受到沮丧情绪，感受到挫折感。而在相同情境中，另一个人将写作能力的提升视为挑战，他体验到激动、令人愉快的情绪，这并不因为他拥有别人所没有的写作技巧，而是因为他对任务有着积极的心态。他认为学习写作应该是困难的，需要很多时间。而高水平写作能力的达成必须要重复地修订。

在这个例子中，严格来说，实际的任务完全是一样的。然而，困难或简单取决于个人应对挑战的方式。是决定勇敢面对还是完全避免挑战最终决定着这个人是成功还是失败，而从根本上来讲，这又是由思维习惯所决定。思维的差异导致了行动和情感体验的差异。

图 3-3 表示大脑的三个基本机制的相互关系。

如果不控制自己的思维，那些带给我们消极体验的思维习惯将会使我们最终变为难以改变的、顽固不化的人。例如，当我们接受忽略情感回应、"填鸭式"的数学教育时，我们常常会成为"数学憎恶者"或患上"数学恐惧症"，从而最终终止学习。从此，我们也会尽可能地回避任何与数学相关的事情。在我们眼中，数学就是莫名其妙的、一串与任何生活无关的公式。或者，我们常认为自己"太笨"，不能理解数学。

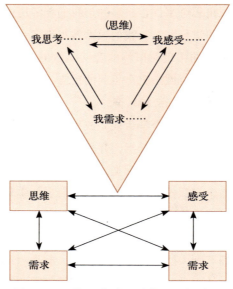

图 3-3 思维、感受和需求的互相关系

这三个机制持续地相互作用,并且在动态的过程中相互影响。

但是,如果我们在课堂里控制自己的思维,谨慎地分析课堂中讲授的内容,以确定对于我们来说最重要的内容。那么,无论课堂本身有多枯燥,我们都能进行自主学习。

图 3-4 表示我们如何影响自己大脑的运作。

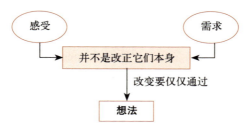

图 3-4 通过改变想法来改变不良的感受和需求

我们要相信,只要努力,我们就有能力学会任何事情。当我们在学习过程中感到沮丧的时候，我们要继续坚持。当我们感到困惑时，我们知道提问可以帮助我们理解。我们不害怕说："我不理解这个问题。"我们知道最好的思考者就是那些能够区分能够理解和不能理解的人。

图 3-5 表示通过控制思维方式，我们可以控制大脑全部的三个机制。

图 3-5　通过控制我们的思维方式，我们可以控制大脑全部的三个机制

当我们理解了思维、感受和需求之间的关系，意识到每一种感受状态背后都有一个思考过程时，我们就能够在情感和需求的基础上分析想法。如果我在课堂中感觉厌倦，我会问自己："究竟是什么想法导致了这种厌倦情绪？"如果我对所学并不感兴趣，我会问自己："是什么样的想法影响了我不愿意学习这个内容？学习这个内容的实际价值是什么？这是我需要学习，并且对我有益的东西吗？如果是的，我需要做些什么来学习吗？"

图 3-6 表示你的想法控制着生活的每个部分，但你能控制自己的想法吗。

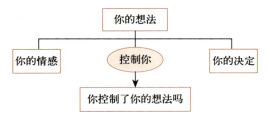

图 3-6　你的想法控制着生活的每个部分，但你能控制自己的想法吗

将所学课程与你的生活问题建立联系

作为一名学生，你要全面理解自己的"情绪情感是如何对学习产生好的或者坏的影响的"，你要知道如何走进课堂学习；要知道自己的情绪、情感是怎样影响你的学习的；知道自己的目标是怎样影响你的视野的。

如果你没有达到深层学习水平，你必须找到那些阻碍你实现深层学习的想法、情感和需求。你必须能够掌控主导自己的观点，对自己的学习进行深入的思考。你需要去探索理性的思考——可靠论证的力量；去体验非自我中心化的思考。

当我们在某一具体学科中学习和思考时，我们要注重使用在那些学科中重要的观点进行自由的思考。如，社会观点使我们从贵族群体的支配中脱离；哲学观点让我们对生活方向和价值进行全面的自由论证；经济学观点使我们获得对这个世界界定的有力力量。

整合理智和情感的学习

我们花费大部分的时间去思考个人想要的或看重的是什么。我们的情绪情感让我们关注我们个人价值的成功。只有当我们能够将所学和个人生活联系起来时，在学校里所学的课程才能帮助我们成长。如果我们能从个人的角度看待文献的价值，自发地开展阅读，而并非是为获得分数，我们就能探求出文献视角与我们生活的关系。当我们看见故事中的人物与我们自身所面对事物之间的联系时，文献中死的知识才会在我们的生活中重新焕发生命。我们所阅读的内容存在于我们的大脑中，我们与读到的人物一致，同他们一起面对困惑、承受痛苦，并感受成功的喜悦。

当学术逻辑在我们生活中产生积极的意义时，我们会被激发去了解更多内容，解决更多问题，"研究"更多课题。如果我们想激发我们自己学习和思考的潜能，我们必须寻找出所学的内容和我们的情感与价值之间的联系。

只有你自己才能构建生活的意义。如果学习变成了一项苦差，你看不到其中的价值，你会尽可能地拖延，寻找捷径（例如"填鸭"）来用短期记忆替代长期的掌握和内化。这种想法会慢慢地成为你的学习习惯，你会认为："如果我能够通过填鸭的方法掌握学习内容，那为什么还要努力工作来吸收这些（无价值的）材料？"你的生活虽然有情感体验，但却没有真正的思考活动。你沦为脑力劳动的苦工，只会反复枯燥的记忆，体验不到理智分析带来的积极情感。对你来说，思维活动成为一系列疏远的仪式：你的学习生活只是记笔记（对你来说意义很小），为考试死记硬背（使你毫无洞察）和粗制滥造论文（主要都是因循别人的想法）。

整合理智和情感学习的一个关键点在于，识别出每门学科中的思维模式，这些思维模式帮助你理性地思考，发展成为一名批判性的思考者。只有你感受到了学科思维方式的作用和影响，你才能在这些思维方式的驱动下不断发展自己、完善自己。例如，除非你体验了历史思维的作用，否则你不会注意到这种思维方式，也不会有动机去掌握它。

而在整合理智和情感的学习上，通常存在一个恶性循环，思维蒙昧、未开化人的思维方式常常阻碍了他们思维启蒙的进程。当我们处于思维蒙昧状态时，我们并不看重思维方式，也不会将时间、精力运用到提高思维水平的训练上。克服这种思维蒙昧的阻碍是我们每个人都需要面对的挑战。我们要看重充分学习的价值，看重每个学科独特思维方式的力量，而不要像其他学生一样，仅仅是为了考试而学习。

从某种意义而言，所有的知识都是个人的，因为如果人们不去主动地获取它，知识便将不复存在。从长远的角度来看，我们获取那些我们认为重要的知识，我们仅仅内化我们认为对我们所需和所想重要的思维模式。我们自己决定何时、何地并以何种方式去学习掌握哪些内容。

　　你越能够将所学和生活中看重的事物建立有力的情感联结，你越会容易理解学习的内涵。思考学习学科的最基本概念，尽量摒弃专业术语，通俗地表达这些概念，将生活中的概念与学科中的基本概念相联系，将学科的目标与你生活中的目标联系起来。本书为读者提供的一些方法能够帮助读者向高水平的思维转化。但是作为读者，你必须调动自己全部的力量和情感，积极投入到思维工作中来。

| CHAPTER4　第 4 章 |

思维的组成

在阅读本章之前,你首先应当明确:

- 批判性思维的存在是以与智力相关的基本知识、技能及洞察力的发展为基础的。
- 成为熟练思考者的过程就如同习得篮球、芭蕾舞或萨克斯演奏等程序性知识技能一样。
- 这些思维技能可以兼容性地同时服务于两种不兼容的思维极端:自我中心与公正之心。
- 批判性思维技巧的学习可以在较低意识水平的层面上实现,培养出一种程度较弱的批判性思维方式(如习惯性的自我中心思维)。
- 而本书中我们关注的主要是具有程度较强的批判性思维的发展。
- 公平心的发展需要我们形成思维特质间相互关联的心理网络。
- 批判性思维的发展具有明确而可预测的阶段性特点。

- 批判性思维的培养极富挑战性，因为这既有赖于"计划性的训练"，同时需要经过数年的积累与发展，绝非数周或数月即可一蹴而就的。
- 人们的自我中心是人们进行公正性思考的最大妨碍。
- 要战胜自我中心，我们必须对它有深入的理解，并能够有意识地去控制自我中心。人类的思维有3个基本功能：思维、感受和需求。

在本章中，我们主要介绍如何将思维分解为不同的成分——如何通过对思维组成的研究分析思维的本质。第5章主要讲述思维的评价标准，分析思维的子成分，以确保高质量的批判性思维。

我们首先简短探讨一下思维推理，这一理解事物与寻求意义的心理过程。

推理无处不在

"思考"与"推理"这两个词在日常生活中常被人们作为同义词使用。推理一词则似乎显得更为书面与正式，因为它突出了思维的智力维度。理解事物的过程随时随地地伴随着结论的推演，而任何时候，当我们的头脑试图根据一些原因得出结论时，这实际上就是一个推理的过程。也就是说，思考即推理。每当我们试图对外界事物或其任意部分进行概念化的理解时，我们都在推理。当然，在通常情况下，我们无法完全意识到自身全部的推理过程。

图4-1展示了批判性思考者经常会将思维标准权衡并融入推理元素中，进而发展自己的思维特质。

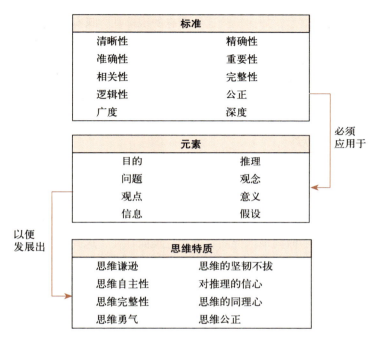

图 4-1　批判性思考者经常会将思维标准权衡并融入推理元素中，进而发展自己的思维特质

推理伴随着我们每天的生活，从早晨起床开始我们便不断地做出选择、完成推理：早餐吃什么，穿什么衣服出门，是否要走进上学途经的商店，选择跟哪个朋友吃午餐，等等。此外，不论解读对面司机的行为，还是对迎面而来的车辆做出反应，选择加速或减速，这些过程中同样伴随着连续性的推理过程。由此，每个人都会对日常生活中遇到的事物，甚至是所有的物质存在，包括诗歌、微生物、民众、数字、历史事件、社会背景、心理状态、个性特质、过去、现在和将来等进行归因和推理。

为了更好地进行推理，我们必须试图挖掘这一过程的本质机制。我们想要解决的问题是什么？我们需要怎样的信息？我们又是否拥有这些信息？如何检验这些信息的准确性？只有深入理解推理过程及其机制，我们才能有效规避某些错误，减轻错误发生的可能性。为了促进更有效的学习，其后本章内容将会引导你超越以往简单的观察，对自身的推理进行更为深入的分析与评估。

思维的成分

思维的要素（elements）也称为思维的成分（parts）或思维的基本结构（fundamental structures）(见图 4-2 和图 4-3)。我们会在文中交替使用这几种不同的表述方式。作为推理的基本维度，推理的成分会随时随地地伴随着推理过程而存在，这并不受推理水平高低的影响。这些基本要素的组合塑造了推理的过程，同时也为思维的运作提供了整体性逻辑。

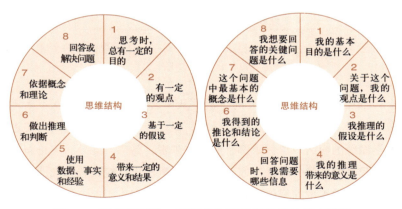

图 4-2 要分析思维，我们首先要了解思维的基本结构

当我们能够熟练地识别出推理的要素时，我们就能从基本成分层面更好地理解问题，由此也就能更好地识别出思维缺陷。识别思维成分的能力对于批判性思维是至关重要的，这也是批判性思维中的重要能力表现。

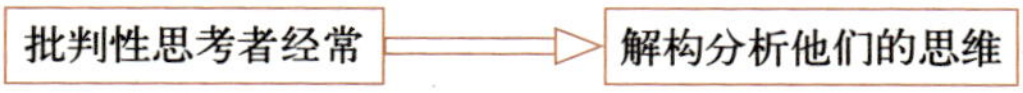

```
批判性思考者经常 ——————▷ 解构分析他们的思维
```

图 4-3　批判性思考者知道将思维分解成各个元素，并分析其重要性

推理是个体根据原因得出结论的心理过程。表面看来，推理似乎是没有成分结构的一元变量，但严密的分析表明，推理是隐含着一系列相互关联的思维加工活动的过程。无意识思维的意识化练习有助于我们更好地理解思维表面之下隐藏的深层信息。本章将会着重介绍一些重要的理念，来帮助读者完成意识化的任务。

思维元素概览

首先，思维元素总是以一个相互关联的集合序列呈现，通过这一集合序列，让我们来分析一下思维元素的组成。

我们可以通过一个稍显复杂的句子涵盖所有的思维成分：

每当你在进行思考时，
这一过程都发生在一定的情境中，
你根据一些理由或信息（以及假设）
会得出一些推论（包括关于事物的含义或结果），
运用一些概念知识
用以解答理论问题（或解决现实问题），
推论的过程从一定的立场出发
指向特定的目的。

如果你愿意，也可以将思维的成分纳入以下两句话中：

每当你在进行思考时，
都是从一定的立场出发
试图达成某种目的，

并在此过程中运用一些概念知识。

你关注于特定的问题或论点,

运用信息

基于假设

得出结论,

这些结论都具有产生特定的结果和意义。

图 4-4 是思维的八种元素。

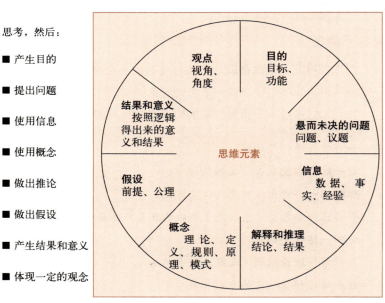

图 4-4　思维的八种元素

所有的思维中都有八种元素：我们的思维有一定的目的性。我们在一定的观点下，做出假设，产生一定的意义和结果，并用一定的观念、理论来解释我们的数据、事实和经验，并解决问题。

让我们花点时间巩固一下（至少是短暂地回顾一下）这些至关重要的概念。这些概念将贯穿全书的始终，因此我们必须将它们纳入我们已有的批判性思维概念体系中,并加以流畅地应用。可以自我检验一下,阅读这些概念的书面解释时,你是否能够结合自身经验,用自己的语言对其进行更为详尽的描述说明。

在推理的过程中,我们总是通过赋予事物一定的心理意义来理解客观事物。所有的思维活动在本质上来说都是主体意义建构的活动。我们听到抓门声会想到,"那是狗"。我们看到天空中阴云密布会想到,"要下雨了"。其中的一些思维活动发生在无意识的层面。例如,所有与自己相关的情景和声音都对个体具有独特意义,而这些意义的建构则不需要明确的外在表征。多数时候我们的思维过程都不是明确可见的,只有在有人质疑我们思维的可靠性,我们需要为自己的逻辑推理进行辩护时,思维过程才会变得意识化与清晰化("为什么你说杰克令人讨厌呢?我反而觉得他很讨人喜欢")。纵观人的一生,我们都在不断经历着确定目标,然后寻找途径实现目标的过程。而在此过程中,让我们得以做出决断的正是推理这一心理机制。

推理具有目的性,这一目的性是指人们对事物的思考都是与其目标、欲望、需求及价值观念相一致的。每个人都存在着应对外部环境的模式化行为,而我们的思维也是这一模式化的主要部分之一,也就是说个体的思维,即使是针对简单的事物,同样遵循个体的行为模式,并迎合个体预设的目标。想要了解一个人的思维(包括我们自己),尽管很难了解思维背后的意义,我们也必须了解他思维的目的、内容、思维活动发展的趋势。将个体的目标与需求提升到意识认知层面是达成这种理解、培养批判性思维的重要部分。

推理过程常常从一定的立场出发,这是指我们的思维具有指向性,从一定的角度出发的思维会指向特定的事物。而思维指向的焦点和角度都是可以发生改变的。通常我们会为自己思考事物的角度进行归类命名,例如,我们可以从政治或科学的立场、从韵律或哲学性方面进行思考，可以通过传统的或者自由的、宗教性或世俗性的角度审视问题，也可以从文化、经济抑或两者兼顾的角度出发进行思考和推理。了解人们思考问题的起点（即他们的整合性观念），能够帮助我们更充分地把握思维的整体运作方式。

在推理中运用的概念知识，是指我们在解读、分类或整合信息时所凭借的整体观点或概念范畴。例如，在本书中，批判性思维和非批判性思维的概念是十分重要的。书中所讲述的内容都可以归属为试图对这两种不同思维类型进行的解释。一些观点用以解释其中之一，相应地另一些观点则为另一种思维提供解释。因此，对批判性思维这一概念的理解就参照于其他一些知识（如思维的智力标准等）获得。所有的学科（化学、地质学、文学、数学）都存在一系列的基本概念或专业性词汇以帮助人们理解、掌握这一学科的内涵，体育活动也是如此。例如，当你向他人介绍棒球运动时，就必然需要使用这些概念：击打、球、游击手、回合、上场击球、击中、跑、安全、出局、投手犯规。要进行体育运动时，我们就必须依靠这些基本概念对运动过程中的各种事项进行解释。没有对这些基本概念的理解，人们就无法理解各种运动项目的含义，就无法理解运动项目的规则。

推理是根据特定的问题或论点做出的，是指当我们采用与自身目标、需求与价值导向一致的方式理解外部世界的行为时，我们都要应对日常生活中的问题，即日常生活中我们要解答的问题、处理的纠纷驱动了我们推理的过程。因此，当我们发现自己身处困境时，问问自己"我需要解答的问题是什么""我需要解决的事情是什么"，这么做有助于我们有效地思考和问题解决。为了提升思维能力，我们必须学会用明确清晰的方式表述问题。一旦问题发生变化，我们也必须对问题的解决方法进行思考，对问题解决的标准进行调整。

推理过程中信息的使用，是指通过一些事实、数据或经验来支持推理的结论。当人们在进行推理时，"你得出结论的依据是什么"这一问题是很有价值的，因为推理的事实根据是十分重要的。例如，下面的一篇新闻广告就依据一些事实论据对反对死刑的观点进行了有力的反驳：

- "自从1976年最高法院恢复死刑判决以来，每7个被判死刑的犯人中就有1人被证明是无辜的。"
- "从1963年算起，至少有381例谋杀判决被推翻，而误判的原因在于原告隐瞒了被告无罪的证据或是呈交了虚假的证据。"
- "美国审计局的一项调查研究发现了死刑判决中的种族偏见……：相较于黑种人，白种杀人犯更大比例地被判处死刑。"
- "从1984年至今，有34名精神病患者被处以死刑。"（《纽约时报》，1999年11月22日）

从这一事例中，你是否能够感受到推理中事实信息所发挥的重大作用？当然，批判性思维中对事实信息的重视带来的效果是具有双面性的，这也会使对立的信息具有更高的反驳力度。批判性思维的重要公理：检查你的事实！检查你的数据！

得出结论，是指基于一些信息（我们认为自己掌握的）得出另一些结论信息。这一过程是通过推论完成的。例如，如果你从我身边走过却没有跟我打招呼，我会推断认为你在生我的气。而如果炉子上的水壶开始鸣响，我会得出结论：壶中的水煮沸了。在日常生活中，我们总在不断地对人、事、物、地点及事件做出推论（得出结论）。

推论时依据的假设，是指任何我们理所当然地认为是推断前提的信息。因此，如果你认为一个共和党候选人一定会支持平衡预算的政策，那么你的假设就是共和党派人士都会支持平衡预算。如果你认为新闻中被报道为美国"敌国"的外国元首就是美国真正的敌人，那么你的前提假设就是新闻对于外国领导人的报道都是客观准确的。如果你认为一个在派对后邀请你去他（她）的公寓"继续这段有趣的对话"的人是想要与你发展恋爱关系的话，那么你的前提假设就是派对后深夜前往他人公寓的原因就是想要发展关系。所有的推理都是以我们的前提假设为基础的（虽然我们通常并不会对其进行明确表达）。

推理的意义，是指我们思维背后的意义，是思维引导我们的方向。如果你告诉一个人你爱他，也就暗含着你关心他的幸福。如果你做出承诺，就意味着你要履行你的承诺。如果你认为一个国家是"民主"的，那你就暗示了这个国家的政权掌握在多数人民（而非统治阶级）手中。如果你认为自己是"女权主义者"，也就意味着你支持男女在政治、社会及经济方面的平等地位。我们经常通过检验一个人是否言不由衷来判断他是否值得信赖。批判性思维的一项可靠原则（就考察个人诚信而言）就是，看一个人是否"言必行，行必果"。

生活实例：杰克与吉尔

现在让我们共同分析一个案例，这个案例是日常生活中常见的一个争议场景——在这一案例中，一对恋人面对相同场景却得出迥然不同的结论。设想杰克和吉尔是恋爱中的情侣，他们相约共同参与一次派对。但在派对上，杰克整晚都在与苏珊交谈，这令吉尔感到心烦意乱。在回家的路上，杰克感觉到吉尔的情绪不太对劲，就问她："怎么了？"

吉尔犹豫片刻，对杰克说："你整晚都在与苏珊调情，这令我很不开心。"

  杰克：调情……调情！我没有调情！
  吉尔：那你怎么解释这种行为？
  杰克：我只是表现得很友善罢了，只是友善而已。
  吉尔：当一个男人整晚只关注一个女人，就坐在她身边，用柔情似水的眼神凝视她，还时不时地装作不经意地碰触她，他的行为只能被解释为调情。
  杰克：那么一个女人整晚盯着自己的男友，关注他的一举一动，搜集证据想要证明一个一直衷心爱她的男人企图背叛的行为，只能说明这个女人是个偏执狂。
  吉尔：偏执！你怎么可以这么说我！
  杰克：好吧，我还能怎么形容你的行为呢？很明显是你自己缺乏信任和安全感，凭什么来指责我。
  吉尔：不要装作很无辜的样子，这应该不是你第一次跟别的女人调情了吧。我们在一起之前我就听说过你是个玩弄女人感情的花花公子。
  杰克：我也对你的占有欲和嫉妒心早有耳闻。我觉得在你批评我之前应该先反思一下自己的问题。如果你问我，我觉得你需要心理咨询。
  吉尔：你真是个大男子主义者。征服越多女人，就越觉得自己有男子气概。你这么自我中心，是不知道还是不敢承认自己都干了些什么。如果你不愿意改变，我觉得我们没必要继续在一起了。
  杰克：我也觉得我们没必要继续发展下去。这绝不是因为我承认自己花心，而是因为你的妄想和偏执。除非你跟我道歉，否则我绝不妥协。

实例分析

让我们借助思维的元素分析一下这段对话：

- 目的：杰克和吉尔都希望能够与对方发展出一段和谐的恋爱关系，这是他们潜在的共同目标。
- 悬而未决的问题：他们遭遇了阻碍他们关系继续发展的分歧，但对于同一问题，他们却有各自不同的理解。对于杰克，他认为问题在于"吉尔何时才会意识到自己的偏执"；而吉尔则觉得应该解决的是"杰克何时才会为自己轻浮的举止负责"。
- 解释和推理：杰克与吉尔是对相同场景下的同一行为做出推断，却得出了完全不同的结论。杰克认为，他的行为仅仅只是"友善"；而在吉尔看来，杰克的行为只能被解释为"调情"。
- 信息：未经加工的信息包括杰克在派对的场景中所说和所做的一切。其他相关信息包括以往杰克与其他女性相处时的行为表现、吉尔和自己前男友的交往情况以及任何可能确定她是否具有不安全感和偏执心理的个人经历。
- 假设：杰克认为他可以问心无愧地说自己并没有与苏珊或其他女性调情。他同时假定自己能够通过他人的行为鉴别这个人是否有偏执与妄想，而一个女人在正常情况下不会像吉尔这样，因此她只可能是得了妄想症。而吉尔则假定杰克的行为绝不仅仅是一般程度的友善。而他们都认为对方对自己的评价是不准确的，也都觉得自己应当得到辩护。
- 概念：这段对话的逻辑中包含四个关键的概念：调情、友善、偏执和男性自我。
- 结果和意义：杰克和吉尔的推理过程都暗含着这样的态度

取向——针对杰克在派对上的言行，两人观点的矛盾之处都应该归咎于对方的责任。同时两人也都在争论的结尾表现出对恋爱关系的消极态度。
- 观点：杰克和吉尔对对方的看法都是基于自身的性别偏向做出的推断，认为自己是对方行为的受害者，而自己是无可指责的。

在这场恋人间的争论中，我们无法仅仅根据对话做出孰是孰非的判断。为了证实究竟谁的解释更为合理，我们还需要更多的事实信息。如果我们更多地确证了杰克对苏珊做出了许多细微动作，我们便会倾向于认为真的如吉尔所说，杰克是个轻浮的花花公子。但如果我们先入为主地听到了这段对话，也可能会认为吉尔是在无理取闹。

思维成分的整合

要掌握思维这些元素，关键就在于你必须用不同的方式对这些基本元素进行解释，直到这些元素间非线性的复杂联系在你的头脑中形成直觉性的概念联结。例如，你或许可以将思维成分类比为人体的基本结构。不论我们健康与否，这些结构都是存在的，而思维成分的存在也是如此，并不受思维质量或水平的影响。思维成分之间的相互关系可以表述如下：

- 我们的目标决定我们提出的问题。
- 我们提出的问题决定我们搜集信息的内容。
- 提取的信息内容影响我们解释问题的角度。
- 解释问题的角度决定我们抽象概括信息的方式。
- 抽象概括信息的方式影响我们确立的假设。

- 确立的假设影响我们思维的潜在意义。
- 思维的潜在意义又会影响我们理解事物的方式,即观点立场。

在本章接下来的部分中,我们会详细介绍概念(concept)、假设(assumption)、推论(inference)、意义(implication)、观点立场(point of view),并且着重区分假设与意义这两个概念,因为我们发现在初期学习阶段的学生往往很难区分两者。一旦你能够清晰地区分这两个概念,也就意味着你能够更为迅速地理解与掌握其他概念。本书中将对涉及的所有核心概念进行详细阐述,甚至"思维中的问题提出"将单独作为一章进行阐述。请定期放下书本,看看你是否能够通过自己的语言和例子对思维的成分进行详尽的描述说明。对这些概念的精细加工将有利于你对知识的内化。你必须能够通过说、写、想等各种方式,将这些概念内化进你自己的知识体系。

思维要素之间的关系

思维的各个要素之间并非是彼此独立存在,而是相互关联的。因此我们也应当明确要素之间并没有绝对的界限,他们的区分总是相对的。例如,如果我们的目的是找出少花钱的方法,那么需要回答的问题就是,"怎样才能少花钱呢"这一问题的提出实质上是对目的的重组。另外,在这一问题中,我们的观念立场可以理解成"利用消费习惯减少生活开支"。而这一观点可以是对目的和问题的重组。认识到各种思维元素之间的紧密联系十分重要。

有时,对一些思维元素的明确言语化表达似乎是一件很勉强的事。但持续练习,你会发现对这些元素进行意识化的分析能够为思维能力的提升提供助力。

批判性思维指向一定目标

英国学者苏珊·斯特宾（Susan Stebbing）在1939年写过一本专门讲述思维目的重要性的书。她在书中写道："逻辑性的思考就是围绕思维中最初的目标，进行相关性的思考，有效的思考都是指向一定目标的。"我们也认同她这一观点。所有的思维过程都有想要实现的目标。人们对事物的思考都是与其目标、欲望、需求及价值观念相一致的，而并非随意的或无规律的。每个人都存在着应对外部环境的模式化行为方式，而我们的思维是这种模式化的主要部分之一，也就是说，个体的思维，即使是针对简单的事物，同样遵循个体特定的行为模式并迎合个体预设的目标。想要了解一个人的思维（包括我们自己），我们必须了解他思维的功能、内容、思维活动发展的趋势及其目的。

思维背后的深层意义多数是隐晦、不为人知的，因而将个体的目标与需求提升到有意识认知的层面是批判性思维的重要一部分。尽管思维总是有一定的目的性，但我们却常常只能模糊地感知到它，不能充分意识到思维的目的。例如，你出于获得学位的目的在大学里深造，但你并没有深入思考过获得学位对你意味着什么。你上大学或许只是因为你所有的朋友都这样做。在这种情况下，你并没有认真思考过自己的目的性。而事实上，明确的目的会使我们更容易在现实中实现自己的目标。

不过，人类思维时常存在的一个问题是，人们时常会追求相互矛盾的目标。我们希望受到良好的教育，却不想费脑子参与脑力劳动。我们想要得到他人的关爱，却并不用相同的方式对待他人。我们想要获取信任，却表现出破坏信任感的行为。我们自己的外显目标可能只是我们自己想要相信的，而真实目的却反而是自私的，是我们羞于承认的。我们或许觉得自己考入医学院的目的是帮助他人，但潜在的真实目的则可能是希望获得更多的财富、更高的社会声誉与地位以及他人的赞赏。因此，我们绝不能理所当然地认为自己还有他人声称的目标与真实的目标是一致的。

此外，我们追求的目标与感知世界的方式是相互影响的。我们的目标塑造了我们感知世界的方式，而我们感知世界的方式又会影响我们所要探求的事物。每一个人都会结合自身的经历和人生背景，从既有的观点立场出发制定自己的目标。为了理解行为的目的，我们应当考虑到自己感知事物的立场与情境。

例如，一个美发师出于他的职业立场，会比门卫更关注个人形象。对自己和他人良好外在形象的塑造会更紧密地与他个人的价值观念相联系。而牙齿矫正医师也会比一般人更多地考虑到牙齿的外形。拥有整齐的牙齿对于她的价值会远远超过对于一个足球运动员的价值。而她想要矫正出整齐牙齿的目标就是源于她的观点和立场。

批判性思考者能够组织概念

概念如同我们呼吸的空气一般无处不在。尽管如此，我们却很少意识到它的存在。而只有在我们已经对某件事物进行概念化的解读之后，我们才能对它进行思考。我们并不是天生就知道如何对事物进行抽象概括，这种抽象概括能力需要我们自己后天的学习和创造。而实质上，概念化的过程是在事物与已有的概念网络之间形成联结与整合（因为概念都是相互关联而非独立存在的）。

我们对事物的理解实质上都是通过"译码"或是建构概念的方式来赋予其心理意义，并在此基础上做出推论的过程。由此，这也进一步建构出相关的其他概念。这一过程对我们而言通常是自动化的，我们通常并不会意识到这一过程的发生。在日常生活中，我们理解事物的过程并不是先从不涉及概念形式的初步感知，到经由意识性加工将概念纳入我们已有的知识范畴来完成的。而事实正相反，概念和名称似乎是作为事物的固有属性与事物本身同时被我们感知到的。所以我们看到的是树、云、草、道路、人群、孩童、日落等名称的事物。我们直觉地应用这些概念，就如同这些概念名称是事物本身的自然属性，而不是我们人为后天加工的一样。

如果你想要成为一个批判性思考者，你必须掌握好自己构建概念的能力。你必须突破既有概念对这个事物的限制，多尝试其他备择概念。正如语义学家所说："概念并不等同于事物本身。"如果你对事物的理解被一组概念（观念、名称）限定住，你的思维也会局限于单一的思路，概念与事物本身于你而言就是等同的。

为了明确概念的恰当用法，理解对物体、事件、情景、情绪以及抽象观念的合理构建概念的方法，你首先应当掌握正确的词汇运用方法。例如，如果你擅长英语，就会很明确地知道 needing（需要）和 wanting（想要）、having judgment（有判断力）和 being judgmental（有批判精神）、having information（获得信息）和 gaining knowledge（增长知识）、being humble（谦卑）和 being servile（卑微）、stubbornness（倔强）和 having the courage of your convictions（坚信）之间的显著差异。掌握语言中不同表达方式的差异会对我们的经验解释产生重要的影响，缺乏这种辨别能力的人往往会混淆这些差异，对事情产生曲解。

在学习母语的过程中，我们习得了很多概念。如果运用得当，这些概念能够帮助我们对经验到的事物做出合理的推断。但不幸的是，在学习语言的过程中，从未有人提醒我们要谨慎使用概念，避免运用概念做出不合理的推论。

我们受到社会文化的影响，时常会误用或混淆一些思想观念，导致对概念本身的扭曲解读。作为批判性思考者，我们应当持续地对社会场景与日常言语系统中的思想观念进行区分。很多国家或文化背景的人都使用相同的语言系统。加拿大人、爱尔兰人、苏格兰人、英格兰人、澳大利亚人和美国人都说英语。虽然他们都共享相同的语言概念集合（《牛津英语词典》中编纂为 23 卷），然而不同国家的人却受到不同社会条件的制约。

除此之外，尽管没有英语背景，但这并不妨碍中国人对英文的熟练掌握程度。因此，语言（法语、德语、英语、斯瓦希里语以及北印度语等）中虽然蕴含着众多的概念储备，但这些概念在不同社会文化背景下表达出的概念内涵却存在着很大差异。这一点很难理解，但对于批判性思考者则是至关重要的。

例如，由于社会环境的影响，多数的美国人认为资本主义经济体制是全世界最发达的（我们称之为"自由企业"），认定任何国家要想实现真正的民主都需要拥有与美国相似的经济体制，而且认为与之相对的经济体制是错误的、奴役的、邪恶的（"邪恶帝国"）。他们通过电影、新闻、教育、政治演讲以及种种社会惯例被灌输这些观念，用这样的方式看待世界。美国人与伊朗人都生活在特定的社会环境中，他们内化的自我和世界的概念、信仰、假设必定是不同的。

但词典的编纂者则不会在正规的英文词典中将概念的社会内涵和心理意义与词汇本身的字面意义相混淆。例如，资本主义不会被定义为"民主社会的基本经济体制"。

尽管如此，在社会化的过程中，我们学会相信自己是自由、公道、正义、有同情心的，因此认为我们的表现与这些词语表达的含义是相互匹配的。语言常常替代了那些以其命名的现实事物，由此语言表意与事物本质间存在的根本性矛盾就是不可避免的了。这也是人类自我欺骗这一心理现象的重要表现。

批判性思考者会剥去表层语言表达的束缚，用其他的方式思考与谈论事物。例如，当我们采用社会取向的思维方式时，我们会被局限在周围人与社会普遍认同的价值观念当中，意识不到应当理智化地寻求对情景、人物及事件提出其他概念的方法。出于对社会习俗惯例的尊崇，许多人的思维局限在社会权威、地位与声望当中，生活在表层的语义结构层面里。而要成为一名批判性思考者，我们就应该进行合乎逻辑的思考，同时要识别出自己在特定社会惯例、期望与禁忌中观念的局限性。

批判性思考者评估获取的信息

推理必须根据一系列的事实、数据与经验等基本成分做出。找到可靠的信息来源并掌握个体经验的界定方式是批判性思考者的重要目标。换言之，我们必须对采纳的信息来源保持警惕，同时对自身经验的解释保持分析与批判的态度。经验或许是最好的老师，但他绝不可能是完全正确的、毋庸置疑的。信息只是思维的一个组成维度，与其他维度一样，应当受到批判性的分析与检验。不加审视地根据经验做出推论会带来思维偏差与自我错觉。

我们通常会通过三种独特的途径获取信息：①背诵事实或惰性知识（即尚未完全理解并能灵活应用的信息）；②错误学习、局部学习或者接受非理性信念（其后会主动地忽略）；③积极地获取重要概念（随后会形成激活状态的知识）。

惰性知识

惰性知识是指我们并不完全理解仅通过机械记忆进行加工的信息，但是我们总会自以为已经理解了信息的意义。例如，很多人在校期间都接受过民主知识教育，这让人们相信自己已经理解了这一概念。而事实上，人们内化的"民主"信息往往只是一些没有实质内容的口号罢了。许多学生在学校学到的民主只是一句响亮的口号，"民主主义国家是人民的、由人民组建的、为人民服务的政体"。尽管很少有人会将其学到的知识转化为评估国家民主程度的实际标准，但还是有很多人自以为自己已经掌握了民主的内涵。明确地讲，尽管接受了民主教育，但是很多人都应该无法回答以下的几个问题：

（1）人民的政权和为人民服务的政权有什么区别？
（2）为人民服务的政权和由人民组建的政权有什么区别？
（3）由人民组建的政权和人民的政权又有什么区别？
（4）"人民"指的究竟是哪些人？

学生通常并不会充分地思考他们在学校里通过死记硬背而获得的知识，也就无法将这些知识转化为实际可用的有意义的信息。人们掌握的很多信息都只是由一些没有实质意义的语词构成，批判性思考者会尽可能地识别并清除这些惰性知识，同时通过分析，将这些惰性知识转化为有实质意义的知识内容。

主动性忽略

主动性忽略，是指人们将实际错误的信息看成是正确知识，而且这些错误的信息还在头脑中获得加工并得以积极应用的心理过程。哲学家笛卡尔坚信动物并没有真正的感觉，只是具有一些机械性反应。出于这种主动性忽略观点，他在动物身上进行痛觉实验，完全将动物疼痛的眼泪作为干扰信息忽略掉了。有些人认为主动性忽略可以帮助他们更好地理解人、事、物与情景，但实际上，人们根据主动忽略后剩下的错误观念、幻觉所采取的行动往往会造成无谓的浪费、痛苦或灾难。主动性忽略是很多人日常活动的基础（想想纳粹主义"德国人是统治的种族，而犹太人是低等血统"的观念所带来的毁灭性后果）。但有时，它只是个体特定错误观念在有限背景环境中的反应。无论何时，主动性忽略的存在都是十分危险的。

因此，质疑我们的信念是十分必要的，尤其是当这些信念可能造成伤害性或灾难性后果的时候。每个人都有主动性忽略衍生的观念，尽可能多地消除这些信念是我们共同的责任。想一想醉酒司机坚信自己可以安全驾驶可能造成的严重后果，想一想吸烟人认为吸烟不会影响健康的潜在威胁，我们要尽可能地减少这些错误信念。

虽然识别主动性忽略的情景并不是一件容易的事，不论我们能否有效地辨识信息的正确性，我们都要对主动性忽略抱有审慎的质疑态度。我们必须时刻对主动性忽略保持清晰的认识，对可能存在错误的信息保持内在的警觉。大多数人可能都会主动忽略自身能够对他人造成伤害的行为，并没有意识到自身行为的严重后果。承认主体性忽略的真实存在对培养批判性思维有着重大的意义。

活性知识

活性知识，是指在头脑中获得加工、被积极运用，同时又被深入地内化理解的正确信息。活性知识可以潜在地引导我们获得更多知识。以历史课程的学习为例，很多学生仅仅是为应付考试，对历史书中孤立的片段内容进行死记硬背。有些内容（他们并不理解也不会解释）成为学生的惰性知识，另一些内容（学生错误理解与不恰当解释）成为主动性忽略的信息。当然，更多的内容在考试结束后就被完全遗忘了。

但对批判性思考者来说，更为重要的是将对历史思维逻辑的学习作为学习理解历史的重要途径。当我们理解了历史学科的基本概念，这些基本概念就成为我们活性知识体系的一部分，能够帮助我们在充分理解以往历史概念的基础上获得新的历史知识。

例如，在历史学习的初期阶段，我们可能只是了解到一些历史思维的基本理念：以史为鉴可以使我们更好地理解现在、合理地规划未来。一旦我们拥有了这样的历史逻辑观念，我们就会认识到历史思维早已融入了我们的生活，意识到学科知识与日常生活情景的联系。根据以往的经历与观念，我们为现在的生活赋予意义、为将来的发展制订计划。然而，大部分人却意识不到这一点。

如果我们仔细思考史学逻辑及其深刻内涵，我们就会发现历史思维与生活中常见的"绯闻八卦"之间存在相似之处：我们编造一个以某人为对象的故事，并将这一故事传播给其他人。如果我们继续深入思考史学的逻辑，就会发现报刊中的新闻事件都是通过类似的思维方式编写的。无论是八卦绯闻还是新闻事件，都是人们建构故事的过程，都是通过对以往事件的解读来适时地对当下情况进行解释。

对史学逻辑的深入反思会引导我们提出很多疑问，例如，"在介绍一段历史时期时，真实的历史描述大约占历史事件的多大比例"。这会使我们发现，在特定的历史时期，即使是一天的时间内也会发生不可计数的历史事件。这也就意味着任何的历史描述都可能包含有大量的虚构描述。因此历史学家必须不断地做出价值判断，决定在他们的历史叙述中哪些内容应该包含，而哪些内容应当摒弃。

同样，我们也会明显地察觉到不同的故事与描述本身就反映了历史事件中特定的模式与时代背景，譬如，强调高层领导者（伟人）或强调不同社会与经济阶层群众的描述。而特定的历史研究者提出的问题也都取决于他的议题或目标。

- 提出的历史问题决定了哪些资料或事件是相关的。
- 同样的事件可以通过不同的概念化方式进行阐述（例如，关于人与社会变迁的问题，就可以从不同的政治、社会或经济理论出发进行解释)。
- 不同的历史学家会做出不同的假设(这些假设会影响他们提出的问题以及关注的信息)。
- 如果一个历史学家认同某个群体的历史人物,那么他就会在历史描述中强调这一群体的优点,也会突出对立群体的消极特征。

正是凭借这些觉察与发现(我们必须深入思考以保证切实掌握这些知识),我们的历史观念才能有所转变,我们才能够透彻地理解历史,才能进行历史性的思考。这样的思考能够帮助我们了解历史知识,也能帮助我们明确对历史的借鉴以及历史对现实社会的安定效用。

因此,活性知识是指源于动态的启发式观点的知识。当活性知识被普遍地应用时,它就可以促使我们推论得出更多的知识。任何一门学科都可以产生活性知识,对于每一个科目的学习,我们开始掌握某一领域中的基本信息,并以这些基本的概念原理为基础,理解这一领域中相互关联的思想、知识及经验,培养出一种探求事物逻辑的学习习惯,这是发现活性知识的强有力途径,而这其中最关键的是要树立终生学习的人生理念。

批判性思考者能够区分推论与假设

正如前文所述,推理各成分之间是相互联系的。它们既影响着其他因素,也受到其他元素的影响。我们现在主要介绍推论与假设这两种思维成分之间的关系。有效区分推论与假设是批判性思维中的重要技能。而许多人都会对两者产生混淆。让我们先来回顾一下它们的基本意义。

（1）推论（inference）：推论是思维的一个阶段，也是个体根据一些正确或看似正确的命题归纳总结、得出结论的过程。如果你手持凶器朝我走来，我可能会推断认为你意图伤害我。推论可能是准确的也可能是不准确的，可能是符合逻辑的也可能是不符合逻辑的，可能是公正的也可能是不公正的。

（2）假设（assumption）：假设是我们认为理所当然是推理前提的信息。它通常是指我们先前学习过并不会质疑的知识内容，是我们信念体系的一部分。我们通常都假定自己的信念是正确的，并运用这些信念解释周围的世界。如果你觉得深夜在大城市里闲逛是一件危险的事，而恰巧你又居住在芝加哥，那么你就会推论认为深夜出门是件危险的事。而你会理所当然地认为"深夜在大城市里闲逛是一件危险的事"这一信念是无可厚非的。如果你的信念是合理的，那么你的假设也就是正当的，反之亦然。信念与假设都既可能是正确的，也可能是错误的，这取决于我们是否有足够的证据支持它。思考一下这个例子："我听到了抓门声，于是起床放门口的猫进来。"我的推论依据的前提假设（预存信念）是，只有猫会制造出这样的抓门声，而它只有在想要进屋时才会发出这样的声音。

我们人类时常会不自觉地将自己的信念作为假设，并依据这些假设做出推论。我们必须通过这样的方式才能理解周围发生的事。假设与推论渗透我们生活的各个方面，因为我们必须依靠它们进行思考与行动。我们只有根据自身的价值信念才能做出判断、形成解释、得出结论。如果置于任何一个有意义的环境场景当中，人们会自动化地做出某些推论，为他们随后的思维和行动奠定基础。在没有经过事先训练，同时尚未明确环境条件的情况下，人们能够迅速而自动地做出推论。我们看到乌云，就推测可能下雨；听到敲门，就知道有人来了；看到皱眉的面容，就推断他在生气；遇到朋友迟到，就断定他是不体谅他人感受的。我们看到高个儿男子，就推断他擅长篮球；看到亚洲人，就想到他成绩很好；阅读一本书，就能根据故事大意推断语句的引申含义；我们聆听他人的对话，然后对他们所表达的观点做出一系列的推论。

写书也是一样，我们会推测读者在阅读过程中可能产生的心理感受。我们会考虑自己的表达是否足够清晰、哪些内容需要进一步解释、哪些内容需要举例或图示说明，而哪些内容又不需要这样复杂的解释，我们试图从读者的角度对这些问题做出推论。很多推论可能是正当而合理的，但另一些则不然。

要养成批判性思维习惯，重要的一点就是要求我们将思维从无意识层面提升到意识化觉知层面。这其中就包括识别与重建推论的过程，通过这个过程，我们就能够获得清晰地意识到自己塑造自身经验方式的能力。这一能力使我们能够将自身经验区分为两种类别：未经处理的信息与我们对这些原始信息的主观解读。最终我们会发现，我们做出的推论在很大程度上受我们的个人立场与基本假设的影响。这一发现有助于我们拓宽视野，从多种角度审视事物，也能够由此获得更为开阔的思维境界。

通常，不同的人从不同的立场出发，会对相同的情景做出不同的推论。这是因为他们的思维推理是以不同的假设为起点的。例如，有两个同事看到一个躺在水沟里的男人，其中一个或许会推断，"这是个醉酒的流浪汉"；而另一个则可能会认为，"这个男人需要帮助"。这些推论都是建立在关于躺在水沟里人的基本假设基础上的，而这些假设也与推断者事先形成的观念立场有关。第一个人的假设是"只有醉酒的流浪汉才会躺在水沟里"，而另一个人的假设则是"躺在水沟里的人是需要帮助的人"。第一个人已经建立的观念是"人们都要为发生在自己身上的事情负责，也都应当有能力照顾好自己"，而第二个人已经形成的立场则是"人们面临的问题多是由外界环境造成的，存在很多人力不可控的因素"。这两个人的逻辑假设和推论可以归纳如下：

第一个人
情景：一个男人躺在水沟里
推论：这个男人是醉酒的流浪汉
假设：只有醉酒的流浪汉会躺在水沟里

第二个人
情景：一个男人躺在水沟里
推论：这个男人需要帮助
假设：躺在水沟里的人都是需要帮助的人

为了发展批判性思维能力，我们要了解我们做出的推论、推论依据的假设以及我们理解世界的观点立场。因此，我们需要长期的训练以提升自己识别推论与觉察假设的能力。

充分认识我们做出的推论以及推理背后隐含的前提假设，能够帮助我们增强对自身思维的控制力。因为人类所有的思维本质上都是推论性质的，对思维的控制力也就依赖于对思维中推论及假设的控制能力。思考一下我们平时计划与考虑日常行为的方式。我们认为自己在准备早餐，吃早餐，准备上课，准时到达教室，坐在特定的座位上，开始上课，考虑午餐吃什么，支付账单，与别人闲聊，等等。

其实在这一过程中，我们也是在不断地解释自己的行为，赋予行为意义，对生活中正在发生的事做出推论。我们必须从各种各样的可能意义中做出选择。例如，我在"放松"还是"浪费时间"？我是"坚定的"还是"顽固的"？我究竟是"参与"了讨论还是"打断"了别人的对话？某人是"跟我一起笑"还是"在笑话我"？我是"帮助了朋友"还是"被人占了便宜"？每当我们解释自己的行为并赋予它们意义时，我们都是在完成基于假设做出推论的过程。

作为一个人,我们都在不断地做出关于自己、工作、同伴、老师、家长甚至关于世界的假设。我们将一些事物视为理所当然,这只是因为我们无法质疑一切。有些时候,我们也会将错误的事视为理所应当。例如,我跑到超市(假定自己带了钱)却发现自己把钱落在了家里。我以为车里有足够的汽油,却发现已经用光了。我假定打折的商品都是便宜货,却发现它是在涨价之后打折的。又譬如,我假定不会(会)下雨;假定当我拧过车钥匙、踩过油门之后车就会启动;假定我与他人相处时都是心怀善意的。

我们做出了许许多多的假设,而这些假设在很大程度上都是没有意识、不加考虑的。这些假设多数都是正当而合理的。然而,有些却不是。那么问题在于:我们如何才能识别自己做出的推论、推论依据的假设以及我们理解世界的观点立场?

有很多方法可以培养我们对推论与假设的意识觉察能力。一方面,所有学科学习的共同之处在于,它们都需要我们基于学习内容做出正确的假设,并能够熟练地得出合理的推论。举例来说,学习数学时,我们会基于我们的数学假设做出数学推论;学习科学时,我们会根据我们的科学假设得出科学推论;在解释历史事件时,我们会依据历史假设做出历史推论。在不同情况下,我们做出的假设都依赖于我们对基本概念与原理的理解。

随着我们能够越来越熟练地鉴别自身的推论与假设,我们也就逐渐具备了质疑假设正确性的能力。例如,我们假定人人都在中午吃午餐是合理的吗?我们有理由假设阴云密布就是下雨的征兆吗?我们假设头上的肿块一定是由于殴打造成的,合乎情理吗?关键在于,我们都会根据日常经历做出假设,而我们应该学会识别假设并质疑其合理性。当你逐渐具备了这些批判性的直觉,你就会越来越多地觉察到自己和他人的推论中被认为理所当然的事,也会越来越深刻地体会到你的观点立场如何塑造了你的经验感受。

图 4-5 是人们在情景中做出结论的过程。

图 4-5　人们在情景中做出结论的过程

人们经常在情景中做出结论,这些结论常常是根据假设做出来的,而我们形成假设的过程常常是无意识的。

根据表 4-1 中的项目,分别写出各个情景下的可能推论,以及导向推论的前提假设,然后在表 4-2 中自己设想出十二种情景,并分别写出其推论及假设。

表 4-1　情景推论及假设

信息(情景)	个体可能做出的推论	做出推论的前提假设
1. 你看到一名妇女坐在轮椅中	她可能生活得很艰难	所有坐轮椅的人都生活得很艰难
2. 一个警察紧跟了我好几个街区	他可能让我靠边停车	警察紧跟某人就意味着他想要这个人靠边停车
3. 在杂货店,你看到一个小孩子在妈妈身边哭泣		
4. 你看到一个金发女郎		
5. 你看到图书馆里有一个人在读卡尔·马克思的书		
6. 老师让你课后留下,告诉你你的作文需要很大的提高		
7. 吃饭时,朋友点的牛排几乎是三分熟的		
8. 朋友告诉你她怀孕了,并打算堕胎		
9. 你学习的时候,室友坚持大声听音乐		

（续）

信息（情景）	个体可能做出的推论	做出推论的前提假设
10. 半夜电话铃响了		
11. 你的恋人并没有如约给你打电话		
12. 你的恋人称她宁愿在图书馆看书，也不愿意去参加聚会		

表 4-2　自制情景表

信息（情景）	个体可能做出的推论	做出推论的前提假设
1.		
2.		
3.		
4.		
5.		
6.		
7.		
8.		
9.		
10.		
11.		
12.		

批判性思考者能够透彻理解推论的意义

批判性思维最重要的技能之一，是区分一项陈述或情景的真实意义与人们由此做出的虚假推断。再次说明，推论是导向结论的一个思维阶段。例如，由太阳升起，我们会推论出是早晨。批判性思考者会试图监督自己的推理过程，不多不少地针对某一情景的含义做出推论。如果我生病看医生，自然希望医生由我的症状精确地推断出我的病症。例如，我不希望当我被病毒感染需要抗生素治疗时，医生却诊断我只是患了感冒而不需要药物治疗。我的症状预示着我患了某种疾病，而这又进一步说明我需要特定的治疗。我希望医生能够正确推断我的病症，然后采用恰当的治疗方法。

在很多时候，人们都无法透彻地理解一个情景、问题的正确意义。这往往会产生一定的不良后果。

任何情景都包含有三种不同的意义：合理的意义，可能的意义，以及必然的意义。例如，每次你开车都暗含着可能发生事故的合理意义。而如果你在醉酒的同时还超速行驶在雨中拥挤的街道，一种可能的意义是你将会发生事故。如果你在高速公路的主干线上快速行驶，在迎面开来一辆车时发现刹车失灵，将要发生的事故就是这种情况下难以避免的意义。

我们将特定场景引发的真实事件称为结果。如果我们能够有效识别（做出合理推论）合理的、可能的及必然的意义，我们就可以采取措施以增加积极结果同时减少消极结果。一方面，我们希望潜在的积极意义得以实现，另一方面又不愿意合理的和可能的消极意义成为现实。我们希望了解特定场景中固有的现实可能性并对这一联系加以有效运用。

我们学习事物的逻辑是为了能够熟练地发现其意义并据此引导自身行为。而实现这一目标的关键在于，借助对事物逻辑的准确把握对特定情景隐含的意义做出合理的推论。我们希望能够在采取行动之前透彻地了解自身决策可能存在的所有意义（合理的、可能的与必然的）。

在特定情景的意义之外同时还包括语言表达的意义，这是伴随自然语言的固有意义而产生的一种意义。我们日常交流所使用的语言词汇往往都是有引申含义的。例如，我告诉自己的女儿因为她没有打扫房间，作为惩罚，她不能去朋友家里玩。那么我的言外之意就是她应当知道如果想出去玩，就必须把房间打扫干净。我认为女儿应当为没有完成打扫房间的任务得到惩戒，这一观点以及我对她所说的话的合理性建立在以下两个前提的基础上：

（1）经过事先交流，我已经明确告诉她希望她保持房间的整洁。

（2）我已经向她充分解释过不能满足要求的惩罚性后果。

想要成为批判性思考者，我们必须精准地把握自己言语表达的言外之意，同时保证我们表达的意义是正当合理的，做到"言必行，行必果"，这也是批判性思维的重要原则。

正如我们用以交流的语言有其特定意义一样，我们描述事物的方式也具有一定的意义。例如，面对"你为什么没有清扫厨房"这一相同陈述，平静的询问与气愤的喊叫就具有不同的意义。第一种情况只是表达，我以为你已经打扫过了。而在第二种情况下，我的话则意味着，你没有打扫房间是个严重的失误，并且应当受到训斥。

正如我们会忽略情景或自身语言的意义一样，我们也可能会忽略他人对我们所说的话的意义。人们经常无法正确推断他人通过语言想要向我们传达的意义，甚至会有过度推论的倾向。例如，如果你的老师告诉你论文需要进一步修改完善，这其中并没有别的言外之意，却可能被你推断为"他认为你不如其他学生聪明""他认为你学习能力不足"等。

总体而言，我们必须意识到推论在人类生活中扮演的重要角色。当我们思考问题时，我们要考虑到关于自身决策的所有可能意义。我们要了解推论出特定情景的意义，要了解自己或他人使用语言时所表达的意义。在每种情况下，我们都希望能够恰如其分地解释事物的逻辑并推论得出其真实意义。

批判性思考者能够调整观点立场

观点立场是思维成分中最难以为意识控制的因素。一方面，我们在思考时都会从一定的观点立场出发，对于大多数人而言这是高度自动化的直觉性行为；另一方面，当我们要求人们在思维过程中报告或解释他们的立场时，他们很可能会开始说明他们想到的任何或者所有内容。我们可以很明显地看出，大多数人并不清楚如何识别自己和他人的观点立场。

让我们先来认识一下我们立场产生的潜在来源：时间、文化、宗教、性别、学科、职业、同伴、经济偏好、情绪状态、社会角色或年龄阶段，等等。例如，我们可以从以下的观点立场出发感知世界：

- 特定的时间点（16世纪、17世纪、18世纪、19世纪）
- 特定的文化背景（西方、东方、南美、日本、土耳其、法国）
- 特定的宗教信仰（佛教、基督教、伊斯兰教、犹太教）
- 特定的性别或性取向（男性、女性、同性恋、异性恋）
- 特定的职业（律师、教师……）
- 特定的学科（生物的、化学的、地质学的、天文学的、历史学的、社会学的、哲学的、人类学的、文学的、艺术的、音乐的、舞蹈的、诗歌的、医学的、护理的、运动的）
- 特定的同伴群体
- 特定的经济偏好
- 特定的情绪状态
- 特定的年龄阶段

在个体层面，我们的观点立场是这些维度的整合。可惜的是，我们并不了解这些因素是如何塑造影响我们的观点立场的。人们通常不会说"这是我从……立场出发而有这样的观点的"，而是说"事情本身就是如此"。我们的意识总是倾向于将自身知觉到的观点视为绝对正确的，而总是忽视个人观点偏向性的局限。

这并不是关于思维相对性（任何事物都是相对的，因此无法得到验证的自我反驳观点）的探讨。从特定的立场出发看待事物，并不会削弱我们价值判断的能力。医生从医疗健康的立场出发诊断病人，这并不会使得他们的诊断显得"相对"、武断。

正如其他的思维元素一样，我们通过意识化的训练可以在批判性思维中应用观点立场。随着对自身与他人观点识别能力的提升，我们能够学会采用更多的观点立场进行思考，并且有效利用这一元素成分促进批判性思维的发展。

批判性思考者的观点立场

最高明的思想家都会认同批判性思维的价值，并将其作为思维的核心目标。批判性思考者将对思维过程的意识化控制作为控制其自身行为的关键。因此，优秀的思考者在学习过程中，无论是在阅读、写作、交谈还是在倾听，都应该不断练习对自己思维的意识化控制过程。

阅读时，学习者要将文本作为作者思维的言语表征形式。努力理解作者的立场，并且将作者的思维方式在自己的头脑中重建。写作时，学习者会有意识地思考目标读者的观点，试图洞察潜在读者的看法，并通过读者可以理解的方式呈现自己的故事。与别人的交谈也体现出相似的特点，通过对话了解他人的观点以及交谈者的关注点，不将自己的观点强加于人，能够意识到人们是如何通过自己的方式形成观点和信念的，因而他们会更多地与他人分享经验及信息而非最终结论。他们愿意专心聆听他人的想法，提出问题而非做出评断。

他们也清晰地知道不同学科之间具有不同的独特视角。当学习一门学科时，他们会努力领悟这一学科的视角并以此为主导进行思考。他们搜寻基本的原理、概念、方法与程序，试图以该学科的逻辑进行思考。例如，在学习数学时，他们会努力发展数学的思维观点，学习如何像一个数学家一样思考。相似的逻辑观点也在其他学科中逐渐发展起来。

优秀的思考者对自己也持有独特的观点。他们将自己看作有能力的学习者，对自己的学习抱着乐观进取的态度，不会将相反的观点视为威胁或挑战。他们将所有的个人观点看作可以被挑战的，随时准备根据新的证据与合理的推论修正自己的观点。他们将自己视为终生学习者。

小结

在学习篮球、网球、足球或者其他任何运动的过程中，最初的起点都是了解这项运动的基本要素组成。批判性思维的学习也是如此，我们首先需要掌握思维的基本成分。这些成分是批判性思维的根基，只有对思维成分进行准确分析，我们才能对它进行有效的评估。因此，识别思维成分的能力对优秀的思考者而言是必不可少的。

对思维组成的分析是思维评估的必要非充分条件。有效的评估需要有效衡量思维优缺点的思维标准。例如，清晰明确是思维的优势，而模糊混淆则是劣势；准确是优点，而不准确则是思维弱点。我们会在第 5 章中着重介绍这些标准，阐明并解释这些标准是如何应用思维成分的。

| CHAPTER 5　第 5 章 |

思维标准

批判性思维的基本功能之一就是评估自己和他人思维的能力。而要想善于评估，就需要我们一贯地对思维进行剖析，并对思维的质量水平进行检验。我们根据清晰度、准确性、精确度、相关性、深度、广度、逻辑性和重要性的标准来完成对思维评估的任务。批判性思考者承认，他们的思维活动都是有目的性的（论证的元素）。他们的思维过程中有隐含的目标，但只有当他们清楚这些隐含的目标时（思考标准），他们的思维活动才能获得显著的提升。相似地，为了更好地论证，他们需要知道，他们正有意识或无意识地使用思维中的信息（论证的元素），但当他们确定所使用的信息是准确的时（思考标准），思维活动才能获得显著的提高。

换句话说，我们评估自己的思维是想知道自己的思维水平。我们不是为了好玩或仅仅服从权威来确认思维元素。恰恰相反，我们使用思维标准来评估我们自身的思维，因为我们清晰地意识到评估失败所带来的负面影响。下面是我们提出的最简化的思维标准：

- 清晰性
- 相关性
- 逻辑性
- 准确性
- 深度
- 重要性
- 精确性
- 广度
- 公正性

这些不仅仅是个人可能使用到的思维标准，它们也是最基本的评估思维的标准。当然在这方面，思维元素是更加基础的，因为我们所介绍的思维八个元素是普遍通用的，它们存在于所有时刻、所有文化下的所有主题的思考和论证中。一方面，个体不能脱离于对观点的假设与提问的信息进行思考论证；另一方面，还存在广泛的可选用的思维标准，例如可信性、可预测性、可行性和完整性，但在日常的评估中它们并不常用。

作为批判性思考者，要评估我们的思维，我们要用下面这些问题来思考我们的思维：我清楚信息吗？信息准确吗？信息足够精确吗？所用的信息相互关联吗？我的思考有逻辑吗？我处理的事情是重要的吗？我的思考在上下文中的情景中有道理吗？通常来讲，我们使用这些标准评估思维中的一个或多个元素。

深入理解通用思维标准

批判性思考要求深入理解思维标准。批判性思考者通常思考如何提问，以更恰当地应用思维标准。而提出这些问题的最终目标是要引发我们自发思考，让思考成为我们的内在需求，指导我们不断地更好推理、论证。在这个部分，我们将关注思维标准和可以应用在生活不同方面的问题。

清晰性

能够提升思维清晰性的问题包括：

- 你可以详细描述那个观点吗？
- 你可以用另外一种方式表达那个观点吗？
- 你可以给我一个图解吗？
- 你可以给我举一个例子吗？
- 我用自己的语言表述你刚刚说的话，看我是否弄清了你的意思。

清晰性是最基本的标准。如果一个陈述是不够清晰的，我们便不能确定它的准确性和相关性。如果我们不清楚这个陈述，我们就不能对这个陈述做出判断。例如，"我们能对美国教育系统做些什么"这个问题就是不清楚的。为了充分地了解这个问题，我们需要问"在这个问题中，难题是什么"，来获得更清晰的理解。此外，另一个更清晰的问题可能是："教育者可以做些什么来保证学生获得学习技术和能力，以帮助他们在工作中更成功地解决问题？"这个问题，因为增加了清晰度，从而对思维提供了更好的指导，它以更确定的方式展示了思维任务。

准确性

能够提升思维准确性的问题包括：

- 那的确是真的吗？
- 我们怎样检查那是不是准确的？
- 我们怎样确定它的正确性？

一句话可能是清晰的，但不一定是准确，例如："大部分狗重超过 300 磅⊖。"这句话就不准确。准确性要求表达出与实际事物相一致的信息。但是，人们经常用与实际事物不符的方式呈现或描述事件，频繁地歪曲或错误描述事件，当人们用某个特定方式看待事

⊖ 1 磅＝0.453 592 37 千克。——译者注

物的时候，这种歪曲尤甚。广告制作者经常使用这种手段以避免消费者看到他们产品的弱点。例如，实际的水中包含小部分的氯和铅等化学成分，而广告陈述："百分之百的纯净水。"这则广告是不准确的。再如所有小麦都被漂白、施肥，面包里添加了许多添加剂，而广告表示："这是款百分之百全麦面包。"这条广告也是不准确的。

批判性思考者能仔细地倾听陈述，并且对所听到信息的真实性和准确性进行有根据的质疑。同样地，他们也质疑所阅读内容的准确程度。批判性思维，是关于"哪些是事实，哪些不是事实"的思考，是对描述的一种健康怀疑态度。

同时，因为我们倾向于从狭窄、自我服务的角度进行思考，要实现信息的准确性可能会很困难。我们自然地倾向于相信自己的想法是准确的，反对我们的想法都是不准确的。当我们倾向于质疑与自己冲突的观点时，我们也就丧失了对自己早已确信之物的质疑能力。但是，作为批判性思考者，我们必须要求自己准确地获得自己以及他人的观点，我们要直面我们思考中的缺陷。

精确性

能够使思维更精确的问题包括：

- 你能给我更多的细节吗？
- 你能讲得更详细一些吗？

陈述能够同时保证清晰度和准确性，但并非能做到精确，就像"杰克超重了"这句话（我们不知道杰克究竟超重了多少——1磅或500磅）。精确性指的是给予他人需要的细节，以让他人理解自己表述的真正含义是什么。当然，一些情境不需要细节。如果你问："冰箱里有牛奶吗？"然后我回答："是的。"问题和答案对于这个情境来说，都比较精确（尽管澄清还有多少牛奶可能更发挥作用）。

或者想象你病中就医,他不会说:"一天吃两次 1.4876946 颗抗生素药片。"在这种情境中,这样的精确度水平是没有用的。

但是在很多情境中,细节能够优化我们的思维。例如,你朋友正在经历财政难题,他问你:"现在这个处境中,我能做些什么?"因为没有足够的细节,你不能帮助他。你会问:"详细的情景是怎样的?一些可能解决问题的方法是什么?"

相关性

能够使思维更具相关性的问题包括:

- 这个观点是怎样与问题相关的?
- 它是怎样对问题产生影响的?
- 这个观点是如何影响其他观点的?
- 这个问题是如何与我们需要解决的问题相关的?

一个陈述可能是清晰、准确、精确的,但却并不一定与争论的问题相关。例如,学生通常认为,对课程投入的努力可以帮助他们提升成绩。但通常来讲,努力并不能衡量学生学习的质量,因此努力并不与成绩相关。当一件事与急需解决的问题直接相关,并对其产生影响时,这件事是具有相关性的。当一件事适用于我们尝试解决的难题时,这件事是具有相关性的。无关联思维会让我们思考应该搁置一旁的内容。而相关性思维则让我们的思路保持在正常轨道上。人们的思维缺乏严谨性导致了思维的不相关,这让人们不知道如何分析真正影响问题的因素,进而不能对难题进行有效的思考。

深度

能够使思维更具有深度的问题包括:

- 你的答案是怎样解决这个复杂问题的?

- 你是如何考虑这个问题中的难点的？
- 你是如何处理这个问题中最重要的因素的？

当我们进入到一个问题的里层时，我们需要深入地思考，确认问题中固有的复杂性，并以积极主动的思考应对这些复杂性。但是我们要意识到尽管我们能更深入地思考、能更好地应对复杂问题，我们仍然也会发现问题难以解决，不要因此气馁，因为只有我们能够识别并确定问题的复杂性，我们的思维水平才能获得明显的提升。

一个陈述可以是清晰、准确、精确、相关的，但很可能却是表面的——缺乏深度的。譬如，当你被问及如何应对美国的毒品问题时，你回答："对毒品说不。"这个长久以来用于打击青少年使用毒品的口号，虽然清晰、准确、精确并具有相关性，然而，却缺乏深度。它仅仅将美国文化中人们普遍使用毒品这一极其复杂的问题表面化。这个回答并未从历史、政治、经济、心理或其他重要角度来探讨毒品成瘾的因素。

广度

能够使思维更广阔的问题包括：

- 你需要考虑另一个观点吗？
- 是否存在另一种方式看待这个问题？
- 从保守的角度看待这个问题会怎样？
- 从……的角度看待这个问题会怎样？

一连串的论证可能是清晰、准确、精确、有相关性、有深度的，但却可能缺乏广度。无论保守主义，还是自由主义观点的辩论都是例子，它们都深入到问题中去，但仅仅展现出问题的一个方面。

当我们从不同相关观点的角度思考问题时，我们就在用广阔的方式进行思考。当多种不同的观点都与问题相关，但我们忽略了这些观点,没有尝试从其他可选择性的观点来看待问题,我们就是目光短浅、思维狭隘的。

人们频繁地重复着思维狭隘的错误,原因通常很多:教育的限制、先天的社会中心、本性中的自私、自欺欺人以及思维上的狂妄自大。那些与我们相左的观点经常对我们构成威胁,与把反对观点看成审视自我观点的动力相比,忽略反对观点要容易得多。

例如,你我同住一处,我喜爱大声播放音乐,这惹恼了你。问题是:我应该在你出现的房间里播放音乐吗?你我的观点都与这个问题相关。当我设身处地地考虑你的观点,并理智地进行移情,从你的角度出发时,我会意识到把我的音乐强加给你是不公平的。我也能够想象,当我被强迫听那些让人懊恼的音乐时,自己会产生怎样的感受。但是,如果我不去设身处地地为你着想,我便不会改变自己自私的行为。主动拒绝考虑相反观点是人的本性。

逻辑性

能够使思维更有逻辑性的问题包括:

- 这些组合起来后具有逻辑吗?
- 这个真的是有道理的吗?
- 这是根据你的论据推断出来的吗?
- 如何从证据中得出这样的推论?
- 之前你提到过那个,但现在你又在说这个。我不明白两者如何能够同时成立。

在思考过程中,我们会按照一定顺序进行思考。当按这些顺序进行的思考能够相互支持并能结合得有意义时,那么这样的思维就是有逻辑的。而当按这些顺序进行的思考并不相互支持,在某种意义上自相矛盾或根本没有意义时,那么这样的思维则不具有逻辑性。因为人们通常无法意识到自己的冲突信念，因此，在人类的生活和想法中发现不一致是很容易的。

通过对比学校中的标准试验和学生实际学业表现，我们知道学生通常在基本能力（例如阅读、写作、会话的基本学术技能）和基本学科（例如数学、科学、历史）上存在缺陷和不足。尽管存在这样的证据，教师仍认为他们不需要改变对学生学习的指导（事实上他们教学的方式确实没有基础性的错误）。根据证据来看，教师得出的这个结论是没有逻辑的，这个结论并没有考虑事实。

让我们再举一个例子。如果你知道一个人患有心脏病，并且医生已经告诉她必须谨慎饮食，以避免病情恶化，但她仍旧认为饮食无关紧要。这里，她得出的这个结论是缺乏逻辑，是没有道理的。

重要性

能够提升思维重要性的问题包括：

- 我们需要明确的问题中最重要的信息是什么？
- 这个事实是如何在情境中发挥重要性的？
- 这些问题中的哪一个是最重要的？
- 这些观点或概念中的哪一个是最重要的？

思考问题时，我们要能关注问题最重要（与问题相关）的信息，并且考虑最重要的观点或概念。但通常来讲，我们并没有意识到要关注问题中的重要信息。尽管许多观点与问题相关，但它们并非具有同等重要性。我们经常没有提出重要的问题，仅仅被表面的、无足轻重的问题所困住。

例如在大学中，很少有学生关注重要问题，例如：一个受到教育的人意味着什么？我需要做些什么来成为受过良好教育的人？相反，学生们关心的只是如何在测验中获得优秀成绩？发表一篇文章要求多少页？怎样才能讨得导师开心？

公正性

确保公正性的问题包括：

- 我是根据证据做出的判断吗？
- 我考虑了其他可能的证据了吗？
- 这些假设合理吗？
- 考虑到我行为的意义，我的意图公正吗？
- 我解决问题的方式公正吗？或者我既定的利益会妨碍我从另一个观点考虑问题吗？
- 我合理地使用概念了吗，或者我有没有使用概念操纵他人（来谋求自己的私利）？

思考问题时，要做到思维公正。思维公正意味着在情境中公平地思考，根据推理论证得出结论。如果谨慎地使用本章提出的这些思维标准，你会做到思维公正。我们之所以单独地提出思维的公平性，是因为人类思维中存在自欺本性。例如，我们经常自欺：当我们拒绝相反观点（并因此不能追求我们自私的利益）、追寻非公正的目标、为谋求自己的私利甚至不惜伤害他人时，我们还常常认为自己的思维是公正的。

让我们思考一个非公正思维造成对相关事实进行忽略的例子。例如，克里斯蒂和艾比住在一起。克里斯蒂性情冷淡，而艾比性情火热。入冬时，艾比喜欢开着房间的窗子，而克里斯蒂喜欢紧闭窗子。艾比坚称窗子紧闭让她感到极其不适。她在言辞中使用的信息全部是她自己的观点，即她感到热，关窗对她健康不利，并且如果克里斯蒂感到寒冷，可以穿一件毛衣。艾比的思维是不公正的，她没有从克里斯蒂的观点思考支持克里斯蒂的信息，因为这样做意味着艾比将会对开窗做出一些让步。她持有的观点并不合理、公平。

操控他人的人通常以不公正的方式使用概念。让我们想象约翰，例如他很想借杰伊的便携式音箱去旅行。因此，约翰不时地开始拉杰伊出去闲逛。他们在一起时，约翰将杰伊作为自己的"朋友"介绍给他人，而杰伊也开始将约翰认作自己的朋友。所以当约翰开口向杰伊借音箱时，杰伊爽快地同意了（因为约翰是他的朋友）。但当约翰不归还音箱时，杰伊向他讨要，约翰撒谎说弄丢了，事实是约翰从来没想过要把音箱物归原主，并显然从未把杰伊当作自己真正的朋友。约翰仅仅是运用了"朋友"这个概念去谋取自己的私利。成为"朋友"仅仅是为了操控杰伊。在这个情境中，约翰对"朋友"这一概念的使用是不公正的。

当我们对结论开展论证时，我们要确认所使用的假设是合理的、基于具体情境事实的。然而，在对假设的思考中，我们常常囿于不合理的偏见之中，经常宽泛、极端地概括，例如：

- 自由党对犯罪的态度是软弱的。
- 年长者对性没有兴趣。
- 年轻人仅仅对性充满兴趣。
- 运动员很酷。
- 金发女郎是愚蠢的。
- 知识分子是书呆子。
- 学习很枯燥。
- 学校的学习内容与生活毫不相关。

上述这些假设是不合逻辑的，它让我们盲目地做出判断，做出错误结论。例如，如果我们相信所有的知识分子都是书呆子，无论何时我们遇见一个知识分子，我们都将断定他是书呆子（并且不公平地对待这个人）。

总之，公平性，是一个重要的思维标准。思维公正能够让我们意识到自己和他人如何歪曲事实来获得自私的目的。

图 5-1 表示我们如何将思维标准应用到思维的评估当中。

清晰性： 可理解的；能领会含义
　你能进一步详细描述吗？你能给我举个例子吗？你能阐明要表达的含义吗？

准确性： 摆脱错误或扭曲；真实的
　我们怎样对其进行核实？我们怎样查明那是真实的？我们怎样查证或测试它？

精确性： 精确到必要的详细程度
　你可以更精细一点吗？你能给我更多细节吗？你能更精确吗？

相关性： 与手头的问题相关
　它如何与问题相联系？它是如何支持这个问题的？它如何在这个问题上对我们有益？

深　度： 包含复杂性和多样相互关联
　哪些因素提升问题的难度？这个问题的复杂性是什么？哪些困难是我们需要着手解决的？

广　度： 包含多重的观点
　我们需要从另一个视角看问题吗？我们需要考虑另一种观点吗？我们需要从其他方面看待问题吗？

逻辑性： 组合后有意义的部分；没有矛盾的
　所有这些结合起来后有意义吗？你起初的观点符合最后的论述吗？你所说的有据可循吗？

重要性： 聚焦于重要性；不琐碎的
　这是需要考虑的最重要的问题吗？这是需要聚焦的中心观点吗？这些因素中的哪些是最重要的？

公正性： 合理的；非自私或片面的
　我的想法在情境中合理吗？我考虑到了别人的想法吗？我的目的在该情境下公平吗？我使用概念的方法合理吗，或者我是否扭曲观点来谋取自己的私利？

图 5-1　为了评估思维，我们必须将思维标准应用到思维元素中

将思维元素和思维标准结合

我们已经探讨了思维元素，并详细地分析了它们，这能够使我们更好地识别思维中的瑕疵。同样，我们引进思考标准作为评估的工具。现在让我们看一看如何使用思考标准对思维元素进行评估。

图 5-2 表示批判性思考者一贯地将思维标准应用于论证的元素。

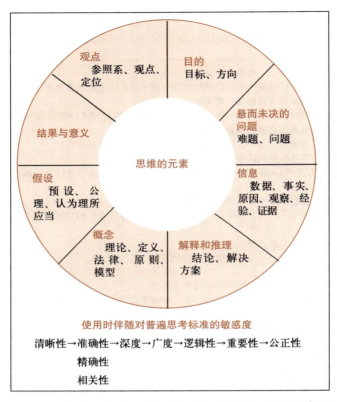

图 5-2 批判性思考者一贯地将思维标准应用于论证的元素

看得见的假设、目标和结果

我们的思维都具有一定的目的。如实现某些目标,满足一些欲望,达成一些需要。人类思维困难的一个来源是目标、假设和结果水平上的缺陷。如果目标不切实际,例如,相悖于我们拥有的其他目标,或者目标是令人困惑、含糊不清的,那么我们用以实现目标的思维过程也将遭遇重重困难。

作为一个不断发展的批判性思考者,你需要培养自己明确阐述目标的习惯。你应该努力澄清某一情境中的目标,清楚并坚持自己的目标,你才能取得成功。例如,你在大学的目标是获得学位从而获得拥有好工作与丰厚报酬的机会。如果你清晰地认识到这个目标,并为此不断努力,你就可能获得成功。但如果你沉溺于社交活动中,忽略自己的目标,你预期的结果就难以实现。

表 5-1 列出了评估思维的元素。

作为一个有志启发自我思想的学生,你应该关注能够提升自我能力的提问,从而使自己更加明确自己的课堂目标。例如:在课堂随笔中、研究项目中、口头报告与讨论中,我清楚自己的目标吗?我能够详细明确地阐释目标吗?我的目标重要吗,现实吗,可行吗,合理吗?我还拥有其他相悖的目标吗?

表 5-1 评估思维的元素

思维元素	评估标准
目的	思考者的目标是什么 目标被清晰陈述或定义了吗?它合理吗
悬而未决的问题	问题陈述得清楚吗 问题是清晰、无偏见的吗 问题的表达能够公正地呈现问题的复杂性吗 问题和目标是直接相联系的吗
信息	思考者引用了问题所有必要的相关证据、经验或信息吗 信息是准确的吗 思考者关注问题的复杂性了吗
概念	思考者澄清了需要的关键概念吗 概念使用得合理吗
假设	思考者对他认为理所应当的观点(某一程度上应被质疑的假设)持有审慎的质疑态度了吗 思考者使用有争议的假设而没有考虑假设中存在的问题了吗
解释和推理	思考者是否构建了合理的论证流程,以很好地解释他如何获得主要的结论
观点	思考者是否考虑其他可选的相关观点和推理流程
结果和意义	思考者是否对结果和意义抱有审慎的怀疑态度

需要解决的重要问题

在思考时,你都要解决思考事件中至少一个核心问题。因此,对问题的思考过程就以那个问题为中心展开。

开展优秀思考的关键是:对你陈述问题方式的清晰性和相关性进行评估。你需要思考你面对的问题是否重要、是否能够解答、是否理解解决这个问题所需要的答案。

作为一个致力于发展批判性思维的学生,你可以问一些问题,使自己能够提升对课堂重要问题进行关注的能力。例如你可以问:讨论中最基本的问题是什么(在演讲、章节或讨论中)?精确地说,答案是什么?这个问题是简单的还是复杂的?如果是复杂的,是什么导致它的复杂性?我能够坚持思考这个问题吗(在讨论或文献中,我为此持续工作吗)?这里存在不止一个重要的问题需要考虑吗(在演讲中等)?

观点或参照系

我们的思考总是在一些观点或参照系中展开。任何观点或参照系中的缺陷都可能是思考过程中困难阻碍的来源。

一个观点可能太过于狭隘、包含错误信息或者充斥着不公正和矛盾冲突。批判性思考者努力去采纳一个公正的观点,他们会考虑对立的观点,希望自己的观点有广度、灵活并且能够被合理、清晰地陈述,对自己的观点能够始终如一地坚持。优秀的批判性思考者在论证一个问题时,会考虑不同可选择的观点。

作为一个致力发展批判性思维的个体,我们要问自己问题,使我们能够提升对课堂观点进行关注的能力。这些问题可能是:我从什么观点来看待这个问题?我的观点是否太过教条,从而让我无法从另一个观点来看待问题?我必须要考虑多重的观点以良好地论证手边的问题吗？这个作者的观点是什么？这个学科的参考框架是什么？这些观点蕴含的世界观是否不同？

信息、数据、经验

思考时，我们总会发现一些关于我们所思考话题的"材料"和现象。思考中所考虑的经验、数据、证据中的任何"缺陷"，都有可能成为思维过程困难的来源。

思考者应对证据收集的准确性进行清晰、公正和准确的报告和评估。因此，作为学生，无论是在课堂考试、学科问题还是个人生活难题上，你都应该评估得出结论信息的准确性。评估你所使用的信息是否与问题相关，评估这些信息是否适合于你的目标。同时，你也要评估自己是否准确地呈现了信息。

作为致力于发展批判性思维的学生，问自己问题，使自己提升对课堂信息关注的能力。这些问题可以是：很好地论述这个问题所需的最重要的信息是什么？还存在我需要考虑的其他信息来源吗？我怎样核查正在使用的信息是否准确？我是否确定正在使用的所有信息都与这个问题相关？

概念、理论、观点

所有的思考都要运用概念。这些概念包括我们思考过程中运用的理论、原则、公理和规则等。概念和理论上出现的任何缺陷都是我们思考过程中可能的困难来源。

作为批判性思考者，我们要深入分析自己所使用的概念，要评估概念的清晰程度，评估这些概念是否与问题相关，评估我们是否根据自己的观点歪曲了这些概念。我们要注意如何使用概念、什么概念最重要，以及概念之间的相互联系。

作为致力于发展批判性思维的学生，你要问自己问题，提升自己对课堂概念重要性关注的能力。这些问题可能包括：我需要学习的关于人生的最基础的概念是什么？这个概念是怎样与其他关键概念相联系的？这节课最重要的理论是什么？我是否清楚地知道课堂中的重要概念？我需要问什么样的问题才能更清楚地理解教师解释的概念呢？

假设

所有的思考都从基本的假设出发，这就要求把一些事情认为是理所当然的。任何初期假设中出现的缺陷都可能是思考困难的可能原因。

思维评估的技巧包括评估我们识别和有力表达假设的能力。我们的假设可能会是清晰的，也可能会是不清晰的；可能是合理，也可能是不合理的；可能是一致的，也可能是矛盾的。

作为致力于发展批判性思维的学生，你需要问自己问题，提升自己对课堂中假设的辨识能力。这些问题可能包括：与这个学术科目（讲座、讨论、文章或实验）相关的是什么？这些假设合理吗，我应该质疑它们吗？在第 2 章中，本书的作者假设了什么？这些假设都是公正的吗？它们应该被质疑吗？

结果与意义

意义伴随着我们的思考而来。结果伴随着决定而来。作为批判性思考者，我们要了解每时每地所产生的意义，要能够追踪逻辑结果，了解行动带来的结果。我们要对每个可能出现的难题有所预料。

思考中意义和结果的任何缺陷都会成为我们思考过程中困难的潜在来源。我们是否能进行合理的思考，部分是通过我们对意义、结果的理解和阐明的能力来衡量的。

作为致力于发展批判性思维的学生，你要问自己问题，提升自己对思考中的重要意义的关注能力。这些问题可能包括：这个生物学理论、现象、经济政策中最显著的意义是什么？这次政治活动的意义是什么？在这个情景下，失败的意义是什么？如果我们采取了这一行动，最有可能的结果是什么？我们倾向用这种方法而非那种来解决社会问题有哪些显著的意义？美国卷入第一次世界大战的意义是什么（社会的、政治的、经济的、文化的）？

推理

按步骤进行思考的过程如下，"因为这是这样的，同样那也是这样的（或者大概也是）"，或者，"因为这样，所以那样"。我们的思维活动能够察觉到情境中的一套事实，并且根据那些事实做出结论。我们这样进行推理时，就完成了一个思考过程。我们逻辑推理能力中的任何缺陷都可能会造成思维过程中的困难。例如，如果你看见一个衣衫褴褛的人坐在街边角落，手中的棕色纸袋包着一个瓶子，身边是破旧的铺盖卷，你可能会推断他是流浪汉。这个推理是根据你在环境中感受到的事实，以及你对他们的假设做出的。但是，在这个情境中这个推理可能不具有逻辑性。

批判性思考者需要做出彻底可靠的推理，要做到这一点，首先，你必须学会确认你和他人做出的推理。例如，你可以问：在这篇新闻报道中，进行了什么关键推理？推理的根据是什么？它们合理吗？在这篇文章中我得出的关键结论是什么？这是合理的吗？

使用思维标准的简要指南

正如我们已经强调的，思维包括八个元素，每一个元素都含有可能出现的错误。在此，我们总结一些优秀批判性思考者思考时使用的主要"检查点"。你也可以在思考的过程中，使用这些相同的检查点。

（1）所有的思考都有一个目标（见表 5-2）。

- 花时间清晰地陈述你的目标。
- 选择重要的以及现实的目标。
- 将自己的目标与其他相关目标做区分。
- 确定你的目标在情境中是公正的（不违背他人的利益）。
- 阶段性地检查，以确定你仍旧坚持自己的目标，没有从中偏离。

（2）所有思考都是澄清一些事实，去发现一些问题，解决一些问题（见表 5-3）。

- 花时间清晰并准确地陈述问题。
- 用几种方式表达问题，以阐明它的意义和范围。
- 将问题分解为子问题（当你可以的时候）。
- 确认你正在处理的问题类型（历史、经济、生物等），并且思考这个问题是否只拥有一个正确答案；确认它是只需从一个观点进行思考，还是需要从不同的观点进行论证。
- 彻底地思考问题的复杂性（彻底深入地思考问题）。

（3）所有的思考都要来自一些观点（见表 5-4）。

- 清晰地确认你的观点。
- 寻找其他相关的观点，并确认它们的优缺点。
- 公平地评估所有观点。

（4）所有的思考都是根据数据、信息和证据做出的（见表 5-5）。

- 用具有支持性的数据来严格控制你的思考。
- 寻找反对你的信息，以及支持你的信息。
- 确认你使用的所有信息清晰、准确，并与需要解决的问题相关联。
- 尤其要确认，你已经考虑了与问题相关的所有重要信息。

（5）所有的思考都通过概念和理论来表达并塑造（见表5-6）。

- 清晰地确定关键的概念。
- 考虑可供选择的概念，或概念的多重定义。
- 确认你正在小心正确地使用概念。
- 公平合理地运用概念（而非扭曲它们已有的意义）。

（6）所有的思考都基于假设（见表5-7）。

- 清晰地确定你的假设，并确认它们是否合理。
- 考虑你的假设是如何塑造你的观点的。

（7）所有的思考都会产生一些意义和结果（见表5-8）。

- 考虑思考产生的逻辑意义与结果。
- 同时搜寻消极与积极的意义。
- 考虑所有可能的重要性结果。

（8）所有的思考均包含推理，以及能够得出结论、赋予数据意义的解释（见表5-9）。

- 根据证据做出推断。
- 检查每项推理的一致性。
- 确认推理的前提假设。
- 确定你的推理有逻辑性。

表 5-2

目标
所有的思考都有一个目标
初级水平：①清晰度，②重要性，③可获得性，④一致性，⑤公正性
常见问题：①不清晰，②琐碎，③不现实，④自相矛盾，⑤不公正
原则：要进行批判性的思考，你必须清晰地理解你的目标，且目标必须具有公平性

有技巧的思考者	无技巧的思考者	批判性问题
花时间清晰陈述目标	通常不清楚中心目的	我弄清论证的目标了吗 我究竟想获得什么 我用几种方式陈述目标来明确目标了吗
区分目标与相关目标	摇摆于不同、矛盾的目标	我大脑中要有怎样不同的目标 我如何有联系地看待它们 我走向了一些不同的方向吗 我如何调和这些矛盾的目标
阶段性地提醒自己是否游离于目标	迷失初始的目标	我是否游离于自己的目标了 我的第三、四段如何与中心思想相联系
采取现实的目标	设置非现实目标	在计划中，我是否企图完成得过多了
选择重要的目标	采用琐碎的目标，即使它们是重要的	追寻这个特定目标的重要性在哪里 存在我要关注的更重要的目标吗
选择与已选择目标一致的目标	不小心否定了自己的目标，并未对一致性目标进行监控	我的一部分目标是否会妨碍其他部分目标的完成
定期调整对目标的思考	不能做对获得目标的必要性思考	为获得目标，我需要做哪些思考
选择有公平性的目标，将他人的愿望和目标与自己的做同等思考	以他人需求为代价，选择自私的目标	我的目标自私吗，仅仅考虑了我自己的需要吗 它考虑了别人的权益和需要吗

表 5-3

中心难题
所有的思考都是澄清一些事实,去发现一些问题,解决一些问题 **初级水平**:①清晰度和精确度,②重要性,③可回答性,④关联性 **常见问题**:①不清晰和不精确,②不重要,③不可回答,④不相关 **原则**:要发现一些问题,它们必须是可回答的,你必须清楚地了解它们,并理解合理作答的所需

有技巧的思考者	无技巧的思考者	批判性问题
清晰了解尝试设置的问题	通常不清楚自己的提问	我弄清了事物的主要问题吗 我能精确地陈述它吗
用多种方式表达问题	含糊地表达问题,并发现问题很难再表达	我能够用几种方式重新表达问题,从而确认难题的复杂性吗
将问题分解为子问题	不能对提问进行分解	我将主要问题分解为子问题了吗 在主问题中隐含的子问题是什么
常规地将问题分类	对问题分类感到困惑	对提出或被问到的问题分类时,我感到困惑吗?例如:我正困惑于一个法律问题是否该被归为道德类 我是否了解一个基于偏好的问题也需要运用到判断
区分重要与琐碎的问题	混淆重要与琐碎的问题	当确定了其他重要问题时,我是否还会混淆琐碎的问题
区分相关与非相关问题	混淆相关与非相关问题	我在讨论中提出的问题与主要问题相关吗
对提问建立的假设抱有审慎的质疑态度	经常提出有偏重的问题	我提出的问题偏重我自己的立场了吗 我把应质疑的问题看作理所应当了吗
区分可回答与不可回答的问题	尝试提出自己不能回答的问题	我能回答这个问题吗 在我能回答问题前,需要哪些信息

表 5-4

观点

所有的思考都要来自一些观点
初级水平：①灵活性，②公平性，③清晰度，④广度，⑤关联性
常见问题：①局限性，②偏见，③不清晰，④狭隘，⑤不相关
原则：要设置问题，你必须确认与问题相关的观点，并且有同理心、公平地进入观点

有技巧的思考者	无技巧的思考者	批判性问题
牢记人们拥有不同观点，尤其在矛盾的事物上	不相信反面的合理的观点	在这个问题中，我清晰地表达观点吗 我考虑了关于此问题的相反观点吗
一致并准确地表达其他观点，使用它们开展论证以更好理解	从未思考过相反观点的价值和实践意义；不能有换位思考其他观点	让我好好地思考这个相反的观点，以看我是否能够准确地表达它
寻找其他观点，尤其是遇到人们热忱且深信不疑的问题时	当问题不被情感控制时，能考虑其他观点，但对于自我感觉强烈的问题则不能	我是否用不公平的方式陈述X的观点 我是否因为对问题充满感情，而很难去考虑X的观点
对清晰界定的闭合式问题，也严格开展问题闭合式问题①论证	对闭合式问题困惑；对于给定的开放式问题，坚持只存在唯一推理框架	这里的问题是闭合式的还是开放式的？我怎样表述呢 我是否只论证了一个与问题相关的观点，而现实存在其他相关观点
了解自己关于支持/反对观点的偏见	不清楚自己的偏见	这是有偏见的还是合理的判断呢 什么导致我在情境中判断有失偏颇
用富足的视角和合理广阔的观点接触问题	用不合理、狭隘或观点进行论述	我应对问题的方法是否太狭隘了 我是否从广泛的视角思考并合理地解决了这个问题

① 闭合式问题指有绝对对错答案，并且获得答案的过程也是单一、绝对的。而开放式问题则指没有绝对对错答案，整合不同思考的过程。

表 5-5

信息

所有的思考都是根据以下信息做出的：数据、证据、经验、研究

初级水平：①清晰性，②关联性，③公正地组合与报告，④准确度，⑤合理性，⑥完全地应用

常见问题：①不清晰，②不相关，③偏见，④不准确，⑤不足，⑥不完全应用

原则：思考的合理性取决于所依据信息的合理性

有技巧的思考者	无技巧的思考者	批判性问题
只有拥有充足证据支持时，才声明观点	未考虑所有相关信息时，就声明观点	我的观点为证据所支持吗 我拥有足够的证据来支持我的观点吗
能够详细准确地评估观点背后的信息	不能评估其用以论证的信息，从而不能理性审查	我有未经过评估就用来支持观点的信息吗 我有评估信息的准确性与相关性吗
主动搜集不同于自我观点的信息	组合一切能支持自我观点的信息	应该去哪里搜寻相反观点的证据 我诚实地思考了不支持自我观点的信息吗
聚焦于相关信息，并忽视与问题无关的信息	并不仔细区分相关与无关信息	我的数据与我的观点相关吗 我有没有考虑相关的信息
根据数据支持和可靠的论证下结论	在信息支持范围外，开展推理	我的观点是否已经超出了证据支持的范围呢
清晰公正地陈述他们的证据	歪曲信息或不公正地陈述	我对相关信息的陈述清晰连贯吗 我是否扭曲信息以支持自我观点

表 5-6

概念和理论		
所有的思考通过概念、理论进行表达与塑造 初级水平：①清晰性，②关联性，③深度，④准确度，⑤公平性 常见问题：①不清晰，②不相关，③表面化，④不准确，⑤不合理 原则：高质量的思考是通过清晰、相关、现实和有深度的概念来进行的		
有技巧的思考者	无技巧的思考者	批判性问题
了解自我和他人使用的核心概念与观点	不了解自我和他人使用的核心概念与观点	在我的思考中使用的主要概念是什么 他人使用的主要概念是什么
能够解释他们使用的关键词与短语的基本含义	不能清晰解释所使用的关键词与短语的基本含义	我清晰地了解关键概念的含义吗 例如："cunning"这个词是否拥有"clever"所没有的负面含义
能够区别词语的特殊、非标准用法	当词语或短语超过教育使用范围时，则不能够识别词语的真正意思	我是在哪里获得了这个中心概念 例如：我在哪里获得了关于教育、恐怖主义等的核心概念 我是否改变了概念的含义以适应自我目标
按标准用法谨慎使用词语	经常不恰当使用词语，并与环境不匹配	我关于"爱"的概念的使用合适吗？例如：我是否无意识地将爱表现为粗鲁无礼
对使用的概念进行深入思考	不能深入思考使用的概念	我是否深入地思考了这个概念呢？例如：关于概念"health care"，我有没有考虑患者的权益和特权，我需要更深入地思考这个概念吗

表 5-7

假设		
所有的思考都基于假设——我们理所当然的信念 初级水平：①清晰性，②公平性，③一致性 常见问题：①不清晰，②不公平，③自相矛盾 原则：思考的合理性取决于其所依据的假设是否合理		
有技巧的思考者	无技巧的思考者	批判性问题
清楚地知道所做假设	通常不清楚所做假设	对我来说，我的假设够清晰吗 我是否清楚地了解了自己假设的基础

（续）

有技巧的思考者	无技巧的思考者	批判性问题
基于情境和证据得出合理公正的假设	通常提出不合理、不公正的假设	我是否只基于过去的一个经验来对未来做出假设 对于理所当然的假设，我是否能公正对待 我的假设是不是根据证据做出的，以及是否合理
做出一致连贯的假设	通常做出自相矛盾的假设	我在第一段辩论中做出的假设是否与现在的假设相矛盾
搜寻信息以确定自己的假设	忽略自己的假设	我在这个情境中做出什么假设？它们是合理的吗？我在哪里获得它们的
察觉到在无意识层面做出的假设，以及那些决定我们推理的假设	没有意识到自己在做假设；不理解推理和假设的关系	思考中还有什么假设尚未被解释 这些假设将如何导致不合逻辑的推理

表 5-8

意义和结果

所有的思考都会产生一些意义和结果
初级水平：①重要性，②逻辑性，③清晰度，④精确性，⑤完整性
常见问题：①不重要，②不现实，③不清晰，④不精确，⑤不完整
原则：要优化自己的思考过程，你必须对思考产生的意义进行思考。你必须对决策产生的结果进行思考

有技巧的思考者	无技巧的思考者	批判性问题
探寻关于思考的重要意义和结果	几乎不探寻关于决策的重要意义和结果	我讲清楚所有的关于所拥护行为的重要意义了吗 如果我将之付诸行动，还有哪些其他结果是我没考虑到的
详细阐述意义和可能的结果	不能清晰并精确地阐释可能的结果	我清晰地描述所选行动的可能结果了吗
搜寻潜在的消极和积极结果	仅仅探寻突然呈现在脑海的结果	我已经很好地阐释了所做决策的正确意义，但可能的负面意义是什么

（续）

有技巧的思考者	无技巧的思考者	批判性问题
预计可能发生的消极和积极意义	惊讶于决策中未预料到的结果	如果我做了这个决定，一些不能预料的结果是什么？不受我控制的会导致消极结果的变量是什么

表 5-9

推理和解释

所有的思考均包含推理，以及能够得出结论、赋予数据意义的解释

初级水平：①清晰度，②逻辑性，③公平性，④深度，⑤合理性，⑥一致性

常见问题：①不清晰，②无逻辑，③不公平，④表面化，⑤不合理，⑥自相矛盾

原则：思考的可靠性取决于推理的合理可靠性（或推理得出的结论）

有技巧的思考者	无技巧的思考者	批判性问题
清楚了解所做的推理，并清晰地陈述	不能清楚地了解所做的推理，也不能清晰地陈述	我清楚自己所做的推理吗 我清楚地阐述了自己的推理吗
随着已经呈现的证据和论证进行推理	并不随着已经呈现的证据和论证进行推理	我的结论是有逻辑性的吗？推理的过程是根据证据做出的吗
通常做出有深度而非表面化的推理	通常做出表面化的推理	考虑当下情景和问题的复杂性，我的结论是不是很表面化
推理和结论具有一致性	通常做出自相矛盾的推理和结论	我在第一部分得出的结论是否与最终的结论相矛盾
理解推理的前提假设	不尝试理解推理的前提假设	我的推理是根据一个错误的假设做出的吗 如果我根据一个不同的、更合理的假设做出推理，我的结论会如何改变呢

| CHAPTER 6　第 6 章 |

培养良好思维的提问

至今为止，通过我们强调的内容，你应该能够清楚养成批判性思维需要：

- 对思维感兴趣。
- 成为自己思维的批判者。
- 愿意建立新的思维习惯。
- 对发展批判性思维拥有热情。
- 了解观点、感受和需求之间的相互影响。
- 重视思维在生活中的作用。
- 经常地将思维分解为它的元素。
- 经常地评估自己思维的优缺点。
- 经常地评估自己的学习习惯。
- 学会在不同的思维系统中的思维方式。

在本章中，我们将探索提问在发展思维中的作用，明确批判性思考者会提出的问题。

思维中提问的重要性

一个不善于提问的人不会是优秀的批判性思考者。答案不能推动思维的发展,真正能推动思维发展的是问题。那些学科(例如物理学或生物学)的奠基人,如果不善于提出问题,那么这学科就不可能发展起来。每个学科领域的产生都得益于研究者不断提出的问题。此外,每个领域都根据不断提出并认真思考的问题得以发展,问题是思维发展的驱动力量。

当一个研究领域不再提出新的问题时,它的发展便也停止了。要想仔细反复地思考,个体必须提出能够促进我们思考的问题。

一方面,提出问题有助于我们清楚任务要求,清楚与表达相关的问题,并使我们了解需要处理的事物。而从另一方面来说,答案则意味着思维的全面停滞。只有当答案能够更进一步地催生出问题时,思维才能得以继续发展。此外,你所提出的问题质量决定着你思维的质量。当没有问题时,你便不再思考解决问题的答案。

例如,生物学家和生物化学家都是在提问中促进了思维的进步,他们通常会问:"我们是由什么构成的?我们的身体怎样运作?生命是什么?"当他们从亚细胞和分子层面思考问题的时候,他们的思维进步得更多。他们在分子层面上,对单独分子和分子活动进行思考,会问:"蛋白质是什么?酶是什么?酶反应是什么?分子活动是怎样为宏观现象奠定基础的?"(Jevons,1964)。通过对这些亚细胞的问题进行思考,他们会问:"维生素是怎样与生物体内的化学物质发生反应来产生更健康的机制的?癌细胞和普通细胞有什么差别?哪些食物与体内化学物质作用后能减少癌细胞产生的可能性?"

最好的老师通常是那些深刻理解学习和提问关系的人。正如Jevons(1964)在谈到他的学生时说:"那些提问的学生给我带来的帮助最多，他们通常激发我去寻找加深自己理解的更多有效途径，而那些仅仅看上去有困惑的学生给我的帮助很少。"

质疑你的问题

当你与某人第一次见面时，关于他／她，你最愿意了解的问题是什么？或者也许我们可以这样问："你第一次见到某人时，你会搜寻他们的什么信息？"这些问题（以及搜寻的信息）会使你清楚自己的价值观、关注点以及自己打算的建立人际关系的什么信息呢？根据论证元素和思考标准来思考以下类型的问题。

- 关于能够让我们了解任务的目标问题。
- 关于能够推动我们查看信息的来源以及信息质量的信息问题。
- 关于能够推动我们检查自己组织信息、赋予信息意义的方式，以及不同赋予意义方式的解释问题。
- 关于推动我们反思我们认为理所应当观点的假设问题。
- 关于能够推动我们不断思考的意义问题。
- 关于推动我们检视观点并考虑其他相关观点的观点问题。
- 关于能够使我们去区分哪些有影响，哪些没有影响的关联性问题。
- 关于能够推动我们对真相和正确性进行评估和检测的准确性问题。
- 关于能够推动我们给出细节，并做到精心细致的精细性问题。
- 关于能够推动我们检验思维中矛盾之处的一致性问题。
- 关于能推动我们考虑思维整合，确认思维在某种合理系统中整合性和意义性的逻辑性问题。

呆板的问题反映惰性的思考

几乎大部分学生提出的问题都不是能够刺激大脑思考的问题。大部分问题十分呆板,如学生会问:"试验中会出现这个吗?"这种问题提出者通常没有提问和思考的愿望。

我们必须不断地提醒自己,只有提出问题,思维才能得以开展。没有问题(被提出)等同于不理解(获得),表面的问题等同于肤浅的理解,不清楚的问题等同于含糊的理解。如果你安静地坐在教室里,你的大脑很可能也是静止的,并没有做出思维活动。这种情况下,你并不打算问问题,或者你的问题本身就非常浅表、缺乏架构残缺和自利的。你应当努力追寻一种状态,即使外在波澜不惊,但你的头脑却在不停地提出、思考问题。你应该思考并提出优化你学习的问题。

如果你想要深入独立地思考,你就应该努力学习,用问题激发你的思维,并长久地抱着问题去思考,促进思维的发展。

三种问题类型

在进一步讨论深度提问之前,我们想要介绍一个对问题进行分类的有效方法。这个问题分类法为我们提供了一个提问时所需的"快速启动"法。这三种问题类型如图 6-1 所示。

1. **基于事实的问题**。只有一个正确答案的问题(事实题属于这一类)。

- 铅的沸点是多少?
- 房间的大小是多少?
- 这个方程的微分是多少?
- 电脑上的硬盘是怎么运作的?

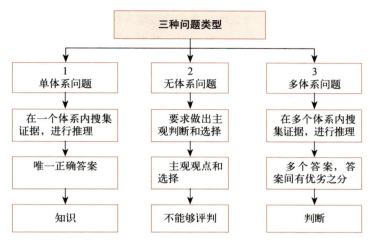

图 6-1　三种问题类型

在提问题时,了解问题的类型很有用。这是一个有唯一答案的问题吗?这是一个要有主观选择的问题吗?或者这是一个要求你考虑不同答案的问题吗?

2. **基于偏好的问题**。问题随着个体的不同偏好而拥有不同的答案(纯粹主观意见的分类)。这些问题让你去表达出某种偏好。

- 山间和海边旅行,你更喜欢哪一个?
- 你对佩戴假发怎么看?
- 你愿意去看戏剧吗?
- 你最喜欢的食物类型是什么?

3. **基于判断的问题**。需要进行论证,并不止一个可行答案的问题。这些问题是具有辩证意义的,答案有更好和更坏之分(被有效论证和不充分论证的答案)。我们根据答案的可能范围,搜寻最佳的答案。

- 我们怎样才能准确地弄清当今国家最基本的重要经济问题?

- 什么措施可以有效地减少非法吸毒人群的数量？
- 要拯救地球，我们能做的最好的事情是什么？
- 从道德的角度来看，堕胎是合理的吗？
- 死刑应该被废除吗？

只有第二种问题（关于偏好的问题）需要绝对的主观意见。第三种问题是与论证判断有关的。我们应该运用普遍的思维标准（如清晰度、深度、一致性等）来理性地评估问题的答案。一些人会把判断型的问题当作事实问题，或主观偏好问题。他们认为，提问要么引发事实性的回应，要么引发观点性的阐述。但是，我们希望读者掌握第三类的判断型问题。这类问题是在现代社会中几乎全部被忽略的问题种类：它反映了人们理性判断的忽略。

例如，我们希望法官的法律判断是理性判断的问题，因为其法律判断是根据可靠的证据和有效的法律推理展开的。一个依据伦理和法律义务的判断是不会根据某人的主观偏好或个人意见为转移的。

以可靠论证为依托的判断超越了事实和观点本身，并从来不等于事实或是观点。尽管通常我们运用事实来进行论证，但论证却远超于陈述事实之外。此外，良好的论证并不能被描述为"观点"。当然，我们有时称判断的结论为"观点"，但我们不仅仅重视观点，也重视做出这个论断和观点的可靠论证基础。

当判断型问题被当作偏好问题来对待时，个体好像掌握了批判性思维，但这种批判性思维是虚假的。在这种情况下，个体非批判性地提出所有人的主观偏好都是等同的假设，不重视思维标准，我们甚至能够预期他们提出这样的问题：如果我不喜欢这些标准会怎样？我为什么不可以使用自己的标准呢？我没有使用自我观点的权利吗？我是一个感性的人，那又会怎样？我喜欢跟随直觉又怎样？我觉得直觉比论证更重要又会怎样？我不相信"理性"又会怎样？

当人们拒绝对问题进行合理推理和深度思考时，他们混淆了提供合理论证支持观点和仅仅坚持某个观点正确之间的差别。

相反，对思维负责的人能够知道判断型的问题是需要考虑多种论证方式的问题。换句话说，对思维负责的人能识别出需要良好论证的问题，并且能够对这些问题进行推理和论证。这意味着他们能意识到这类问题可以有不止一个合理解答的方式。更重要的是，他们有责任感，不惮推理论证过程中的困难，在做出最终结论前能够认真考虑与自己截然相反的观点。

总结一下，我们需要能够对下面三种要求做出区分：

（1）去表达一个主观的偏好。
（2）去寻找一个客观的事实（在良好定义的系统中）。
（3）去提出最佳的竞争性答案（通过竞争系统产生）。

直到我们清楚当下问题对我们的不同需求时，我们才能全面理解我们所面对的任务。这个问题需要一个主观看法或个人意见吗？如果是这样，我们可以根据个人偏好做出选择。如果不是，那么这个问题存在唯一正确的答案吗（一个确定的系统中找到答案）？或者，这个问题有不同的解答角度吗？如果是后一种情况，在考虑所有角度的情况下，这个问题最好的答案是什么？

你可以在学习时，区分问题的三种类型。寻找拥有确定的或正确答案的问题，这些问题是由定义或确定下来的公认程序设置的。寻找那些关乎个人选择的问题。此外，最为重要的是，要找出那些可以从不同角度看待，接近于可争论的问题。这些问题通常出现在学科中存在相互矛盾的学说、思想或理论的领域中。例如，心理学领域包含许多不同的对立学说：弗洛伊德、荣格、阿德勒、认知行为治疗、完形主义，等等。很多心理学的问题可以通过不同的学科背景进行论证。这些问题将需要从不同角度思考论证，做出合理判断。

成为苏格拉底式提问者

你已经理解了问题分类,现在让我们来讨论该如何提出促进我们更好思考的问题。作为批判性思考者,我们希望能够摆脱那些混乱、无头绪、杂乱无章的问题。因此,我们将简单的提问转向"苏格拉底式提问"。"苏格拉底"为一般提问方式增加了系统性、深度和强烈的提问兴趣。

批判性思维最重要的目标之一是建立训练有素、"执行性"强的思维方式,要培养有力的论证需求来理性地监控、评估和反思我们的思维、感受和行动。苏格拉底式的提问提供了我们内在论证需求。下面是一般形式的苏格拉底式提问,按照这些问题案例的方式,你可以运用苏格拉底式的对话提问来深入地探查他人的思想(见图 6-2)。

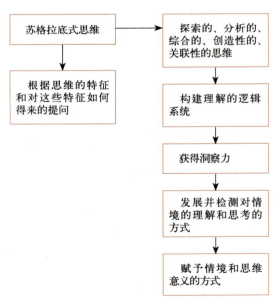

图 6-2　苏格拉底式思维是一种整合的、可训练的思维方式

- 尽最大可能去理解所说或所信事物的根本基础，并且通过更深入的问题弄清这些基础的含义。（例如你可能会问他人："你形成这个观点的依据是什么？你能详细地向我解释你的推理过程，从而让我更全面地理解你的观点吗？"）
- 找出与其他观点相互依存、不能单独自证为真的观点。找出观点间的联系，深入思考。（例如，你可能会问他人："如果你说的是真的，为什么 X 或 Y 却不是真的呢？"）
- 用不断完善的需求对待所有的观点。（你可能会问他人："你能够详细阐释从而让我更好地理解你吗？"）
- 要认识到所有的问题都以先前的问题为基础，所有的思维都以先前的思维为基础。提问时，对之前的问题持有开放的态度，也要不断地对它们进行思考。（例如，你可能会问："为了回答这个复杂的问题，我们还需要回答哪些其他问题？"）

要提升思维水平，掌握受过训练的提问方式和苏格拉底式的思维和提问方式，你可以按以下方式行动：

（1）你可以把问题聚焦于问题的类型上（事实、偏好或判断）。

（2）你可以把问题聚焦于对思维标准的评估上。

（3）你可以把问题聚焦于对论证元素的分析上。

（4）你可以通过优先回答对获得最终答案最有效的问题来"拆解"复杂问题。

（5）你可以抓住复杂问题的主要矛盾。

在后面的讨论中，我们将详细说明苏格拉底式提问的模式。当然，你在既定情境下所提的问题受你所处的环境影响。当你能够熟练地应用问题时，你就会看到它们在提升思维中的重大作用。反复加以练习，它们会成为你直觉的一部分，对于它们的应用信手拈来。当你不清楚事实时，你会很自然地提出事实问题来弄清楚状况；当数据看上去不准确或存在疑问时，你会很自然地注重对信息的提问；当人们错误地把判断型的问题回答为偏好型的问题时，你会敏锐地有所察觉，等等。进一步说，直觉能力只会在大量的练习之后产生。

关注问题的类型

正如本章中先前讨论的，当你系统地提出问题时，你能够发现所有的思维都拥有三种作用功能：表达主观的偏好，获得一个客观的事实（在一个准确定义的系统中），或提出最佳答案（由竞争系统产生）。只有了解思考问题的类型，你才能全面地理解思维。

下面的问题能帮助你了解问题类型：

- 这个问题需要主观意见的或个人观点吗？如果是，根据个人的偏好做出归类。
- 如果不是，这是一个拥有唯一正确答案，或者说只能在唯一确定系统中寻找答案的问题吗？
- 或者这个问题可以从不同的角度来有所差别地作答吗？
- 如果是，考虑所有情况之后，问题的最佳答案是什么？
- 当问题需要开展论证时，某人却说他不需要论证自己的答案，他是否把判断类的问题当作了偏好类的问题呢？
- 这个人是否把判断类问题当作了只存在唯一正确答案的事实类问题？

图 6-3 提供了五种能够培养批判性思维方式的提问方法。

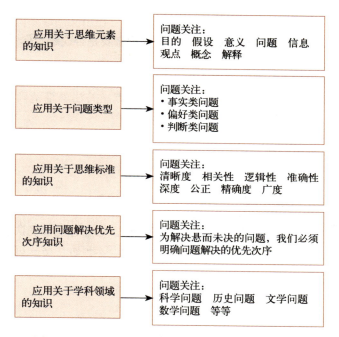

图 6-3 五种能够培养批判性思维方式的提问方法

关注思维标准

系统提问时,你会发现人们何时没能遵守一般的思维标准。你也会注意到自己何时没能很好地遵守这些标准。并且当你按照思维标准的要求提出问题,你的思维会得到很大的提高。

根据前面章节的讨论,你可以总结出以下纲要:

(1)承认思维总是或多或少地不够清晰。除非你能够详细阐释,并能用例子来解释这一观点时,否则,你不能全面理解一个观点。关注思维清晰性的问题是:

- 你可以详细阐释你所说的吗?

- 你能举例说明你的观点吗?
- 我没有听错吧,你说了"X";或者我是否误解了你?

(2)承认思维总是或多或少地不够精确。除非你能够精细地把握细节,否则你无法全面理解一个观点。关注思维精确度的问题是:

- 关于那件事,你能给我多一些细节吗?
- 你能更明确一些吗?
- 你能更加全面地详细阐释你的主张吗?

(3)承认思维总是或多或少地不准确。除非你能够确认它按事物原本的情形呈现,否则你无法全面理解一个观点。关注思维准确度的问题是:

- 我们怎样检查信息是否真实的?
- 我们怎样核实这些所谓的事实信息?
- 我们能够相信这些可疑来源数据是准确的吗?

(4)承认思维总会偏离当下任务。除非你能确保所有用来理解它的信息与之切实相关,否则,你无法全面地理解一个观点。关注思维联系性的问题是:

- 我看不到你所说的与问题之间的关联。你能给我演示它们是如何关联的吗?
- 你能解释你所说的问题和我们要解决问题之间的联系吗?

(5)承认思维总是停留在表面,没触及事实与观点的深度。除非了解到解决当下问题需要了解到的深度信息,否则,你无法全面地理解某一观点(思考一个问题是否有深度,我们需要充分考察它的复杂性)。关注思维深度的问题是:

- 这个问题是简单还是复杂？它很容易或很难回答吗？
- 是什么让它成为一个复杂的问题？
- 我们如何应对问题中的复杂性？

（6）承认思维总是思维狭隘的，并且要达成思维广度，需要思考者用不止一个观点、在不同的推理框架下进行深度思考。除非你能够确定思维的广度（并且认识到这种广度的实践程度），否则你难以全面理解一个观点。关注思维广度的问题是：

- 什么观点与这个问题相关？
- 因为我不愿意改变观点，我是否没有从相反的视角考虑问题？
- 我遗漏了哪些相关观点？
- 我是真正地理解了相反的观点，还是仅仅满足于找到它们的缺陷？
- 我已经从经济学的观点看待这个问题了。那从道德的角度来看，这个问题又是怎样的？
- 我已经在自由主义立场上考虑了这个问题。那对于这个问题，保守主义又会怎样说呢？

关注思维元素

另一个训练你提问的有效方法是关于思维的元素。提问时，可以参照：

（1）所有的思维都有一定的目标。除非你理解了观点背后想要达成的目标，否则，你不能全面理解某人的想法（包括自己的）。关注目标的问题包括：

- 陈述这个观点时，你想要达到的目标是什么？

- 这些观点的中心目标是什么？
- 这次会议的目的是什么？
- 这一章想表达的是什么？
- 我们建立人际关系的目的何在？
- 我进入大学的目的是什么？

（2）所有的思维产生都以信息为基础。除非你理解了支持或阐明它的背景信息（事实、数据、经历），否则你并不能全面地理解一个观点。关注信息的问题包括：

- 你根据什么信息得出了这个评价？
- 什么样的经历使你相信这个观点？你考察情景的方法是不是建立在一个扭曲的观点之上的？
- 你如何确认这个信息是否准确？
- 我们是否遗漏了需要考虑的重要信息？

（3）所有的思维都需要经过推理、得到结论、创造意义的过程。除非你理解了产生观点的推理过程，否则你并不能全面地理解一个观点。关注推理的问题包括：

- 你是如何得出那个结论的？
- 你能解释你的论证吗？
- 存在其他可供选择的可信结果吗？
- 基于所有事实，最佳的可能性结论是什么？

（4）所有的思维都离不开对概念的使用。除非你理解了界定观点的概念，否则你并不能全面地理解一个观点。关注概念的问题包括：

- 你论证中使用的主要观点是什么？

- 你能解释那个观点吗？
- 我们对概念的使用合理吗？

（5）思维中所有的观点都依赖于其他观点而存在，也就是思维活动离不开前提假设。除非你能了解某一观点的前提假设，否则你并不能全面地理解这一观点。关注假设的问题包括：

- 做出这个结论的依据究竟是什么？
- 你为什么做那样的假设？
- 我是否应该对自己关于舍友、朋友、父母、导师和国家的一些前提观点持审慎的怀疑态度？

（6）所有的思维都朝向特定的方向发展。它不停留在特定观点、事物上（假设），思维是往某一方向发展的（带来意义和结果）。除非你知道思维活动产生的意义和结果，否则你并不能全面地理解思维。关注意义的问题包括：

- 你持这样观点的时候意味着什么？
- 如果我们做此事而非彼事，有可能发生什么？
- 你这么说意味着……？

（7）所有的思维活动都在某个观点或推理的框架中发生。除非你理解了思维活动中的观点或推理框架，否则你并不能全面地理解思维活动。关注观点的问题包括：

- 你是依据哪个观点得到这个结论的？
- 存在我们需要考虑的其他观点吗？
- 这些可能的观点中，考虑当下情境，哪个最有意义？

（8）所有的思维活动都来源于问题。除非你理解了是什么问题引发了某一思维活动和观点，否则你并不能全面地理解这一观点。关注引发思维问题的提问包括：

- 我不是很确定你提出的问题，你能解释一下吗？
- 这个问题可以最好地解决我们的关注要点吗，还存在其他需要关注的更紧迫的问题吗？
- 我的疑问是：你如何发现这个问题的？
- 你的问题是怎样与已经论证过的问题产生联系的？

关注问题优先次序

在应对复杂问题时，另一个解决思维难题的有用工具是：确定问题的优先顺序，即确定我们需要在解答更复杂问题前需要回答的问题。例如要回答："什么是多元文化？"我们必须首先设置问题："什么是文化？"而解答上述问题我们必须还要问："通过哪些因素，个体决定自己所属文化？"当你确认并解答了优先问题时，你便会产生下一个"想法"，从而发展自己在任何情境下的学习能力。

列出一张问题优先次序表，只需写下你关注的主要问题，并尽可能多地写下你认为应该先行回答的问题。接着从列表中决定，为解决最终问题而必须要优先回答的问题。以此类推，对列表中的每一个问题都进行同样的思考。

关注列表上第一个到最后一个问题。如果你能做得很好，你就会按照探索第一个问题的逻辑来完成整个列表的建构。构建逻辑顺序优先的问题需要我们将提问定位在更大的问题上，如"什么是历史"。

- 历史学家都写些什么？
- "过去"指的什么？

- 一本历史书中有可能囊括所有过去发生的事吗？
- 一个特定时期中，会有多少事件被遗忘？
- 被忽略的历史多过被记载的吗？
- 历史学家如何知道哪些事实该被强调？
- 历史学家如何做出价值判断来确定历史事件是否被收录？
- 历史书中仅仅需要陈列事实，还是要包括历史解释呢？
- 有没有可能不以历史性的观点来决定哪些事实被保留、哪些事实被剔除，以及解释史实的方式？
- 我们如何对历史性解释做出判断？
- 我们如何对历史的观点做出判断？

当你通过确定问题优先次序来解决复杂难题时，你便"拿起"了苏格拉底式的提问工具，随时准备回答复杂问题。你会发现植于其他问题中的问题，分解问题是解决这些复杂问题的最好方式。在别人不能很好地考虑问题的复杂性时，你就能做出这种优先性的识别。

关注思维领域

当你的复杂问题不止涉及一个思维领域时，你可以以问题的思维领域来设置问题的优先次序。例如，这个复杂的问题涉及经济学方面吗？它涉及生物、社会、文化、政治、伦理、心理、宗教、历史或一些其他方面吗？要从问题中的每个领域来考虑问题的复杂性，不要遗漏每一个领域（见图6-4）。这一问题涉及这些领域，而这些领域又包含其他一些问题，按照这种模式思考以下问题。

复杂问题：要测算非法药物的人数，能做些什么？

在我们回答这个复杂问题之前，我们需要确定问题中涉及的领域，以及在每个领域中我们需要解决的问题：

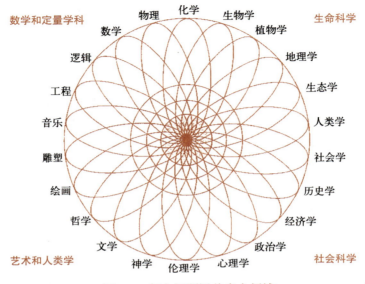

图 6-4 复杂问题涵盖多个领域

（1）经济学

- 支持药物滥用的背后经济力量是什么？
- 我们能做些什么来使金钱在药物销售中的作用最小化？

（2）政治学

- 有哪些措施可以解决药物滥用问题，但在政治上却是不允许的？
- 存在政府能够接受的现实解决方案吗？
- 政府在多大程度上激化了这个问题？

（3）社会的/社会学

- 什么社会结构和社会活动支持了药物滥用？
- 帮派成员是怎样推动药物滥用？

- 非组织成员或者孤立的个体是怎样滥用药物的？

（4）心理学

- 压力、个体人格差异和童年创伤如何影响药物滥用的？
- 人类的非理性行为在药物滥用中起到了怎样的作用？

（5）生物学

- 遗传基因是如何影响药物滥用的？
- 药物滥用带来了哪些体内生物变化，而这种变化又加剧了药物滥用问题？

（6）教育学

- 教育机构在支持减少药物滥用问题上起到了什么作用？

（7）宗教学

- 宗教机构可以做些什么减少药物滥用？
- 目前的宗教在药物滥用上起到了什么作用？

（8）文化

- 哪些文化信念支持了药物滥用？
- 我们能够从那些药物滥用发生率低的国家文化中学到些什么？

当我们要提出问题以找到问题涉及的领域时，我们可以问如下的问题：

- 这个复杂问题包含了哪些领域的问题？
- 这个人考虑了问题中的所有相关领域吗？
- 在论证这个问题时，我是否遗漏了一些重要的领域？

小结

问题在批判性思考者的大脑中扮演着重要的角色。关于问题的三种重要分类是:基于事实的问题、基于偏好的问题和基于判断的问题。批判性思考者能够区分这些问题的类型,因为问题的类型决定了思考的类型。对于批判性思考者,不仅要提出对问题类型的提问,也要提出与所要达成目标相关的重要问题(包括那些能够让我们检查自身目标的问题)。苏格拉底式的系统式提问方式是能够优化我们思维的有效提问方式,而苏格拉底式提问方式首先要求确定问题的优先等级。

"只有提问时,你才在思考",希望自己能发展成不断完善的批判性思考者就需要关注问题在你的思考中扮演的角色。关注你所提问题的重要性程度?关注自己是否能够区分问题类型?关注自己是否能逻辑清楚地提问从而得出合理的答案?关注自己是否能够确定问题的优先次序,从而解决复杂问题?通过不断练习本章提出的基础性提问步骤,你会发现自己作为提问者以及思考者的进步。

| CHAPTER 7 第 7 章 |

掌握思维,掌握内容

如之前所强调的,开始阅读本章前你应该明确:

- 批判性思维需要基本智力、能力和洞察力的发展。
- 掌握熟练思维技巧就如同掌握篮球、芭蕾舞、萨克斯演奏方面的技能一样。
- 这些技能能够为人性截然相反的两方面服务,即人性的自我中心与公正之心。
- 批判性思维技能掌握得比较狭隘(熟练地掌握了思维技能,但是却有着自私心理)。
- 本书关注的是批判性思维的全面发展(熟练且公平的思维)。
- 要达到公平就需要我们发展相互联系的多种心理特质。
- 批判性思维可以有步骤地培养和发展。
- 批判性思维的培养过程是具有挑战性的,需要有计划的练习和持之以恒的坚持。
- 人类自我中心是发展公平的批判性思维的重大障碍。

- 为了克服我们的自我中心，我们必须理解并且练习控制人类头脑的三大基本功能：思维、感受和需求。
- 人常常关注于自己的需要和价值，我们也需要思考自身的价值观。

超越表面化的记忆，深度学习

作为一名学生，认真思考你要在每门课上完成的目标、在大学想要获得的收获是非常重要的。如果你仅仅想要通过这门课，达成这一目标很简单：去上课，了解到课程的最低通过要求，然后你便可以花费最少的努力来完成这些要求。获得学分，开始下一个学期，如此这样，四年后，修完相应的课程学时，你便能获得学位。在你的这种思维中，大学仅仅是找工作的工具。这种"努力最小化"策略让你错过了学习一生受用的技能和洞察力的机会。你仅仅是毕业了，但是并没有成为一个终生的学习者。

相反，如果你将大学看作学习获得知识方式、发展心智、寻求思考问题的新方式、扩大知识面、获得解决生活问题办法的场所，你必须发展一系列内在的智力技能，对每门课程进行更深刻、更长久的学习。有了合适的自我愿景和目标，在所有课程上你都可以练习有效的思维方式。如果你努力发展谦卑、坚持不懈和公平的思维方式，掌握这种思维方式能够让你在任何一种挑战性的情境中游刃有余。掌握良好的思维和学习方法，会让你对每门课程都能提出丰富且富有见解的问题，学习中，你无时无刻不在提出问题、思考问题。

你会意识到，各个学科中的定义、内容必须通过思考才能掌握。不注重思考的学习很难带来理想的效果，只有对学习材料进行深入的思考才能透彻地掌握学习内容。因此，如果你不想沦为考试工具，而是想认真掌握知识，你必须重视发展批判性思维能力，有效地组织脑海中的知识，使之与经验相联系，并用恰当的标准进行评价。

相反，如果你潜意识中已经习惯于死记硬背的学习方法，如果你准备考试的方法就是将内容零碎地填进大脑，你可能会暂时地通过考试，但是却没有真正地掌握知识，很快你便会忘记所学习过的内容。长此以往，对于重视员工系统地达成目标能力、觉察和分析重大问题能力、沟通重要概念和评估自我工作表现能力的雇主来说，你是一个毫无价值的人。

内容和思维的关系

洞悉内容和思维的关键在于，要清楚所有的内容代表了特别的思维方式。当一个人掌握了数学思维，数学学习就会变得简单；掌握了生物学思维，生物学习也会变得简单；掌握了历史学思维，历史学习也会变得简单。同样，如果掌握了合格父母的思维方式，做父母也变得容易了。在第 8 章中，我们将会详细描述如何在一门课程或者其他领域的逻辑思维中去理解和思考。

要想激发学习的积极性，你需要理解学习的内容和思维之间的联系。只有这样，最初看起来无趣、枯燥的学习内容才会变得富有活力。太多的学生甚至老师没有重视这两者之间紧密的联系。作为本章的开始，请思考以下内容：所有你学习的科目（即所有内容领域）都是人类思考的结果。这些内容：

通过思维概括，通过思维评价，
通过思维组织，通过思维重建，
通过思维分析，通过思维保持，

通过思维综合，通过思维转化，
通过思维表达。

这些内容：

通过思维学习，
通过思维理解，
通过思维应用。

如果你曾将思维与内容分离，这样的学习你会一无所获。掌握良好的思维方式是学习任何内容的关键。

图 7-1 说明思维是所有内容的关键。

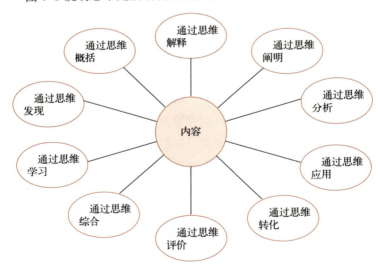

图 7-1　思维是所有内容的关键

通过思维理解内容，通过内容进行思考

说到深入学习，首先我们要清楚的是，大学课程中包含的内容

和课本中涵盖的内容,说到底,不过是一种对特定事物的特殊思维方式。我们用例子来具体解释下,例如历史学内容是关于过去发生事件的特殊思维方式;生物学内容是关于生命体的特殊思维方式;代数内容是关于数学运算的特殊思维方式;物理学内容是关于质量、能量和它们之间关系的特殊思维方式;社会学内容是关于人类在社会群体中活动的特殊思维方式。

理解所有内容其实都是特殊思维的方式、特殊看待问题的方式、特殊理解事物的方式,方法有很多种。其中的三种方法将在后面讨论。

学校学习的内容都包含在学科之中,而所有学科中的内容必须通过思考掌握。每一门学科都是一个知识领域,而我们有兴趣了解这些知识领域。这些知识领域的发展已经很先进了。我们可以用已有的方式去了解这一领域的知识内容。要探究清楚事物不可能忽略思维方式,除了掌握如何计算出数学问题的正确答案外,其他任何一种方式都不能学好数学知识;除了弄清楚历史疑问和难解之题的正确、合理的答案外,没有任何一种方式能够学好历史知识;除了找出生物问题的正确解答外,没有任何一种方式能够学好生物知识。每一门学科或知识领域都是一种探究一系列问题的正确、合理答案的方式。我们学习化学是为了弄清楚化学制品的问题(回答关于化学制品的问题)。我们学习心理学是为了理解人类的行为问题(回答特定的人类问题)。只有通过特殊的方式,才能深刻地理解一门特定学科。

所有内容都是由概念组成

学习任何内容都离不开学习定义和构成这些内容的概念,而学习任何一个概念也离不开对如何运用概念的深入思考。例如,学习民主概念,就必须学习如何判断一些组织是否民主;学习公平竞争的概念，就必须判断在一项比赛中参与者是否做到了公平；学习小说的概念，就必须能将小说与剧本还有短篇故事区分开；学习家庭的概念，就必须学习对家庭与群体或者俱乐部的区分。因此，学习任何内容，都需要准确、合理地掌握界定这些内容的思维和概念定义。

所有内容逻辑上是互相依存的

为理解学习内容的某部分，我们必须弄清它与其他部分内容的联系。例如，我们要理解一项科学实验就必须理解相关的科学理论。我们要理解一则科学理论也必须要理解相关假设。而要理解科学假设也只有建立在理解科学结果预测的基础上。要理解科学结果预测，则必须懂得如何从科学的角度去验证一个观点。要理解如何科学地检验某一论点，就要理解如何操作一项科学实验。因此，要学习内容的任何一部分，必须弄清（原因或思维）各部分内容之间的联系。没有这样的思维过程，内容的学习必然不可能见到成效。

如今，许多老师和同学没有通过思维模式或系统性思考来完成内容的学习，他们只是按照常规的顺序将内容保存在记忆中。这样低水平的方式学习很容易让人失去智力发展的基础，无法构建更深层次的知识结构，更无法长期掌握知识内容。

相反，批判性思维学习的方法能够对学习内容明确地进行思考，为原有的思维注入新的思考活力，并用这种学习方式不断评价思维、运用思维。它重视如何更好地思考：更加清晰、更加准确、更加相关、更加深刻、更加广泛，也更加有效进行思考。

用思维的知识在课堂上思考

掌握好任何知识内容都需要将该内容作为一种思维模式来理

解，你对思维模式了解得越深，你对知识内容掌握得就越好。首先，必须清楚思维有八个基本特征：思考时，我们根据某一论点，提出假设，做出结果预测，并思考结果的目的和意义。我们运用概念和理论来解释获得的数据、事实和经验，回答问题，解决难点。以下是列出的八个基本特征：

（1）所有的思维都有目的。

（2）所有的思维都至少提出一个问题。

（3）所有的思维都需要信息支持。

（4）所有的思维都需要概念。

（5）所有的思维都包括推论。

（6）所有的思维都包括假设。

（7）所有的思维都包括预测。

（8）所有的思维都包括观点。

现在，我们来了解当思考大学课程资料时，上面的八个特征是如何引导你的思维的。例如：

（1）如果所有思维都有目的，那么你可能总是问自己：这次作业的目的是什么？这个故事的主角的目的是什么？老师问我这个问题的目的是什么？我在课堂上的目的是什么？我读大学的目的是什么？我的长期目标是什么？如果你保持头脑中的这些中心目的，那么你将会圆满地达成目标。

（2）如果所有的思维都需要信息，那么你可能总是问自己：我需要什么信息去解释这个问题呢？研究者运用怎样的信息得出这个结论？这个历史学家的结论是用哪些信息来支撑的？要在大学里取得成功我需要什么信息？关于成功人士我了解什么信息？我有足够的信息来达成我最重要的目标吗？如果你形成习惯来思考自己的信息来源，那么你的思维质量将会得到提高。

（3）如果所有思维都关注某个问题，那么你可能总是问自己：

这次作业的关键问题是什么？研究者关注的关键问题是什么？这个故事核心的关键问题是什么？我在大学想要成功的关键问题是什么？在生活中呢？所有优秀的思考者都是好的提问者。学会提富有见解的问题，你将会发现学得越来越多，进步也会更多。

这里仅仅列出了提高思维的三个结构性引导问题，关于八个思维基本特征都可以用相似的问题来引导。

提醒

没有人能代替你思考。除了你自己，没有人能真正改变你。成为自己成长的主人要面对很大的挑战。我们都容易固守习惯，都会自欺，都非常擅长自我辩护、合理化和自我防御。我们不会在没有人要求我们的情况下主动增加自己的负担。学术或者社交生活很少鼓励独立、批判性思维。尽管大学给人们提供了成为终生学习者的良好机会，但并不是所有大学都重视批判性思维并积极地向自己的学生教授这种思维方式。

在历史学课程上，老师可能对课程的历史学内容要求太多，而弱化了对历史学思维的重视。数学课程上，数学思维可能被记忆解决标准化问题的复杂程序所取代。心理学课程上，多种逻辑视角的心理学观点（不同的心理学院校可能对同样的数据和问题持有不同的观点）被忽视，你只学到了物理学或化学一样的定义准则。同样逻辑学课程关注抽象的概念，而与日常生活中实际应该思考的问题偏离很远。因此，你很容易得出结论：逻辑学课程根本不能提高思维质量。

简言之，如果你真的想从所学的内容中受益，你就要超越课程要求，进行更高层次的学习。为了做到这一点，你必须发展自己的智力技能，让自己能够用规范的思维方式进行思考，这种方式能够帮助你完成更深层次的学习，能够帮助你捕捉到课堂上知识蕴含的观点，能够帮助你更加深入地理解知识，并将这些知识运用到生活中。

| CHAPTER 8 第 8 章 |

了解优秀思维者是如何学习的

一个人可以听一千场讲座,读一千本书,好似通过这种方式获得了知识。但是求知的过程不仅仅是被动地接受知识,而是让知识进入自己的头脑。求知不是消极地接受,而是真实主动地进入知识领域,拥抱知识,掌握知识。思维必须行动起来,主动出击,迎接迎面而来的知识,丰富自己的心智,让自己从无到有。

——约翰·亨利·纽曼,《大学的理念》,1853

优秀的思维者都是会学习的人,他们能够掌控学习过程、制订学习计划,并严格执行这一计划。根据目标制订学习计划会使学习过程清晰起来,在这一过程中,你必须知道想要回答哪些问题、得到哪些信息、学习哪些概念、掌握哪些观点。优秀的学习者清楚他们想要理解的逻辑是什么,他们的学习有着明确的策略,并且坚持运用这些策略来完善自己的思考。通读完本章时,你应该选择并练习一些策略,让自己的学习更有成效。

我们将从 18 个学习策略讲起，这一章将会对大部分策略进行详细阐述和举例说明。而另外两个最重要的学习——精细阅读和大量写作会在单独的章节阐述。

图 8-1 展示了为什么批判性思考者有信心找出事物中的逻辑。

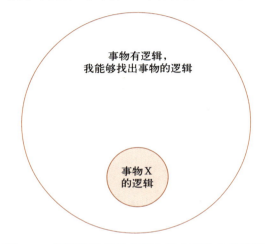

图 8-1　批判性思考者有信心找出事物中的逻辑

优化学习的 18 个策略

策略 1：确保了解每门课程的要求，即这门课程是如何被讲授的，对你有什么要求。了解课程评分方法以及做好课程准备的建议。

策略 2：成为一个积极的学习者，通过主动阅读、写作、报告和听课让知识真正融入思维当中。

策略 3：将你所学的每一科目内容都看作一种特殊的思维方式（在历史课上用历史学思维思考；在化学课上用化学思维来思考，等等）。

策略 4：成为一个勤学好问者。通过提出问题投入课堂的讨论中。如果不提问，你很难知道自己掌握了哪些内容、没有掌握哪些内容。

策略 5：探寻内在的相互联系。每门课上的学习内容都是相互联系的知识体系，绝不是随机任意的记忆知识点。不要像鹦鹉学舌一样地机械记忆，而要进行探索性的学习，将新的知识与之前的知识体系联系起来。

策略 6：把你的大学老师当作教练，把你自己看作团队的成员，努力练习教练示范出来的思维方式。例如，在代数课上，想象自己是代数学员，仔细聆听教练对比赛准备的要求（在允许的范围内思考）。

策略 7：试图从作者的角度理解教科书，思考作者在编写这本书的时候的思维是怎样的。例如，可以做角色扮演，假如你就是该书作者，向你同学解释这一章的主要观点。

策略 8：在课堂上，练习对基础概念和原理的思考（在学科范围内）。不要被动地坐在教师后面，知识不会像雨水落到雨伞上那样自动地进入你的大脑。

策略 9：尽可能地时刻将学到的内容与现实问题相联系，注重知识在实际生活中的运用。如果你不能将知识与生活实际联系起来，你便不能在深层次上理解知识，更不能将知识运用到自己的思维中。

策略 10：清楚你需要发展什么样的学习技能，时刻注意练习这些技能。记住，能够意识到并纠正弱点是你真正的优点。

策略 11：经常问自己是否能够清晰地解释知识，且也能让他人准确地听明白吗。（如果不能，你就没有真正掌握这一知识。）

策略 12：在课程开始时就注意该课程的核心概念。例如，在生物课上，尝试用自己的话来解释生物学。将这些基本概念与之后学习的内容联系起来，因为基本概念是所有其他内容的基础。

策略 13：经常性地问一些问题，完成学习中的遗漏点。例如问自己："我能够阐述这个知识点吗？我能够举例说明吗？"如果你不能举例说明所学的知识，那么你并没有将学到的知识与实际应用联系起来。

策略 14：在课前总结、写下之前课上的主要观点。如果你不能总结出所学的主要知识，那么你就没有掌握它们。

策略 15：用智力标准来检查你的思维："我掌握清楚了吗？掌握得准确吗？我掌握相关内容和逻辑了吗？我掌握最重要的内容了吗？"

策略 16：写作是重要的学习工具，用自己的语言写下教科书或阅读材料中的重要观点来巩固学习。制定出自己的测试问题，然后写下问题的答案。

策略 17：经常评估你的听讲能力。你是积极主动注意到主要知识点吗？你能用自己的语言总结老师讲授的知识吗？你能够用关键词详细阐述所学知识的含义吗？

策略 18：经常评估自己阅读的深度。你是主动阅读教材吗？阅读的时候会提出问题吗？你能够区分理解和不理解的内容吗？

典型大学课堂的逻辑

因为你在大学课堂中学习，理解大学课堂的逻辑是非常有帮助的。而要理解大学课堂逻辑，就需要我们从历史和传统角度看待大学。

今天的大学是过去学院的传承和发展，大学里的传统可以追溯到几百年前。例如，大学教授讲解知识的最常见方法是阐述知识、向学生提问，然后要求学生自己在课堂外将知识吸收并内化。在这种模式中,课堂中通常穿插许多小测试和考试来检验学生对知识的掌握程度。

通常小测试的间隔不会多于 6 周。在这种传统教学方式下,学生通常会有两种应对策略,但都不是有效的深度学习策略:

(1)上课比较随意,没有发展出联系性思维,只在课堂上记笔记(关注可能会在考试中出现的知识点)。

(2)在小测试或考试前突击一两个晚上(靠短期记忆来存储大量的信息)。

在这些情况下,许多学生学习的积极性一点点被侵蚀。而另一方面,天生善于记忆的学生总会比其他学生取得更高的分数。这会让一些学生认为高分数是与学习技能相联系的。换句话说,因为记忆力直接与分数相关,他们会认为记住了学习内容就是达到学习的深度。在这样的教学模式下,学生理解的学习概念是肤浅、暂时的。

成为熟练的思考者

理想的大学可以有不同的界定方式。但是,不管它是如何被界定的,一些基本的技能和气质是必须包含在内的,以准确概括受教育者的特征。一个受过良好教育的人,必须包含以下特征:

(1)精通阅读和大量写作。

(2)能够掌握并有效运用重要的信息,准确推理,有效交流,能够解决问题,并且做出合理的专业评价。

(3)善于详细阐述、评价目标和目的、问题和困难、信息和数据、结论和解释、概念和原理、假设和预想、预测和结果以及观点和论点等。

(4)能够进行清晰、准确、严格、有关联、有深度、有广度和逻辑性的思考。

（5）要做到思维上的坚韧不拔、有责任感、有原则性，要做到思维谦逊，有同理心和活跃性。

（6）无论是个人还是世界的复杂问题，都能够合理、有道德、有效地分析原因。

（7）终生学习者能够有效地应对如今日新月异、复杂多变、相互依存的社会。

现在你应当清楚，这些特征和技能都不是仅仅通过课上记笔记和突击应对考试能获得的。如果你想获得上述特质，如果你想成为一个受过良好教育的人，那么，你必须建立与其他学生不同的自我要求，实践这些特质，将这些特质内化成自己的行为习惯。你必须有高于群体的期望（甚至可能是群体蔑视），达成自己的学习深度。

你必须意识到知识掌握需要自己的构建，要将其他人的观点转化为自己的观点。要将知识印在自己的脑海中，你必须能够对知识进行详细阐述，并可以举例说明。你必须掌握将外在观点内化为自己观点的能力。这些观点可能来自老师讲授，可能来自课本或有其他的来源；永远不要低估自己，不要仅仅按照老师或者课本的原话来描述这些观点。一个鹦鹉学舌者，录音带似的死记硬背并不能让你真正掌握这一知识。只有能够用自己的语言解释一个观点，并从自己的经历中举例，你才能真正地掌握观点，真正地掌握知识。

典型的大学课程设置和典型的大学生

尽管所有的大学生都修读大学的课程，但只有很少的学生能够掌握他们所学学科的学术逻辑。很少有学生能够了解他们的课程是如何设置的，不清楚他们在学习过程中会遇到怎样的问题。下面会列举一些重要的背景知识：

（1）任何一个学习领域连续地、扩展式地发展。

（2）大多数大学课程基础的教科书变得越来越厚，课程涵盖的内容也越来越多。

（3）大多数学生不知道如何去系统地组织学习内容，不知道如何运用自己的思维完成这种整合。

（4）大多数学生都采用阶段性的死记硬背来应对考试。

（5）大多数学生的阅读、写作和听力水平都浮于表面。

（6）大多数学生缺乏评价自身思维和学习水平的知识标准。

以上描述的事实对我们的学习有一些重要的影响：

（1）大多数大学中的考试都不会让多数学生挂科——只要记住了相关知识点就能通过考试。（如果很多学生都没有通过考试，那么老师将从学生处获得非常低的评价。）

（2）考试分数偏高是非常普遍的。

（3）如果 6 个月后再考学生一次，很多第一次通过考试的学生这次很可能不能通过。

（4）大多数学生都不能在广阔的学科背景下思考课程（例如，上历史课，学生并没有学会历史学思维；上科学课，但没有学会科学思维）。

这些事实的重要影响是，大学成了滋生自我欺骗的温床：大学老师并没有让学生理解了学科内容；学生很快就会忘记死记硬背的大部分内容；教学成果考察也无法证实学生掌握了他们声称学到的内容。

优秀的思考者要求的不仅仅是通过大学考试而已，他们希望通过大学教育成为终生学习者和思考者。

理解课程设置是很重要的。要弄清楚课程的逻辑思路，可以通过分析教学大纲、教科书以及老师对这门课程的介绍等方式。每门课程都有需要理解的关键点。首先，要清楚课堂的正式要求是什么？指定的阅读、写作以及计划的考试和评价是什么？如果有论文要求，什么时候完成？小测试和考试什么时候进行？这些都是显而易见需要弄清楚的事实。

然而，如果达成学习的深度，就有比通过考试更重要的事情。你需要在你学习的过程中学会思考、内化核心概念，并且获得对这门课程最基本的见解。你需要吸收该学科中的思维模式，使它变成你自己思维的永久部分。为了达到这些更高层次的目标，你需要经常问自己三个相互联系的关键问题：

（1）这门课程的最基本概念是什么？
（2）这门课程最根本的思维模式是什么？
（3）我应该如何在学科逻辑下开始思考？
让我们按顺序一一探讨。

理清你所学课程的最基本概念

如果你认为一门课程内容是各种信息随机构成的结果，那么这门课程似乎没有任何潜在关联的信息集合。但是事实上，所有的课程都有内在的统一系统，如果了解了这门课程，其内在逻辑会将所有学习内容都联结成一个整体。每一个学科的基本概念都会对该学科及其目的进行界定，这就是这种内在统一的典型体现。

例如，如果你明白了历史上重要的"事实"是历史思维的产物，并且意识到这些思维的基本模式，你就学会用一种历史的视野来看待课本和课堂中的所有内容，这种视野就是认为历史内容是历史思维的结果。你会用特别的方式来阅读课本、听课，以探究历史思维的构成。你意识到，要想理解历史你必须明白：

（1）历史学家的目标或者目的。
（2）历史学家首要关注的问题和困难。
（3）历史学家特别选择的与他的问题相关的历史事件。
（4）历史学家关于事件及其意义的解释。

（5）历史学家用来解释事件的原理性概念。
（6）帮助说明历史学家观点的基本假设。
（7）在给定观点下，学习该历史事件的意义。
（8）了解形成整个历史事件中历史逻辑的历史观。

如果我们意识到每个人每天都会进行历史性的思考，那么我们的历史学习就会有很大的不同。例如，我们每一天的生活都是我们个人史的有机组成部分。对自己过去的看待方式，决定着我们今天做出的决定和未来的计划。我们自己的历史反映了我们的历史假设、概念和观点。它使得我们在头脑中形成特定的问题和目的，让我们做出特别的推理，并根据历史信息而做出结果预测。

当你从这个更宽泛的、相互联系的角度看待历史时，你会探究到所有历史解释中存在的问题。你注意到其中包含的历史事件，并且寻找历史解释中遗漏的部分。你思考历史学家给出的历史结论、关键假设和基本的史学观点。然而，大多数历史课程很少关注学生的历史思维，大部分学生也缺乏历史学科背后的系统性观点，缺少洞悉历史学逻辑的思维。而自身的历史学习也没有培养出他们的历史思维，他们没有将重要的历史概念内化。这种内化是十分关键的，因为如果他们内化了历史知识，他们将能够对过去进行批判性思考，并且将历史学概念应用到日常生活中。

考虑另一个学科——经济学。如果我们理解"稀缺"是经济学中的基本概念，我们便会以特别的方式来学习经济学。我们会意识到经济学上所有的其他概念都与这一中心概念有关：稀缺意味着我们任何一个人都不可能拥有所有想要的资源（稀缺的事实），我们要想得到一些东西必须先放弃另一些东西。人们愿意放弃某一资源来获得其他资源，就构成了他们经济决策的基础。当一些人掌控了稀缺但受欢迎的资源，另一些人只有做出重要的牺牲时才能获取这些资源时，经济领域中的权力就出现了。"权力"也是经济学中的重要概念。

下面是一些其他学科的基本要点概括：

- 数学是数量语言的发展。
- 代数是对未知数的运算。
- 社会学是研究社会成员在群体中生活方式的学科。
- 物理学是关于体积、能量以及两者之间关系的研究。
- 哲学是关于根本性问题及其合理答案的研究。
- 生物化学是关于分子水平上的化学的研究。

清楚课程和学科必要的思维模式

一门课程的核心概念通常就是该学科的中心概念。如果你理解了这一核心概念，你应该能够从下面八个结构性问题来界定任何思维模式：

（1）该课程或学科的目标是什么？
（2）核心的问题是什么？
（3）基础的概念是什么？
（4）深入学习该学科需要运用哪些信息？
（5）要做出推理，我需要哪些观点和参考文献？
（6）定义这门课程或学科的假设是什么？
（7）我需要哪种结论来学会如何推理？
（8）这门学科中科学推理的意义是什么？

如果我们所说的每一门课程内容都构成了独特的思维模式是正确的，那么每一堂课都会给你带来不同的思维模式。在任何一门学科中的良好推理能力直接取决于你理解定义该学科的思维能力，取决于这门学科中的专业思维方式。

考虑下面该学生在修读历史课程中的思维：

为了学好这门课程，我必须开始学习历史思维。阅读教科书的过程中，不能将内容只看作要记忆的不相关联的模块，而是必须学会像历史学家一样思考。我必须开始清晰思考历史的目的。（历史学家试图完成的事情是什么？）开始提出历史学问题（并且意识到课堂和教科书中都有历史学问题）。开始浏览大量历史学信息，得出一些历史学结论。我必须开始质疑这些历史学信息的来源。

我必须注意到，历史学家对历史信息给出的历史学解释。我必须质疑这些解释（至少有效地理解它们），质疑不同的历史学解释的含义，研究历史学家是如何为达成某一结论而推理的。我必须学会像历史学家一样看待这个世界，发展历史学的世界观。我必须认真阅读教科书的每一章节，寻找各个章节中的思维元素。我将从批判性思维的角度，在课堂上主动地提出历史学问题。在日常生活中，我也会开始注意自己的历史思维。总而言之，我将努力使得自己的历史思维更加清晰和突出。

那些将历史课当作历史学思维来学习的学生开始很好地能理解其他学科中的历史部分。例如，他们会意识到，每个学科都有自己的历史，并且学科现在的状态是历史发展的成果。更重要的是，学习了较近的人类历史（过去的 30 000 年）和更久远的人类历史，有历史学思维的学生开始注意到历史中的重叠。他们能够将过去 30 000 年的历史融入更广阔的人类学视野中，研究过去 150 万年或者更久远的历史，那时我们人类的祖先还是矮小、多毛发的攀爬类人猿的生物，开始学着使用工具挖掘，并主要依靠植物食物生存。

更进一步，他们将这段漫长的人类文明看作由几个重要阶段组成：人类的文明发展历经了从狩猎采集文明到农耕文明，再到工业文明和后工业文明的转变。这还没完，这些学生还将能够从人类学思维转换到地理学思维，将历史学思维发展为一个更广阔的历史学观点。他们开始意识到，人类历史在更古老的历史中只是很小的一部分，整个历史进程还包括整个哺乳动物时期、爬行动物时期，以及煤矿的植物化石时期、鱼类时期、软体动物时期。接下来，学生将掌握地理学历史，即使追溯到地球几千万年前的历史，这与整个太阳系历史相比还是非常短的，而太阳系与整个银河系历史相比也是非常短的，而银河系与整个宇宙的历史相比又是十分短的。

  从历史学角度对更广的时间跨度进行思考的能力，会随着对所有学科的学习而有所发展。历史学的思考者将能够完成从历史到史前、从史前到人类历史、从人类历史到地理历史、从地理历史到天文历史的转换。在这个日渐扩大的视野中，人类知识的历史相对短得可怜：只是地理学史中的一秒，天文学史中的一毫秒。从天文学角度讲，仅仅一毫秒前，一个物种出现了——智慧人，这个物种能够自我推动，并且以一种全新和不可预测的方式创造自我适应的条件。仅仅一毫秒前，拥有这种批判性思维能力而非倾向的物种出现了。

了解一门学科的逻辑

  当你对自己的目标有整体的把握时，当你能够对一门学科的核心观点明确表述时，你可以进行分阶段有计划的学习，有序地掌握课堂或教科书中呈现的知识内容。接下来在课堂上，带着你阅读课堂笔记和教科书时产生的问题听课。你也可以通过阅读百科全书的条目来获得有关学科的基础逻辑的帮助。一些基本的问题可以是：

- 学习这门学科的主要目标是什么？
- 这一领域的研究者努力要完成什么？
- 研究者通常会问哪种问题？他们试图解决什么问题？

- 研究者需要收集哪些信息或数据？
- 研究者收集信息研究方式与其他领域相比有什么独特之处？
- 这一领域最基本的观点、概念或者原理是什么？
- 学习这一领域将会对我的世界观产生何种影响？
- 将这一领域运用到日常生活中会有怎样的成果？

这些问题都能够在课堂、课本和学习情景中被具体化。例如，在任意一天学习中，你可以问自己以下问题：

- 今天我们的主要目标是什么？
- 我们努力要完成的事情是什么？
- 我们要问哪种问题？我们要解决哪类问题？
- 我们需要哪方面的信息或数据？
- 我们如何获取这方面信息？
- 为了解决我们紧迫的问题，需要了解哪些最基本的观点、概念和原理？
- 我们如何看待这个问题？我们要采取哪种观点？
- 这个问题与日常生活的关联如何？

生物化学的逻辑

现在，让我们通过分析教科书中的一些关键知识点，来详细讲解一门学科的逻辑。思考下面一段节选：

（生物化学）……探索宏观现象背后的分子活动，尤为关注在有关维生素、药物和遗传因子影响下的分子活动方式。生物化学家需要分离解剖生物体来确定其生命的结构。他们需要共享其他生物学家的已有成果。

生物化学包括一种亚微观的解剖学，研究分子的结构和大小。因为传统的解剖学研究的是肉眼可见的实体，解剖学家只需切分实体来描述确定他们的组成部分。而显微镜可以显示另一个全新世界的结构和组织，这比肉眼可见的小得多……细胞成为显微镜下的关注焦点。随着化学的发展，人们可以在分子层面研究生物架构。

大的方法策略不变，还是从组成部分的角度更好地了解生物。然而，具体的方法要研究生物的大小和部分。对机体的解剖，手术刀是合适的解剖工具。而对于细胞结构，对于只有显微镜可见的小分子，我们需要采用的相关技术需要从化学中来汲取……从这个角度来看，生物化学是解剖逻辑的发展，是"分子生物学"的缩影……

生物化学家的目标不仅仅是确定生物结构。他们感兴趣的不仅是生物的成分，还有它们做什么——能够清楚表达现象背后的化学方程式。化学活动不断变化是活体生物最主要的特征。因此，生物化学继承生物学的传统，研究这种不断变化的生命活动。像解剖学脱离生理学、静态生物化学脱离动态的生物化学并不能增加人对于自然的掌控力量。毕竟，生命不断向前运转，而不仅仅只要维持自身结构；生物化学家试图通过解剖方法来阐明生物的结构及其不断发生的变化。

总体来说，生物化学的技术层面是化学的，它的难题在于生物的基本层面。化学是它的方法，探究生物是它的最终目的，生物化学是关于生命现象的研究，它要探寻解释生物体组成的亚单位。在这样的生物分析中，这种亚单位代表了最终的状态——最终指的是将分析层面更深一步，从分子层面到原子层面，研究透彻有机体的生物特性。同样，在无机领域，这样透彻的原子分析也是适用的……生物化学家关注的不是即刻的生物现象，而是分子层面的生物现象，而这一数据的收集离不开对更具有组织性的结构系统的观察（Jevons，1964）。

1. 生物化学的目标

从上文中可以清楚看出，生物化学的目标是决定生命体的生物化学基础，以及通过这些研究来发展合理的化学疗法。它旨在成为一种在分子层面运用化学变化的基础生物学，如蛋白质和单纯酶反应，进而进一步超越分子和亚分子粒子层面的研究。

2. 生物化学的问题

化学概念阐述了生命的现象，从单个的分子角度，生物化学关注下列问题：人的生命体是由什么构成的？我们的躯体如何发挥作用？什么是生命体？更具有特色的问题有：宏观生命现象背后的分子现象是怎样的？构成生物的成分是什么？它们的结构是怎样的？它们是如何起作用的？

维生素在人体内如何起作用？药物如何起作用？遗传因子如何影响生命体？生物化学关注的生物体分子部分是什么？（什么是蛋白质、碳水化合物和脂肪？它们分别起什么作用？什么是核酸？它的作用是什么？）酶在生物体内是如何反应的？酶在生物领域有何作用？我们如何理解生物体中化学作用？酵母和肌肉的相似之处是什么？蛋白质在生命体内的作用是什么？我们如何将不同组织层面的观察联系起来？我们如何开发药品和合理的化学疗法？我们如何生产有针对性的药品？

3. 生物化学的信息

从以上问题我们可以看出，生物化学家寻求的信息有：组成生命体单元必需的蛋白质和酶的信息，生命体必需的关键化学反应的催化作用过程的信息，人造生命反应的信息（例如在试管里的单纯酶研究），关于生物细胞分子结构不同酶的信息，关于多种酶系统运行的信息，等等。

4. 生物化学的判断

从以上生物化学信息可以看出，生物化学家需要对重要的酶和蛋白质本质做出判断，需要对生物体新陈代谢、复杂保持过程和生命体成长做出基本判断。

5. 生物化学的概念

从对以上生物化学的判断中可以看出，我们需要理解一系列重要的概念，才能明白生物化学的逻辑：研究生命过程的组织层面的概念（分子层面、亚细胞粒子层面、细胞层面、器官层面和整个生物体层面）。

6. 生物化学的假设

从上述生物化学的概念可以看出，生物化学思维背后的关键假设：这些生物化学基础是建立在分子层面；对分子层面生命体研究最适合的技术是化学技术；用化学概念解释生命体是可能的；分析和发现单个分子的结构和动力是可能的；蛋白质和酶是生命过程的基础和关键；酶的反应对于理解生命体是非常重要的；并且，发展合理的化学疗法，并运用到医药和拯救生命体是可能实现的。

7. 生物化学的意义

生物化学的逻辑有着特别和一般的意义。特别的意义与生物化学家提问的方式、信息收集方式还有信息解释过程有关。例如，这一领域的研究现状凸显出对上文所述概念分析的重要性，凸显出对生命现象进行分子层面分析的重要性（包括蛋白质、酶和化学催化反应）。而一般性的意义是，如果现在生物化学的原理是正确的，我们将越来越有能力增强人类和其他生物的生命力，减少疾病和其他亚健康状态（通过化学疗法的应用）。

8. 生物化学的观点

生物化学的观点聚焦在生命体的分子层面，并且将这一层面视为生命体本质、功能和结果的最基本发现。生物化学中最重要的技术是化学，最重要的问题是生物。它将生命过程看作分子高度组合的结果，而从整个生物角度来看，生命过程又是丰富多样的。它将分子层面的过程看作研究的关键，包括遗传因子，都是对于宏观层面多样性的解释。

显然，只要我们理解了生物化学的基本逻辑，我们就可以在生物化学课堂上通过自我提问将逻辑具体化：

- 今天我们的主要目标是什么？
- 我们努力要完成的事情是什么？
- 我们要问哪些问题？我们要解决哪类问题？
- 我们需要哪方面的信息或数据？
- 我们如何获取所需的信息？
- 为了解决当下问题，我们需要明白哪些最基本的观点、概念和原理？
- 我们如何看待这个问题？
- 这个问题与日常生活有什么关联？

一次课可能特别关注某个概念如催化作用，而另一次课可能关注大分子、亚分子粒子，或是另一种酶、能量交换、DNA。理解整个生物化学的逻辑将使你了解自己对生物化学的理解程度，为什么某些概念重要，如何将前后所学联系起来。

另外四门学科的逻辑

现在请思考生物学的逻辑，它可能隐含在标准的生物学教科书中。此外，还有另外三门学科：生态学、航空航天工程和电气工程，需要我们进行类似的思考。

生物学的逻辑

1. 生物学的目标

生物学是关于所有生物形态的科学研究。它的基本目标是理解生物体是如何存在的，包括生物形态的基础过程和组成部分（生态系统总共约 10 000 000 个物种）。

2. 生物学的问题

生物学关注的问题有：生命是什么？生命系统是如何工作的？生物体的结构和功能组成部分是什么？在不同研究水平上（分子、细胞器、细胞、组织、器官、生物体、种群、生态群落、生态圈），生命体的相似点和不同之处是什么？我们如何理解生物圈？

3. 生物学的信息

生物学家探寻的信息有：构成生命体基本单元的信息，生命系统持续运转的过程，生命系统的多样性以及他们的结构和功能组成部分。

4. 生物学的判断

生物学家致力于对生命的维持和成长的复杂过程进行判断。

5. 生物学的概念

对理解生物学的逻辑非常重要的基本概念有：不同层面生命过程的组织概念（分子层面、亚分子粒子层面，细胞器层面、器官层面以及生物体系统层面），生命结构和过程的概念，生物体多样性的概念，生命过程和多样性的生物体形态的概念。

6. 生物学的假设

生物学思维背后的关键假设有：生命体是存有基础的，这些基础是可以被定义、研究、描述和解释的；人们可以运用生物学概念解释生命；可以分析和发现生命体系统的结构，它的动态性和组成成分；所有的生命都经历产生、成长和适应环境的过程；所有生物之间有着庞大的关系链；所有生物形态，不管多么丰富多样，都有着共同的特征：①由细胞构成，但其结构决定着它与其他物种不同；②包含携带遗传物质 DNA 或 RNA；③有新陈代谢的过程，实现能量的转化，维持生命。

7. 生物学的意义

生物学的逻辑也有特殊和一般性的意义。特殊意义与生物学家提问、收集信息的方式和解释信息的过程有关。例如，这一领域研究进展体现了上述概念关注的问题和信息的重要性，体现了从所有研究层面探寻生物系统关键答案的重要性。一般性的意义是指生物学使我们拥有关于理解、维持和保护生命形态的知识。

8. 生物学的观点

生物学的观点关注生命体的所有形态和层面。它将所有生命形态视为结构和功能的持续。它从分子层面看待生命过程，从整个生物系统角度看待生命体的多样性。

生态学的逻辑

1. 生态学家的目的

生态学家致力于研究自然界存在的植物与动物，特别是它们在环境中相互联系、相互依存、相互作用的关系。他们致力于研究所有外界因素对特定动植物的产生和改变的作用，以及这些因素对动植物在栖息地生存和它们特点的影响。

2. 生态学家关心的问题

植物与动物之间是如何相互作用的？动物之间又是如何相互作用的？动植物之间是如何相互依存的？不断变化的生态系统功能是如何作用于在其中生活的动植物的？它们是如何与其他生态系统相互作用的？环境因素是如何影响植物和动物的？动物和植物是如何完成从生长到死亡的一轮一轮更迭的？动物和植物之间如何保持一定平衡？如果打破了动植物之间的平衡，会怎么样？

3. 生态学家运用的信息

生态学家使用的第一手资料是通过对动植物本身、动植物之间的相互作用以及在生态环境中生存等的直接观察。生态学家记录下动物和植物是如何产生、发展、死亡、进化以及如何受环境变化影响的，他们也使用其他学科的信息，包括化学、气象学和地理。

4. 生态学家的判断

生态学家对生态系统的自然功能进行判断，对动植物如何生存进行判断。如果生态系统平衡被破坏，他们要对如何重新获得平衡进行判断，要对自然群落是如何分类的进行判断。

5. 引导生态学家思维的概念

生态学中最基础的概念就是生态系统。生态系统的定义是，一定的生物群体相互依赖和生存的生态环境。生态学家研究不同生态系统的功能。生态学中另一个关键的概念是生态演替，生态演替是自然进程中每个生态系统中群体自然变化的模式。这一过程包括出生、发展、死亡和被另一生物群体取代。生态学家将不同的生物群体归到更大的单位，称为生物群系。这些群系是根据世界范围内的地理环境特征，包括温度、雨量、植被等进行划分的。另一个基本的概念是自然平衡，自然平衡指自然界中保持动植物之间平衡的出生、繁殖、捕食和被猎食的过程。另外的关键概念包括不平衡、能量、营养、数量增长、多样性、栖息地、竞争、捕食、寄生、适应、共同进化、演替和顶级群落、守恒等。

6. 生态学家的关键假设

生态学家假设动物和植物群落中存在特定模式，这些群落应该被研究和分类，动植物之间是相互依存、相互改变的，这种相互作用使得生态系统得以维持平衡。

7. 生态学的意义

生态学的研究对地球上的生命有着重大的意义。例如，通过研究自然界的平衡，我们可以觉察到自然界的平衡被打破，像我们注意到现在的人口爆炸现象；通过研究生态学，我们可以发现杀虫剂消灭农业植物虫害的同时，也直接或间接地通过食物链对哺乳动物和鸟类带来伤害；通过研究生态学，我们也能注意到过度耕地带来的土壤流失，以及土地营养贫瘠的现象和去营养化。

8. 生态学家的观点

生态学家将动物和植物视为生态环境中相互依存的统一体，并且认为只有维持住它们之间的平衡才能实现全球环境的可持续健康发展。

航空航天工程的逻辑

1. 目的

航空航天工程主要是为满足防御、科学、商用、民用、娱乐市场需求和任务而发展的航空体系。一般性的任务主要包括交通、地空遥感和通信。代表性的产品有火箭、航天飞机、导弹、人造卫星、宇宙飞船等。此外，还包括地面的一些支持设施、配套硬件和软件产品。

2. 关键问题

能够最好满足国家级任务或市场需求的具体系统特征是什么？如何设计、建造、测试和维护航空航天工具？

3. 观点

概念性任务的描述提供了所有产品的设计要求和设计方案框架。该领域主要根据任务要求者的观点来决定航空航天工具的具体设计。其他相关观点有：飞行员、维修师、工程师、后勤人员和技术人员的观点（结构工程师、航空动力学家、控制工程师、推进工程师等）。政治家也热衷于在大型航空航天项目中伸展手脚，表达观点。有关伦理和环境问题的政治观点也是这一领域经常要考虑的观点。

4. 关键概念

关键概念包括经典物理学相关概念，特别是：牛顿力学和轨道力学，质量、动力和能量守恒，低速和高速的航空动力学，材料属性和轻量结构、推进技术的概念。

5. 关键假设

在这一领域中，有些假设是所有科学家和工程师共享的。其中一个假设是，宇宙是按照数学公式描述的普遍定律那样运转的。另外，航空航天工程师假设，一项航空航天解决方案一定是在整合了多项技术学科以及平衡了不同竞争性设计张力后做出的决议，这包括航空动力学、天体动力学、稳定性和控制、推进力、结构和航空电子学。还有，航空航天系统是多个科学技术系统中的一个，必须与整个大系统相匹配。

6. 数据和信息

航空航天工程师使用实验和计算数据，研究原有设计、常规需要、市场分析和任务需要的信息。

7. 推理、概化或假设

多数航空航天工程活动的结果已经成为产品推广到客户中。

8. 意义

航空航天工程产品和服务有着广泛的意义，与全球、国家和区域经济相关联，还与伦理、防御、安全、环境问题（如噪音和人口等）密切相关。此外，航空航天工程还关乎机场基础设施等任何影响人类生活质量的问题。

电气工程的逻辑

1. 目的

电气工程为公众、商业和客户市场发展电气和电子系统。它的范围非常广泛，跨越多个领域，包括娱乐型电子、住宅照明、空间沟通和电气设施等。

2. 关键问题

能够最好地满足国家任务或市场需求的系统具体设计特征是什么？我们应如何构想、设计、实施和操作电气及电子产品和电子系统？

3. 观点

一般式设计和制造团队的观点。其他相关的观点包括顾客、股东、市场、维修者和运行者。

4. 关键概念

概念包括电磁学、材料的电化学属性、离散和模拟数学、电阻、电流、电荷、电压、场和电波，等等。

5. 关键假设

在这个领域中，一些假设是所有科学家和工程师共享的。其中一个假设是，宇宙是按照数学公式描述的普遍定律那样运行的，并且这些定律能够用来规范电气系统。电气工程师假设，电气和电子产品能够十分恰当地满足一些重要的市场需求。另外，电气工程师经常假设，在产品设计和应用上，他们的工作能够与其他工程学科相整合（如机械、化学等）。

6. 数据和信息

电气工程师使用实验和计算数据，此外，原有设计、常规需要、市场研究和任务需要的信息对他们也十分重要。

7. 推理、概化或假设

多数电气工程的结论已经成为产品推广到客户中。

8. 意义

电气工程产品和服务有着广泛的意义，影响着全球、国家和区域经济。对公共基础设施、医疗卫生和沟通有重要的影响。此外，对人们的生活质量也有着积极或消极影响。

确保课程设计对你有效

在修读任何一门课程之前，问你自己：我该如何让这门课的课程设计能够促进我进行有效学习？我该如何发展重要的洞察力、理解力、知识和能力？我该如何学习来解决这一领域的问题？

在课程前期，寻找这门课程最重要的概念和解释。你应当整合该门课程所有主题的思考，以达到对课程、学科的全面性理解。

图 8-2～图 8-7 是各门课程的逻辑。

08 了解优秀思维者是如何学习的

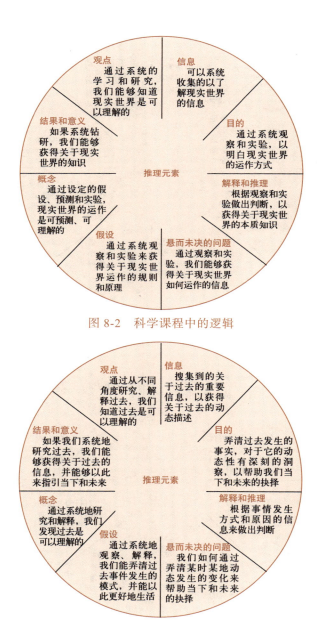

图 8-2 科学课程中的逻辑

图 8-3 历史课程的逻辑

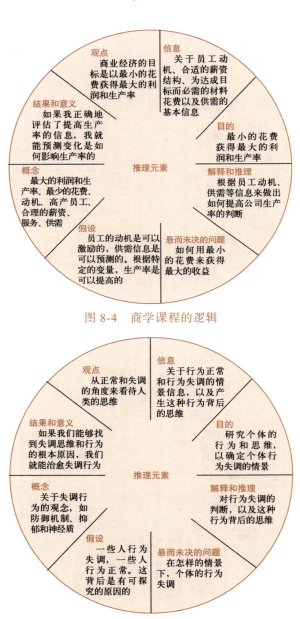

图 8-4 商学课程的逻辑

图 8-5 变态心理学课程的逻辑

08 了解优秀思维者是如何学习的

图 8-6 哲学课程的逻辑

图 8-7 社会学课程的逻辑

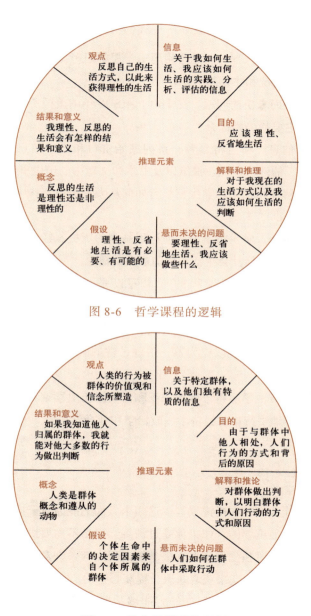

示例课程：美国历史，1600～1800年

（1）目的。课程的目的是用历史学思维思考1600～1800年间美国历史的情况和主要趋势。

（2）悬而未决的问题。在1600～1800年的美国历史中，美国的情况和主要趋势是什么？

（3）信息。学生将参考一系列原始资料和二手信息，包括记录、日记、信件、传记、报纸以及书本和文章中的历史事件。

（4）解释和推论。学生将学习如何从大量历史资料中整理、分析数据。

（5）概念。学生将学习如何运用基本的历史、经济、政治和宗教的概念，也包括社会生活和价值观中的概念。

（6）假设。这门课程的基本假设是，学生能够深入洞悉1600～1800年间的美国历史，并以此认识现实问题。

（7）结果和意义。学生如果能够很好地把握十七八世纪的美国历史，那么他们就能以史为鉴，用联系性的眼光来看待20世纪发生的事件。

（8）观点。学生将了解保守派和自由派历史学家看待历史的方式，并综合地进行相关经济学、政治学和社会学分析。

听说读写和思考

现在让我们转向听说读写。这四个方面的能力对于成为一名优秀的学生是很重要的。如果你受过训练，那么不需要讲座和课堂讨论，你就能通过独立阅读书本来掌握课程内容。许多优秀的读者常常是通过独立的阅读来获取知识、提高心智的。

写作方面。良好的写作能力能够帮助我们清楚地表达我们理解的观点，以及这些观点之间的相互联系。通常情况下，只有能够

将自己的理解用文字表达出来的时候，我们才真正地理解了某一理念。在写作方面，我们很容易发现问题，发现自己不能够清晰地阐述自己所理解的概念，或者我们在阐述方面有障碍，或者我们发现很难清楚地给出例证以及做出具体阐述。写作能力是深层次学习的强有力工具。那些不能够用文字表述自己掌握内容的学习是低层次的学习。

表达是深层次学习方面另一个有力的工具。如果我们能够向别人解释我们所掌握的内容，我们就能够显著地提升我们的学习能力。表达就与我们经常所说的"教学相长"有关，与其他学习者的口头对话是一个强有力的学习工具，这要求对话的口语能力是要受过训练的。当然，没有经过深度讨论的观点可能激活人们的"无知"，以为我们理解了内容但其实并没有。在这种情况下，口语能力会深化错误理解而不是加深个体对内容的理解。因此，你需要确定自己的口语能力足够将自己的观点表达清楚，提供合适的问题并且有效地评估学习。

良好的倾听能力可能是我们提出的四种沟通方式中最不容易理解的。很多学生的倾听能力是没有受过训练的，通常都是被动、笼统、不质疑和流于形式的。低层次的倾听能力会带来明显的误解。

听说读写都是思维方式。作为学生，你的主要目标应该是：学习在阅读的时候是一个合格的读者；在书写的时候像一个合格的书写者；在表达的时候像一个有效的演讲者；在倾听的时候像一个有见识的聆听者。这四个不同的思维方式是相互联系的，掌握一个方式对于掌握其他三个方式是很重要的，要记住这个正确的论断，因为听说读写都是一种思维方式，并且正如我们在这本书中所强调的，这些思维方式都有共同的特征。

不论你是否听、说、读、写，你都希望思维变得清晰、缜密、准确、有相关性，能够对复杂性做出反应，具有广泛性，并且着重于合适的观点。合格的读者、写作者、表达者、倾听者以及思考者认识到，他们各自拥有处理问题、使用信息、做出推论、得出结论、做出假设以及在观点中合理质疑的方式，并同时考虑到推理的结果和意义。

以写作为例。写作方面的所有智力缺陷都可以解释为思维的缺陷。这些缺陷典型性地表现为违反了思考的标准。即：

- 当你写出的语句可以用多种方式来解读，并且没有将含义表达清楚的时候，你的语句和思考都处于模糊的状态。
- 当你没有给出具体的例子和解释来清晰阐述观点的时候，你表现出的是不知道如何清晰地阐述自己的思想，或者因为某种原因选择有意如此。
- 当你没有运用合适的过渡词语和批判性的词汇来表达清楚语句之间的逻辑关系时，你表现出的是你没有依据思维的逻辑性来思考，即没有完全理解自己推理的结构。
- 当你没有分析关键概念，并且阐明逻辑的时候，你表现出的是你在概念分析能力上的薄弱。
- 当你在没有明显的原因的情况下，没有弄清正在处理或涉及的问题事件时，你表现出的是缺少思维严谨性、缺乏关联性。
- 当你在没有进行充分的同理性分析就对一个心理学情境做出笼统性的论断时，你表现出的是思维的狂妄自大。
- 以阅读为另一个例子。阅读层面的所有缺陷都是由于思维的缺陷违反了思考的标准。即：
- 当你不能够辨别出一篇文章的内容框架的时候，你的阅读能力是有问题的（或者在课文中）；
- 当你不能够辨别出一篇文章的主要问题的时候，你的阅读能力是有问题的（或者该文）；

- 当你不能够辨别出一篇文章的主要信息的时候，你的阅读能力是有问题的（或者该文）；
- 当你不能够辨别出一篇文章的主要概念的时候，你的阅读能力是有问题的（或者该文）；
- 当你不能够辨别出一篇文章的主要设想的时候，你的阅读能力是有问题的（或者该文）；
- 当你不能够辨别出一篇文章的主要含义的时候，你的阅读能力是有问题的（或者该文）；
- 当你不能够辨别出一篇文章的主要观点的时候，你的阅读能力是有问题的（或者该文）。

口述和聆听的能力可以用一种类似的方式来分析。现在让我们将这些准则应用到对一篇论文的阅读中去。

找出一篇文章的逻辑

理解一篇论文或者文章的重要技能是对于作者推理的分析。一旦完成了对推理的分析，你就可以使用思维标准来评价作者的推理。

弄清教科书的逻辑

正如你能够通过分析作者的推理来理解一篇论文一样，你同样能够通过分析作者在教科书中的推理部分来找出该教科书的逻辑。为了理解作者在教科书中的推理，使用以下模板来自我思考。

评价作者推理的标准

现在你已经做完了对一篇文章、一本课本逻辑方面的思考工作，目前，你已经掌握了从推理的不同因素来评价作者推理的能力。选择有关文章或者课本，从推理的每个因素和这里罗列出的思维标准来评价他们的推理：

（1）关注作者的目的：目的是否很好地罗列出来？目的是否清楚和合理？

（2）关注书面部分回答的主要问题：问题或者事件是否得到很好的表述（或者清楚地提及）？问题是否清晰和准确？问题是否清晰表述了事件中问题的复杂性？问题和目的是否相互关联？

（3）关注作者提及的最重要的信息：作者罗列的相关证据、经验或者信息对于事件是否充足？信息是否准确？是否与事件直接相关？作者是否罗列出体现事件复杂性的信息？

（4）注重作者推理的核心部分最基本的概念：作者是否恰当地阐述了重要的概念？概念是否被合理地使用？

（5）注重作者的前提假设：作者是否对他认为理所应当的前提假设抱有敏感的质疑态度（只要那些前提假设可能被合理地质疑）？作者在使用前提假设时，是否提出了可能与那些前提假设相关的问题？

（6）注重书面部分最重要的推论或者结论：作者提出的推理或者结论是否与事件紧密相关？作者是否跳跃到了不合理的结论？作者在复杂事件中是否考虑到其他可选择的结论？作者是否使用了一系列的合理推理来得到逻辑性的结论，或者你是否能辨别出作者某处推理的错误？

（7）注重作者的观点：作者是否审慎地对待可选择的相关观点或者推理？作者是否对其他相关的反对观点做出反应？

（8）注重结果和意义：作者是否对自己观点与结论的意义和结果抱有审慎敏感的态度？

|CHAPTER 9 第 9 章|

重新评估自己思考和学习的水平

与优秀的思考者一样,优秀的学习者根据有关标准来持续评估自身的学习程度。对学习充满热忱、优秀的学习者喜欢那些可以提高他们学习水平的衡量标准。优秀的学习者不依赖导师的评价,他们自己拥有可以评价学习所有维度的标准。如果局限于导师的评价,并缺乏评价的独立自主性,学习者将无法进行批判性的思考。优秀的学习者不会过分依赖于老师,他们需要寻求发展独立、严谨的思维方式。

学习中的每一步,例如批判性思维的过程都是相互联系的自我反思、自我评估的过程。作为一个优秀的学习者,你不仅仅要简单地拥有学习的目标,而且要清楚自己的目标是什么。你的主要目标应该是在学科的逻辑范围内进行思考,就如同科学家、心理学家、艺术家那样去思考。

优秀的学习者要了解进入每一门学科的基础知识,并且运用这些基础知识去理解学科的其他内容。他们要理解学科内最基础的问题;他们要掌握学科专家使用的最基本信息和学科内使用的最基本概念，奠定学科的最基本设想以及定义学科的最基本观点。

优秀的学习者不会去关注对那些随机的、片段信息的记忆，他们的学习是以问题为基础的。但是他们不会简单地随意提出一个问题，他们会评估问题的准确性。他们不会简单地收集信息，他们会根据信息的相关性和重要性来收集、检测信息。他们不会简单地做出解释，他们会考察解释的依据，并且会鉴别依据是否正确。

发展自我评估的策略

在第 5 章，我们介绍了许多常用的思维标准，通过这些标准你可以来评价自己的思维和你所思考的东西之间的关联性。这里，我们将会介绍更多可以用来评估你学习能力的整体性标准。实质上每一天的学习都需要你评价自己的学习程度。你需要经常运用思维标准，并且进行更进一步的探究，定期评价自己的学习，思考自己脑海里的知识体系是否准确界定了自己所学的学科领域。

在下文中，我们将介绍用来评价可以对学科（不论是什么学科）学习做出整体性评价的评价标准。你可以独立于你的导师，自己运用这些标准来评估自己的学习。当然，你的导师也可以在课堂上运用这些标准作为评分的框架。

运用特征来评价你的表现

思维和学习在特征上的五个等级的是：模范学生，高层次学生，中间品质学生，表现不良学生以及表现很差学生。如果我们掌握了充分的能够反映你在课堂测试和作业上表现的资料，我们就能评价你在每一节课上的思维和学习水平。

尽管这些评价特征都是根据普遍学业要求提出的，但是大部分的学生不清楚在这些特征上存在的表现差异。你需要养成用这些标准来复习自己功课的习惯。长期坚持下来的话，你将成为一名优秀的学习者和思考者。如果按照模范学生的方式进行学习，每一门课上你都会表现出色。

当你阅读模范学生的这些特征时，你可以将任何特征都纳为评价自身学习的标准。

模范学生经常会提出重要的问题和论点，清晰准确地分析关键问题，甄别出关键的假设，有效地阐述关键概念，使用专业性的语言，能够识别并分析相关竞争性观点，并且根据清楚论断过的前提谨慎地做出合理推理，审慎地对待重要结果和意义。

将标准转化为对评价自己表现的问题：

在以下方面，我做到何种程度：

- 在课堂上提出重要问题和论点？
- 准确清晰地分析关键性的问题？
- 找出关键性的前提假设？
- 阐述关键的概念？
- 使用专业性的语言？
- 识别出竞争性的观点？
- 通过明确提出前提假设做出推理？
- 注意到重要的意义和结果？

模范学生（A档）

模范学生的思维表现（在学业表现上）意味着掌握了学科领域杰出的思维能力（例如，优秀的历史思维、优秀的生物思维、优秀的数理思维），同时这种表现也包括通过思维技巧和能力的练习来获得更多的知识。模范的思维表现总体来说是准确清晰的、合理推理的并且信息丰富和具有洞见的。在这种水平上,对学习中术语和细微差别的理解和把握有助于学生对基本概念和准则有更深的洞见。

　　模范学生已经将基本的思维标准内化,能够合理地评价自己在一个学科内的表现。模范学生同时拥有极高的自我评价能力。模范学生通常——

- 提出重要的问题和论点。
- 精确清晰地分析关键问题。
- 识别可疑的前提假设。
- 有效阐述关键观点。
- 使用专业性的语言。
- 识别出相关的竞争性观点。
- 审慎地呈现重要的意义和结果。
- 根据学科中清晰陈述的前提假设进行认真推理。

　　模范学生能够展现出对一个学科有高水平思维掌握的推理和解决问题能力。他们能够将多领域的知识联系起来,将学到的知识运用到实际生活中去。

高层次学生(B档)

　　学科中表现出来的优秀思维方式表现出学生在一门学科领域里卓越的思考能力,以及通过思考能力发展出的一系列其他能力。总体上来说,高层次学生的思维和学习能力是精确的、清晰的且是合理推理的,但是这种思维能力有时是缺乏深度的(尤其是在涉及对立观点的时候)。在这个水平上对基本术语和细微区别的把握有助于学生全面理解学科基本概念和原则。

高层次学生将基本的思维标准内化，能够合理地评价自己在一个学科内的表现。模范学生同时拥有很高的自我评价能力。高层次学生——

- 时常提出问题和论点。
- 一般来说能够清晰明确地分析问题。
- 识别出大部分的前提假设。
- 阐述主要概念。
- 典型性地使用专业性的语言。
- 一般能够辨别相关的竞争性观点。
- 对许多重要意义和结果都抱有审慎态度，并且时常通过清晰阐述的假设来认真推理。

高层次学生展现出一个学科领域里较为优秀的推理和解决问题的能力，他们的思维表现还有很多可以改进的地方。他们时常将许多领域内的知识联系起来，并且将学到的知识应用到他们的生活之中。

中间品质学生（C档）

在一门学科和课程领域内，中间品质学生的思考能力的表现不具有连续性、一致性，思维技巧和获得知识的能力只得到有限的发展。中间品质的学生时常尝试用记忆代替理解。中间品质的思维在清晰性、准确性和合理推理方面不具有一致性、连贯性。此外，这种层次的思维能力大部分情况下无法展现出深度的理解。在这个水平上对基本术语和细微区别的掌握，不能让学习者完全理解学科中的基本概念和准则。

尽管中间品质的思考者内化了一些思维标准来评价他们的学习和思维表现，但是他们表现出自我评价能力不具有连贯性和一致性。中间品质学生——

- 间或能够提出问题和论点。
- 间或能够清晰明确地分析问题。
- 甄别出一定量的可疑前提假设。
- 阐述出一定量的合理概念。
- 间或使用专业性的语言。
- 间或辨别出相关的竞争性观点。
- 间或能根据学科假设进行推理,并且不能谨慎地对待重要的意义和结果。

中间品质学生在展现一个学科领域内质疑和解决问题的能力时,连贯性和一致性较差,他们的思维表现充其量处于合格水平。同时,在联系学科知识方面的能力不是很强,很难将中学习到的知识应用到生活中去。

表现不良的学生（D档或者F档）

表现不良的学生在一门学科或者课程领域里的推理能力比较薄弱。总体上来说,他们尝试通过运用回想和记忆来完成课程学习、通过考试,他们只是试图记忆内容,而不是理解来获取知识。表现不良的学生不会去发展理解课程不可或缺的批判性思维。他们的思维表现通常不准确、不清晰以及缺少合理推理的。表现不良的学生学业表现很差。他们经常错误地理解基本的术语和差别,肤浅或错误地理解基本概念和准则。

表现不良的学生没有将内化思维标准来评价自己的学习和思维表现。他们在自我评价方面做得较差。表现不良的学生——

- 极少提出问题和论点。
- 肤浅地分析问题。

- 不能清楚表达前提假设。
- 只能部分地阐述概念。
- 极少使用专业性的语言。
- 极少辨别出相关的竞争性观点。
- 不能通过清晰阐述的前提假设进行推理，不会审慎地对待重要意义和结果。

表现不良的学生在学科领域里的推理能力和问题解决的能力是非常薄弱的，思维表现很差。表现不良的学生不能联系不同学科间的知识。他们极少能够将所学到的知识运用到他们的生活中去，因为他们理解不了课程知识和现实生活之间的联系。

运用学生特征去评价你自己在具体学科中的表现

作为积极练习将知识应用到新情境中的思考者，你可以将学习到的水平层级评价应用到任何学科中去。本书将以心理学这门具体学科的学习作为一个范例。

模范心理学学生（A档）

模范心理学学生的表现是，真正地掌握什么是心理学的思维，以及一系列具体的心理学思维技巧和能力。有关课程要解释得准确、清晰以及做出合理推理。在模范性的表现中，学生能够有效地掌握心理学的术语和区别，对心理学概念、设想和推论有深度的掌握和理解。心理学系的模范学生——

- 准确清晰地分析心理学的论点。
- 准确地搜集心理学信息。
- 能够区别相关信息和不相关信息。

- 识别出关键的、值得推敲的心理学设想。
- 阐述重要的心理学概念并且检测这些概念运用的合理性。
- 运用已有心理学方面的专业术语，同时合理地质疑心理学领域里关于人类行为的不恰当概念。
- 思考心理学领域里不同的竞争性观点，准确地描述每一个观点。
- 通过清晰阐述前提来进行合理推理，并且要表现出对于重要的意义和结果抱有审慎的态度。

模范性学生表现出卓越的心理学推理和问题解决的能力，有非常高的思维技能，且思维具有连贯性和一致性。模范性学生会经常地将心理学知识与其他领域的知识联系起来（诸如将历史学、社会学、人类学和哲学等与心理学知识有机地联系起来）。模范学生会将心理学的概念和准则应用到生活中。

高层次的心理学学生（B档）

高层次的心理学学生掌握了什么是心理学思维方式，同时掌握了一系列具体的心理学思维技巧和能力。在课程结束的时候，高层次学生的表现在总体上来说是清晰精确和合理的，但也存在着一些失误。高层次心理学学生大致上能够有效运用心理学术语。这类学生对心理学思想、设想和推论有初步的了解。高层次的心理学学生——

- 时常提出重要的问题和论点。
- 大概能够清晰准确地分析心理学的问题。
- 识别出大部分值得质疑的心理学前提假设。
- 较好地阐述重要的心理学概念以及检验应用的合理性。
- 能够使用一般的心理学专业术语，同时合理地质疑心理学领域有关人类行为不恰当的概念化描述。
- 一般能思考竞争性的心理学观点。

- 对于很多重要的意义和结果具有审慎态度。
- 常常通过清晰阐述前提来合理推理。

高层次的心理学学生表现出较为优秀的心理学方面的推理能力和解决问题的能力。他们能够较好地将心理学知识和其他诸如历史学、社会学、人类学和哲学等学科的知识有机联系起来，能够较好地将心理学的准则和概念应用到生活中。

中间品质的心理学学生（C档）

中间品质的心理学学生能够对心理学思维能力有一定程度的掌握，他们的心理学思维的技巧和能力有一定的发展。这种类型学生的表现能够呈现出一定程度的心理学思考能力，但是有很大的薄弱性。尽管一些工作完成得还可以，但是另外一些则完成得较差或者充其量勉强合格。推理能力非常薄弱。尽管有时能够有效地掌握心理学术语和区别。在少数情况下，这种层级的学生能够表现出对心理学观点、前提假设和推论的掌握。同时中间品质学生的思维也较少地表现出严谨性和清晰性。中间品质的思考者有时能够——

- 清晰准确地分析心理学论点。
- 正确地搜集心理学信息。
- 辨别相关和不相关信息。
- 识别出主要的可疑前提假设。
- 有效地阐述主要的心理学概念，以及能够辨别出何时概念被合理运用。
- 使用已经存在的心理学专业语言。
- 辨别出相关的心理学竞争性观点。
- 审慎对待重要的心理学意义和结果，并且通过心理学假设来合理推理。

通常情况下，中间品质思考者的目标仅仅是通过课程考试，对知识的掌握完全流于形式而疏于理解。总体上来讲，这个层级的学生仅仅表现出合格（缺乏连续性）的心理学推理能力和解决问题的能力。中间品质的学生在一定程度上能够将心理学知识以及一些与心理学相关领域的知识联系起来。中间品质的学生在一定程度上能够将心理学知识和概念应用到实际生活中。

表现不良的心理学学生（D档或者F档）

表现不良的学生表现出很少对心理学思维的理解，他们充其量表现出低层次的心理学思维技能和能力。表现不良的学生有偶尔能（有可能）表现出少许的心理学技巧，其心理学思维能力缺乏批判性，大部分的作业完成得很差。很少表现出合理的推理能力。通常情况下，这种层级的学生很难通过课程考试，对知识的掌握只是流于形式而缺乏实质性的理解。他们很难掌握心理学思想、设想和推论。大致上来看，他们的思维缺乏严谨性和清晰性。在低层级的工作中，学生通常——

- 不能够清晰准确地分析心理学论点。
- 不能够准确地提供心理学信息。
- 不能够区别相关和不相关信息。
- 不能够识别主要的可疑性前提假设。
- 不能够有效地阐述主要的心理学概念。
- 不能够使用已经存在的心理学专业术语。
- 不能够辨别出相关的竞争性心理学观点，并且不能够根据准确阐明前提来合理推理，以及不能够分辨出重要的意义和结果。

表现不良的学生很少表现出优秀的心理学质疑能力和问题解决

能力。这个层级的学生几乎从来不会将心理学知识与心理学相关领域的知识联系起来。他们很少将心理学准则和概念应用到生活中。

小结

要成为一名优秀的学习者，你首先必须是一名优秀的思考者。为了达成有效的学习，你必须掌控你的学习过程。你必须计划并执行你的学习过程。你可以通过明确学习目标、清楚必须或者想要回答的问题、弄清必须获得的信息、需要掌握的概念，以及关注点和如何运用所学来计划你的学习。

在这一章中，我们已经给出了相关特征，你可以运用这些特征和你的学习经验去评价自己在每一门学科中、在每一节课上的学习和思维表现。在脑海中熟记这些特征，你会成为学习和思维自我评价的主人。你要明白的是你对学科的思考能力是由你对那门学科的学习中发展出来的思维技巧决定的，而不是你的导师给予你的分数决定的。掌控自己的学习很简单。你要知道的是，只有客观评价你自己的学习和思维发展水平，你才能明白你对内容的思考达到了什么程度，才会发展成为一个独立的思考者。

| 第 10 章 CHAPTER 10 |

决策和问题解决

日常生活中充斥着各种各样决策和问题解决。决策的质量和问题解决的能力在很大程度上决定着我们生活的质量。大多数人是根据自己的直观判断而不是系统的方法来进行决策和问题解决。有时，抛弃系统方法的直观判断是可行的，但有时却行不通。只有当我们把批判性思维运用到我们的决策和问题解决过程中，我们才有可能更好地解决我们所面临的问题，并做出理性的决定。在这一章，我们提供一个决策和问题解决的系统方法。首先我们谈决策，然后再谈问题解决。请以自己的方式阅读这一章，注意两个心理过程之间的关系。

决策

生活就是行动，行动就要做出决定。每天，我们都面临着无数的决策问题。一些小的决策是无关紧要的，但是有些大的决策将会影响我们的一生。当我们的决策模式合乎理性的时候，我们会生活在一个充满理性的环境中。当我们的决策模式偏离理性时，我们的生活就难免处于一个非理性的混乱状态之中。理性的决策可以帮助我们在不违反人权和伤害他人利益的情况下，优化我们自身的生活质量，这包括幸福、成功和满足感等。具体而言，我们可以将批判性思维应用于决策和问题解决当中，将决策模式提升到意识和慎重选择的水平，这就会增强我们决策的理性。

没有人追求非理性混沌的生活。然而，常常事与愿违，很多人无意识的选择造成了他们偏离理性和道德的生活现状。非理性决策和问题解决加剧了他们生活的不幸和沮丧，这种非理性甚至让一些人去牺牲他人的利益来追求他们自己的利益。

评估决策的模式

如何发现我们的决策是错误的？首先，我们有时意识不到，我们的决策通常是非理性的决策。让我们先来分析一下我们潜意识的决策。

如果问问自己昨天做了多少决策，你可能会疑惑，不知如何确定决策的数量。在某种意义上，做了多少决策并不重要，重要的是要认识到我们做了哪些类型的决策，并且找到一个识别及判断这些决策模式的方法。

每个人都有人类的基本需求，我们都会做出一些决策来满足我们的基本需求。此外，我们都会按照一定的价值标准做出选择。我们倾向于选择符合并有助于提高我们利益的生活方式，没有人会主动选择以损害自己利益、伤害自己为代价的生活方式。并且，我们也倾向于做出对他人有益的选择。然而，当我们做出的决策伤害了别人，我们所做出的决策就是不道德的。当我们做出的决策对我们自身的利益造成了损害，这种决策就是非理性的。

一些常见的偏离道德或理性的决策模式是：

- 选择损害我们自身利益的行为。
- 决定不参与对我们长期有益的活动。
- 选择损害他人利益的行为。
- 决定与那些怂恿我们损害自身和他人利益的人同流合污。

这些模式听起来很奇怪,难道会有人做弄巧成拙或者自我伤害的决策吗?而这个问题的一般答案是:这些非理性的决策会有即时满足的作用,并且能够带来短期收益。当我们对特定模式有更深入的了解后,上述问题便不成为问题了。比如"选择破坏自身利益的行为"表现在:

- 决定吃不健康的食物(缩短我们的寿命,或是能够导致疾病和不良生活品质的食品)。
- 决定吸烟、酗酒或者使用有害的毒品。
- 决定不去锻炼或不从事足够的有氧活动。

显然,我们做出这些决策是由于即时的快感和短期的满足。事实上,我们头脑相信即时的快感和短期的满足是至关重要的。毕竟,我们的精神会因为直接和短期的快感而变得"兴奋起来",长远的考虑需要反思。正如皮亚杰所说,我们必须将我们的行为提升到有意识的认识层面。当然,我们或许意识到某个问题,但我们并没有采取措施纠正它,将长期而深刻的洞察实践出来需要严格的自律精神和强大的意志力。

当我们识别到了生活中非理性的决策模式时,我们就注意到了所谓的坏习惯。当我们用一个理性的决策模式去替换一个非理性决策的模式时,我们就是在用一种好习惯代替一个坏习惯。这种替换是处于行动水平上的,因为习惯的养成是一个很长的过程。坏习惯是在成百上千的非理性决策中积累形成的。因此,我们可以通过用好习惯代替坏习惯的练习,进而改善我们的决策。例如,我们可以做很多的理性决策，只吃健康的食物，不吃不健康的食物。一旦这个决策变成一个长时间内稳定的行为模式，它就是一个有益的习惯。

"重大"决策

个体在生活中需要重视两大类型的决策：

（1）那些或多或少有明显长期影响的决策（基本的职业选择、伴侣的选择、价值标准的选择、人生观的选择和基本的教养方式选择等）。

（2）那些对我们生活有影响，但是这种影响慢慢显现出来的决策（如我们的日常生活习惯，其中包括我们的饮食和锻炼习惯）。

最具危险性的一般是"未思考过"的决策，这些决策蛰伏在我们的生活中，无时无刻不影响我们的生活，但是我们却从没有觉察到他们。显然，并不是所有的决策都会提升到意识层面，那样，人类就没有习惯可言。因此，我们的目标是评估决策类别，同时评价集体决策和个人重大决策。

决策的逻辑

考虑决策的逻辑是十分有用的。这种逻辑是由决策的目标和遵循这一目标的问题所决定的。

- 目标：在多个选项中做出抉择，选择最符合所有人利益的选项。
- 问题：完成以下句子："在我生命的当下阶段，ABCD 四个选择，哪个是对大家都有益的？"

合理决策的四个关键点：
（1）认识到你面临一个重要的决定。

（2）准确地了解所有选择方案。
（3）对选择方案进行逻辑思考和评价。
（4）坚定地按照最佳选择方案采取行动。
每一点都是思考者需要思考的潜在问题。

1. 认识到你面临一个重要的决定

大部分决策之所以偏离理性，是因为决策当时我们未能意识到我们正在做决策，这难免造成大多数决策是在潜意识里做出的，而个体的潜意识常常是自我中心或社会中心的。人们对朋友、同事、课业、家庭、娱乐（包括酒精和药物的使用）以及个人需求满足的决策都是"不加以考虑的"盲目决定（"我从来没有想过！""我根本就没有意识到！"）。而没有考虑常常是我们对非理性决策的借口。

2. 准确地了解所有选择方案

做决策时，除了意识到决策还远远不够，我们还必须认识到我们的选择方案是什么。如果我们未能准确地了解选择方案，很多决定都走了样。选项识别错误有两种形式：

（1）认为其他某一方案是可选择的，但实际上却不是（思维不切实际）。

（2）未能认识到其他选择方案（思维过于狭隘）。

第一种错误的常见决策是这样的：

- "我知道他的缺点，但他爱我，我可以帮他改变！"
- "我知道我们之间有很多问题，但是我们彼此相爱，这才是重要的！"
- "我知道我的课业成绩并不好，但我篮球打得好！"（或"我想成为一个摇滚明星！"）
- "我知道我需要学习这些，但是我也可以在考试前一晚通过填鸭式的恶补来掌握这些知识！"

第二类错误是（思维过于狭隘）很难改正，因为没有人相信自己的思维过于狭隘（当事人）。实际上，思维越窄的人越觉得自己视野开阔。一个很好的判定规则是，如果你只能想到一两个选择方案，你的思维很可能过于狭隘。

克服思维狭隘，下面两个规则是有用的：

规则一：总会有办法。

规则二：总会有另外的解决办法。

说到这里，我们来看看一个熟练决策者的成长过程。

3. 在决策中投入更多时间

如果我们不花时间来反思我们所做的决定，我们的决策模式就不能得到改善。行为的真正改变需要我们对现在的行为进行思考。在这里关键是要认识到，现实生活中非理性的决策浪费大量时间十分常见。例如，一对夫妇花5~10年的时间才意识到他们这段婚姻是多么糟糕，才想要结束它。人们常常因为选择了错误的职业而浪费多年光阴。学生经常因低效的学习模式而浪费大量的时间。把更多的时间投入到对我们的决策思考中去，做出更好的理性决策，这有助于我们节约时间，使我们不必再去花费时间纠正错误。

4. 系统化

每个人都需要反思自己的习惯。个体需要给自己时间来考虑自身的主要需求以及相关决策，如饮食习惯、锻炼习惯、娱乐活动、社会交往，等等。人们要批判性地思考，在整个生命过程中，他们各种习惯是如何影响他们的生活质量的。例如，如果你决定一天大部分时间都去玩电脑游戏，思考这个决定的含义是什么？有没有一些重要你却没有时间做的事情？

5. 一次处理一个重大决策

快速思考通常对理性决策无益。我们试图把事情做得又多又快，追求速度的同时我们失去了对事情质量的把握。我们生活在一个快节奏的世界中，决策时很难认识到花时间进行推理和思考的重要性。做出错误的决定之后，我们有时会找借口说我们没有足够的时间来思考这个问题。但实际情况恰恰相反，我们有时间但却不愿花时间。一般来说，我们在思考方面所花费的时间精力越多，对事情越是深思熟虑，我们的决策质量也越高。

6. 了解自己的无知

我们通常不了解我们的决策。我们对自己的无知（关于决定）了解越多，我们的决定便会越发理性化。了解和直面我们的无知将帮助我们确定应该去了解哪些信息。我们往往不知道做出有效的决策需要哪些信息，但我们的通病是，认为自己已经知道决策所需的一切信息。这是思维上的狂妄自大。

决策的维度

参照思维的维度，我们至少可以确定决策行为的九个维度。这些维度跟问题解决的维度大致相似，这将在之后的章节探索。这些维度并未定义一个决策流程，能够让我们不假思索、机械地遵从。这些维度认为，合理判断和理性思考存在于决策的方方面面中。

成为一个理性的决策者，需要做到：

（1）整理并定期重新阐明最基本的目标、目的和需求。你的决定应该帮助你消除障碍，创造机会来实现目标、满足需要。

（2）在时间允许的情况下，一个个地解决问题和考虑决定。尽量清晰和明确地澄清情境和选项的情况。

（3）研究可选项的周围情境以便清楚你正在处理决策的情况。

找出各种可选项对你的影响,将那些控制你和你可以控制的决策区分开。集中精力去思考那些你可以控制和影响的决策。

(4)找出你需要的信息,并积极寻求该信息。

(5)仔细分析和解释你收集的信息、做出合理的推断。

(6)找出你可以采取的行动。短期内能做什么呢?长期呢?明确你对金钱、时间和权力认识的局限性。

(7)在情境中评估你可以采取的行动,考虑到它们的优劣势。

(8)采取战略性的决策,战略性的决策可能是直接行动也可能是谨慎观望。

(9)行动的时候,监督自身的行为出现的含义,根据情境需要随时准备修订行动策略。随着决策信息的增多,随时准备调整你的策略、决策分析和关于决策的解释。

在之后的问题解决章节中,我们将逐一详细阐述这些维度。

早期的决策(2～11岁)

通过回顾塑造了我们生活方式的主要决策行为,我们可以洞察决策过程中的固有问题。例如,在我们早期的生活中,作为孩子,我们无法对我们的决策行为有主要的控制作用,但是,我们的父母通常会给我们一些做决定的机会。可是,由于当时我们的年纪很小、眼光狭隘,我们很自然地只看眼前的事物,世界观是高度自我中心的。此外,在孩子的决策过程中,许多父母的做法颇显极端:要么过度地干涉和控制孩子的决策,要么对孩子的决策不闻不问。

当我们还很小的时候,需要发展出自我中心思维和社会中心思维的限制,从而就能在当时修正这些负面行为模式,避免对自己和其他人造成的伤害。然而,就算是小孩子也需要在自己的生活中行使权力,并开始学会接受自己的决定产生的后果。如果孩子没有机会自己做出决定,那么他们就无法学会为自己的行为负责。

孩子的决策存在一个问题，他们的决策往往是他们所属群体的集体决策结果。青少年文化，包括媒体、电影、音乐和英雄人物，这些都会对孩子的决策造成影响。人类不安全感驱使孩子寻求来自其他孩子的认可和接受。他们的许多决定和行为都是为了获得同辈群体的认同。在决策过程中形成的行为模式常常是短期和长期的问题来源。

我们所做的决定会以这样或那样的方式影响我们的人格和个性。决策影响我们的信念和态度、对自身的看法以及我们对于生活的世界的感知。

青春期决策（12～17岁）

在我们的生命中，青春期是我们一生当中决策的重要时间段。作为青少年，尽管有时我们并不愿意为决策承担责任，我们还是倾向于寻求更多的独立决策。事实上，一些青少年认为："我有权利自己去做决定，但每当决策带来负面后果的时候，他人有责任帮我应对这些后果。"

像小孩子那样，青少年也不太有远见。他们常常认为眼前事情就是一辈子的情况（直接的自我中心）。为了实现独立性，青少年经常与他们的父母或其他权威人物进行权力斗争。

跟孩子一样，青少年的决定也是他们所属集体"同化"的结果，青少年的文化，包括媒体、电影、音乐和偶像，都对他们的决策起了很大的作用。人类的不安全因素驱使青少年互相寻找认同感。与多数儿童期的孩子一样，青少年的决定和行为都是为了获得同辈群体的认同。在决策过程中形成的行为模式常常是短期和长期的问题来源。

爱情、性以及全面的世界观对青少年来说非常重要，但是他们对这些问题的了解还是非常肤浅。青少年对这些问题的概念主要来源于他们看的电影、电视节目和听的音乐。这难免会带来青少年拙劣的决策行为和不良的习惯。

例如，影片中所塑造的英雄经常以成功者的形象出现，通过使用暴力来打败那些邪恶的反面角色，在影片好坏截然划分的世界中，一切都非黑即白。恶人欺负、伤害弱者，只有等到有人有勇气用暴力对付恶人的时候，这些软弱善良的人才得以获救。

在浪漫关系的影片中，爱情通常是自发的、非理性的和一见钟情的，爱情与性格无关。在青少年影片中，几乎没有英雄通过理性思考来实现他们的英雄壮举。如果在青春期形成的决策和行为模式以及生活习惯来去轻易，我们就可以坐等那些不好的习惯溜走。但事实并非如此。影响我们一生的行为习惯都是在这重要的几年里形成的，所以有意识的干预是必要的。

问题解决

我们强调的是，我们每个人的生活都需要不断地做决定，并且我们可以通过以下方式提高我们决策的能力：①对生活中决策的本质以及作用进行批判性的反思；②根据决策的本质以及作用，系统地采用那些增强我们决策行为合理性的策略。

我们决策的要点可以使我们的问题得到解决。问题解决在某种意义上和决策一样，在我们的生活中是无处不在的。我们每个决策的领域都意味着一个我们不得不去解决的领域。每个决策对于我们的问题解决都有影响，这与问题的大小和复杂程度没有关系，不合理的决定就会制造问题。如果我们的早期决定合理的话，很多问题都是可以避免的。

我们并不是要试图重申特殊问题解决的决策要点。相反，我们的目标是沿着这样一条问题解决的线来帮助读者思考在我们生活当中凸显它的地方，以及如何运用本书所讨论到的工具、价值观和特质来有效地解决问题。

成为一名积极的问题解决者

存在一些困难的问题和决策，尽管不做处理，有时它们也是能够自行解决的。如一个恼人的室友搬走；你的父母给了你需要的钱；伤害你感情的朋友向你道歉；或是得到一个意想不到的工作机会。

然而绝大多数的问题是不能自行解决的，必须要积极处理，否则，就会越变越糟。因此成为一个积极处理问题者非常有益，在问题找上你之前把它解决掉，并以一个理性的方式做出讨论。古夏威夷人曾说过，"个体若不应对自己的生活，生活就会反噬其身"。在童谣《鹅妈妈》中有如下描述：

世上的所有问题
必然只有有解和无解两种情况
如果有解，追寻直到找到它
如果无解，也不要介意

上述古语都展示了积极的问题解决者与决策者具有的精神气质。想要成为问题的解决者需要的不仅仅是积极的精神，它还需要对问题的理解、洞察力及相关解决技巧，这些因素都是我们需要关注的。我们已经在前面的章节中关注了理解、洞察力以及相关技巧，通过思考，你可以主宰自己的问题解决和决策。

首先要认清你所面对的问题的类型。问题可以被分为两种：
（1）因我们自己的决策或行为产生的问题
（2）因外力产生的问题

然后将问题分为两类：

(1) 我们可以全部或部分解决的问题
(2) 超出我们解决能力范围的问题

显而易见，那些我们自身产生的问题比外力造成的问题更容易解决，因为我们有能力对我们从前做过的决定做出纠正，改善我们曾经的行为。

问题解决的评价模式

如何判断你的问题解决方式是否是不合理的？不合理的问题解决至少有下述两种模式：

(1) 伪解决方案（问题看似解决实则没有）
(2) 以牺牲他人权益和需求为代价的问题解决方式

上述两种不合理的问题解决方式都是自欺欺人的，都没有关注问题解决最本质的东西。这两种问题在人类生活中都普遍存在。我们都有基本的需求、价值观和愿望，当这些诉求无法得到满足的时候，我们会感到受挫。我们经常混淆对错的需求、合理与不合理的价值观之间的区别。结果，我们常常会寻求满足自身错误的需求而产生不合理的行为结果。

1. 去除错误的解决方案

因为我们总是在满足错误的需求、实现非理性的目的。那些应该被解决的问题仍悬而未决。要解决这些问题，我们首先应该去除对错误需求和非理性目的的追求，这样，我们才能真正地将那些伪问题解决掉。

2. 错误的需求和非理性的结果

考察一个需求是否是错误的，首先问问自己下述问题："我是需要这个，还是仅仅想要得到它？"大多数的孩子和很多成年人会用"需要"这个词代替"想要"。但是，谨慎思考，我们会发现，答案很可能是"想要"并非"需要"。这两种描述有着本质性的区别:"我需要食物来维系生存"和"我想要跑车来让自己开心起来"是不一样的。你想要富有,但你并不需要这些财富。你想和某人热恋,但你并不需要他。你想要一份体面的工作,但你并不需要这样。区分清什么是"想要的",什么是"需要的",我们就可以处理很多问题。

生活中一些不合理的价值观和目的源于某些特殊理由,而并非真正意义上的需要。比如说,政治构建了制度体系,但这一制度体系并没有解决问题,反而带来了更多的麻烦。这些本应使从政人员更为轻松的制度规则反而增添了更多的障碍。一些政治家有时会制定牺牲公众利益的法律来获取财团的支持。

非理性的价值观有时会造成更大伤害。许多人深陷价值误区,愿意牺牲大部分人的利益来迎合少部分人。这些情况下,我们不应该继续寻求非理性价值观和不合理愿望的满足,而是要对这种非理性的满足感抱有警惕和抵制的态度。

比如说,一些学生会背下考试的核心考点,因为这比真正理解意义容易得多。但是,这样做是不合理的,因为日后工作要求学生理解,而没有真正理解知识的学生就会在这样的要求下感到迷失,他们的课业和自尊心会遭受到相应的打击。这种不合理的学习方式在数学和自然学习的课堂中很常见。这是一种典型的自我欺骗行为。

"大"的问题

人们需要思考生活中的以下两种"大"的问题。

问题一:我们对这个问题的反应势必会有长期的影响。

问题二:这种长期性的影响势必显露出来,被人们发现。

消极回应上述任何一种"大"的问题,都会是危险的。

问题解决的维度

让我们来探讨一下问题解决的维度,这和决策制定的维度类似,这些维度并没有界定一个可以供人们盲目机械执行的流程,它们是以优秀判断力和良好思维为前提的。

1. 找到并再次规范表达和评估你的目标、目的和需求

我们所有人都过着有目标的生活。在日常生活中,我们制定并试图达成目标;我们希望达成与价值观相应的结果;我们不断满足自己的需求。如果我们的目标和愿望可以自动地达成和满足,生活中将不会存在问题,我们也不会面临抉择,但事实并非如此。因此问题的产生可以归纳为两个来源:

- 达成目标、实现目的、满足愿望的阻力或条件
- 定义目标和愿望时的错误理解

首先,讨论一下第二个问题。有些时候,我们会对认为值得争取和追求的目标产生错误的理解。经验丰富的决策者会经常反思他们的一些目标是否值得追寻。通常一些问题的产生仅仅是因为人们追逐了一些不应该追逐的东西。比如说,如果你定义你的快乐来源于对你自身生活和一些你生活中重要人物决策的掌控,那么这个目标势必会对你和你想掌控的人构成问题。人类总会追求一些"额外目标"——财富的"超标"(贪婪)、权力的"超标"(控制欲)和食物的"超标"(导致身体不健康)。我们经常会对别人做出一些不合理的要求——要求每个人相信我们相信的、信仰我们推崇的、做我们所做的。人类经常会建立一些不一致的标准——期待其他人对我们自己都不会喜欢的东西满意,要求根据某些条款来评判他人的行为,而却抵制这些条款施用在自己身上。

2. 准确地辨别你的问题并分析它们

如果我们没有认识到问题,就不能解决问题。成为一个问题解

决者的第一步是有效地阐述问题。很多人的问题停留在一种模糊不清的状态中——知道某些事情是错误的，但不知道具体是哪一个。还有一些人对这种模糊不清的状态不满，但是并没有发现问题产生的根源。回避问题或等着问题自行解决都无助于问题解决。尽管有时候需要静观其变，但如果只是哀求、不断地发牢骚与抱怨，或者仅仅坐在那里表达不满，那么是不能有效解决问题的。

如果你清晰地表达和评估你的目标、愿望，你就能理性地表达和评估你的问题。一旦你能够进行这样的理性表达和评估，你就能解决问题，而不是将它们揉成一团，置于模糊不清的状态中（除非这些问题密不可分，需要相互关联、全盘性的策略）。

尽可能详尽、准确地说明你的问题，然后研究你遇到的问题是哪一种。一组问题会有一些共通性，弄清楚你要解决的问题是哪一种类型。作为一个积极的问题解决者，你要尽可能详尽准确地描述你的问题。你不但要花费时间阐述清楚你的问题，而且要充分地弄清你的问题的类型。

我们面临的很多问题是十分复杂的，复杂的问题有很多纷繁难懂之处。通常来讲，问题可以从不同角度、不同方面来解决。因此，我们需要具备解决问题的技能，从不同角度进行思考。

以美国毒品泛滥作为例子。毒品泛滥涉及的问题很多。假设我们面临的问题是：我们如何做才能减轻这个国家吸毒的人数？我们需要至少从三个方面对这个问题进行有效思考：

- 人文方面（问题部分是由文化规范造成的）
- 社会方面（问题部分是由社会群体影响造成的）
- 心理方面（这些人遇到焦虑或者其他负面情绪时，不能很好地解决问题，他们依赖可以让他们感觉良好的东西，毒品可以让他们即刻满足）

- 生理方面（这些人生理上依赖于毒品）
- 法规方面（国家的权力结构阻碍了毒品泛滥问题的解决）

如此可见，当我们遇到复杂问题的时候，我们要做的是尽可能地去推理，直到我们想清楚这些问题的重要方面。当你思考问题的时候，分清楚哪些问题是你可控制的，哪些问题是你无能为力。将你无能为力的问题搁置一边，集中全部精力去解决你有能力处理的问题。担忧那些我们无能为力的问题是无意义的，这还会降低我们的生活质量。

3. 弄清需要的信息并积极获取这些信息

事实上，所有问题的解决都需要获取一些重要的信息。任何问题都需要你去理解并积极地去获取解决这些问题的信息，而信息是依所提出问题的性质而定的。如果你要解决一个历史性的问题，那么你需要历史方面的资料。如果你要解决一个生物学问题，那么你需要生物方面的知识。如果你要解决一个多学科综合性问题，那么你应该去从这个问题所有相关的条例、条规中寻找信息。如果你询问一个概念化的问题，那么你必须至少去分析一条相关概念。如果你问一个伦理道德问题，那么你必须去了解至少一条相关道德规范。如果你的问题是社会学方面的，那么你必须收集社会学资料。简而言之，作为一个积极的问题解决者，你应该试着去理解并搜集解决这个问题所需要的资料。

4. 认真分析、解释和评估收集到的材料，并得出合理结论

掌握相关信息是解决问题的必要条件，但不是充分条件。为解决一个问题，你必须对你所拥有的信息进行解释，理解它、消化它。我们生活在一个信息爆炸的时代，大多数信息都是不可靠、扭曲甚至是错误的，所以我们必须对信息进行分析和评估。作为一个问题的解决者，你必须习惯于应对这种信息爆炸的状态，必须具备

检测信息源的能力。

5. 按计划行动并对其进行评估

有时候，你所收集的信息将明确地指导你应采取的行动。然而，更多的时候，你需要做进一步的推论（推论中的推论）以做出行动计划。从某种意义上说，这是信息加工过程的扩展。而在另一种意义上，这超越了信息本身，因为这进一步的推论指导了我们的行动。

例如，您可能会从观察一个朋友开始，他对待你的行为不同于过去。你的第一个推论可能是："杰克今天对我很怪。"你的第二个推论可能是："他对待我的行为比以往任何时候都更客气，要么是他对我失去了信任，要不就是他对我有什么看法。"

假如你直接问他："杰克，我做了什么让你这样淡漠？你似乎对我越来越疏远。"杰克回复说："哦，没有啊，你什么都没有做错，一切都很好啊！"

如果杰克的行为和你有重大关系，你可能会开始考虑你的行动。你可能会：

（1）更加密切地观察杰克的其他行为以验证你的第一个解释。也许误解是你投射在他行为上的，他的行为本身不具有疏远的意思。

（2）疏离他。你可能会避开他一段时间。

（3）问一个共同的朋友，求得他的解释。

（4）重新询问杰克。

（5）得出这样的结论：杰克不再是你的朋友，把他拉黑。

作为一个批判性的思考者，你会仔细评估这些选项，而不是简单地相信第一反应。特别是如果你重视杰克的友谊，你会非常想确定自己没有曲解他。你会审慎地采取行动，紧密围绕事实，并积极解释所发生的状况。

在任何情况下，实践才能出真知。善于解决问题的活动家不单纯是一个思考者，同时也是一个实干家。然而，我们的所作所为有其特定意义，不同的行为有不同的含义。行动一旦发生，结果便会随后到来。作为批判性思考者，我们要确保我们的行动是理性、明智的，并且是有意义的。因此，采取行动之前，我们要经常反思我们的选择，充分考虑其可能的意义，根据意义采取行动。

我们通常会问如下一系列的问题：

- 这个问题在我的控制范围内吗？
- 短期内我有什么选择？从长远角度考虑，我又有哪些选择？
- 我是根据情景考虑多种选择，还是囿于主观判断限制自己的选择？
- 在金钱、时间和能力方面，我的弱点是什么？

我们的决定都具有正反两方面的影响。因此，必须充分考虑每个选择可能产生的影响。某一选择在短期内可能是很有诱惑力的，但长期来看就会有负面影响。很多人都遭受了严重的痛苦或伤害，或给他人带来严重的痛苦或伤害，都是由于其未能充分考虑到他们决定的影响。

作为一个积极解决问题的人，个体要从一个长远角度不断思考所做的决策。从长远来看，我想要什么？从长远来看，什么是值得追求的？从长远来看，什么将会是对我一生都有意义的呢？这些都是你经常要自问的重要问题。应该警惕日常生活中自欺欺人的二元思维：决策主要是为了实现短期满足，在某些情况下，才要服务长远利益。在这个模式中，我们追求眼前利益却不敢公开承认，而那些高于眼前利益的长远价值在我们的日常决策中被忽视掉了。

6. 找到解决问题的策略方法并严格执行这一策略

在某些情况下，解决问题的最好策略可能是一个经过深思熟虑的等等看的策略。然而，在大多数情况下，需要的是更直接的策略。一旦我们已经做出最好的选择，我们通常就需要思考如何采取行动。我们需要策略来实施行动。

7. 当你行动时，密切监控你的行动所带来的影响

作为一个积极解决问题的人，一旦开始行动起来，我们的工作就不会结束，我们必须随时准备根据情景调整我们的策略。随着更多信息的获得，我们必须随时改变我们的策略、分析以及关于问题的陈述。生活中往往充满了未知和变化，今天看起来是最好的选择明天可能会变成是错误的。当我们能明确我们第一个行动方针的结果时，我们的行动方针也会做出相应的调整。

作为批判性思考者，我们必须学会逆向思维、综合考虑内外因素。我们认识到，事实应该是我们思考的最终结果。只有采取行动，事实才可以实现。但是，这种灵活的思考方式是具有挑战性的，人的心理是闭合的，表面上我们做出详尽的思考，而事实上我们却没有充分清晰地考虑这个问题。

越过解决问题的陷阱

成功解决问题绝不是通过一组既定程序或遵从他人的规则就能实现。太多的方式误导我们的问题解决。通过获取指导来解决问题是好事，但同样重要的是，要随时注意可能会出现问题的解决途径，要对问题解决要素和推理标准时刻保持敏感。一项关于问题解决维度的研究发现，一些思维元素在问题解决上的作用非常突出。请注意下面的黑体字。

（1）弄清楚你的**目标**、**目的**和**需求**，并经常重新整合。在达到

目标、实现**目的**、满足**需求**的过程中，认识到问题带来的障碍。

（2）明确地识别你的问题，然后对它们进行分析。在可能的情况下，逐个分析问题。尽可能清晰、准确地描述问题。研究问题，并对问题进行清晰的归类。制订周密计划，比如，你必须做些什么来解决这个问题。将你能控制的和你所不能控制的问题区分开。抛开你无法控制的问题，集中精力在可能解决的问题上。

（3）确定你需要的**信息**，并积极寻求这些**信息**。

（4）仔细分析、解释和评估收集的**信息**，把所有可以得出的合理**推论**记录下来。

（5）计划你的行动，并对其进行评估。在短期内，你可以做什么？长远来看呢？分清哪些在你的操控下，哪些没有。明确认识到自己在金钱、时间和能力方面的限制。评估你的选择，在具体情景中考虑优缺点。

（6）采用策略性的方法解决问题。这个策略可能是直接行动，也可能是深思熟虑的等待观察。

（7）行动后，密切注视行动所产生的**影响**。根据情景需要，随时修正行动策略。随着获得的**信息**增多，我们必须随时调整我们的策略、分析以及我们关于问题的陈述。

没有标注黑体的元素有**概念**、**假设**和**观点**。这些元素，也是有效解决问题的关键。没有明确提到它们是因为它们暗含在每个维度中。让我们先来简要地回顾问题解决的前两个维度，并考虑其中所提到的概念、假设和观点是如何相关联的。读者要自己从解决问题的每一个角度思考这些因素的影响。

1. 计划，并定期重新阐释你的目标、目的和需求

问题是阻碍我们实现自己的目标、达成自己的目的、满足需求的障碍。

显然，我们必须将我们的目标、目的和需要概念化，并认识到不同的概念将产生不同的影响。例如，我们将大学概念化，把它看成一个提供学位、使学生能够在毕业后找到一份工作的地方。因此，学生在大学的主要目的就是拿到学位、也就是说，学生将把学习放在第二位，不重视头脑的开发。因此，大学是提供学位的地方这一概念或想法将成为阻碍我们实现发展目标的一个障碍。

我们也应该认识到，我们的目标准确地反映了我们的观点，观点的变化对问题解决会有明显的影响。再以大学为例，如果我们上大学的目的仅仅是为了拿到学位、找到一份好工作，我们对大学的观点是：大学是提供就业机会的工具。这个观点就很可能让我们不关心或很少关心我们的学习内容和学习方式。但是，如果我们改变了我们的观点，认为大学有助于我们发展自己的推理能力，能够帮助我们有效处理生活中的问题，那么我们与课程间的联系将会发生很大的变化，我们将更多地关注我们的智力、能力的发展。

最后，无论何时，我们都会根据目标和需求来做出关于我们自身和世界的重要假设。如果这种假设发生了改变，通常，所有的其他元素也会变化。在上面的大学例子中，如果大学只是就业的一种手段，那么上大学的目的就是，获得一个学位进而找到满意的工作。我们只需做那些为获得学位而必须去做的事，而学习对于获取学位来说是次要的。要获得学位，在大学里，我们只要完成通过每科考试进而顺利毕业的最低要求即可。相反，如果我们认为大学是一个有助于发展技能和能力的机构，大学学习会使我们终身受益，那我们努力的方向就与"单纯通过考试"差别很大。

2. 清晰界定你的问题，然后对它们进行分析

如果条件允许，逐个分析问题。尽可能清晰、准确地描绘问题。我们必须密切关注如何使我们的目标、目的和需要概念化，认

识到不同的概念会产生不同的影响。我们也应该认识到,我们的目标和需求准确地反映了我们的观点,观点的变化通常会对目标和需求的实现产生重要影响。最后,我们确定目标定义需求时,我们也在做出关于我们自身和世界的重要假设。如果这一假设发生改变,所有的其他元素通常会变化。

用思维元素来分析问题

现在大家应该明白,思维的元素在所有决策和问题解决当中都起着关键的作用。在解决问题时,可以尝试从不同角度去思考,还可以运用思维元素分析该问题的逻辑结构。回忆一下思维的元素组成:

不论何时我们进行推理,都会暗含目的性,总会使用假定的信息得到我们想要的结论。不论何时我们进行推理,我们都会从某一个观点出发来得出结论,解决问题。

当我们思考问题时,都会涉及思维的元素,因此我们可以对这些元素进行分析和评估。换句话说,每当我们要解决生活中的问题或者想要弄清某些事情时,我们都可以仔细地了解我们思维的元素和步骤,从而逐步提高我们处理问题的能力。对思维元素和步骤了解越深、划分越细,我们就越善于思考。

让我们回到之前要解决的问题上来:到底读大学的时候要不要参加工作?假设具体的情形是,你的父母只承担你的食宿费用,可是你还想要一些额外的花销。你也知道如果去打工的话,你的学习和社交生活的时间就会缩减。

我们看一下你在考虑这个问题时是如何运用思维步骤这一工具的。对于这一问题,我们只需要分析五个部分:

(1)目的。你思考这个问题的目的是想搞清楚:在上学的时候做兼职到底有没有意义？情况如下：

1）你想有更多的零花钱。

2）你需要足够的时间来学习。

3）你想要保持自己充分的社交活动。

（2）悬而未决的问题。你所要回答的关键问题是：在上学时做兼职对于我来说到底有没有意义，或者说，做兼职会不会影响我完成自己的学习计划和我所想要的社交生活？

（3）信息。在思考时，你所用到的信息至少可以分为三类：①能够工作的可能性，②大学的学业要求，③你想要的社交生活信息：

1）工作信息包括：你所能胜任的工作种类、这些工作需要的工作时间，以及工作压力（压力大小会影响你的学习效率）。

2）学业的要求包括：①你每天大概需要的学习时间，以及每周上课所需要的时间。比如，如果你在周二和周四有课，而这些课都要求交一篇论文，那么你会需要足够的课余时间来准备论文；②课程安排情况，即按照你的课程表可以选择白天还是晚上工作。

3）你所想要的社交生活信息。比如你什么时候想去参加活动，多久参加一次，等等。

4）下面几个问题你更看重哪个？①学业有成；②有额外的花销；③保证社交生活。

（4）概念。你在思考过程中所要用到的关键概念是：

1）更多的钱。在上大学的时候，你希望挣多少钱来提供自己的花销？

2）保证学业。你期望自己的学业取得怎样的成绩？在考虑课业的准备时间时，你是想深入理解课程，还是简单了解一下即可。你的"学业有成"定义在哪一个层面？

3）社交生活。你想拥有的社交生活，包括你想与朋友们共度多少时光,想在白天玩儿还是晚上玩儿。

(5)假设。在对这个问题的思考过程中,你会做出一些既定假设:

1)你要参加所有的课程,因此在上课时间不能去工作。

2)你一定要有一些交际生活。

3)不求深入地对课程进行深入研究,你认为每门课程拿个优秀即可。

4)因为你所有的朋友都在做兼职,你也想去做。

不管在思考过程中你做出何种假定,它们都会在你处理该问题的过程中起到关键的作用。

解决问题的艺术

如果你渴望成为一名批判性的思考者,那么你首先必须成为一个能够积极解决问题的人。而积极地解决问题要求个体需要意识到批判性思维是必要的,是可以起到决定性作用的思维方式。批判性思维要求在解决问题时不能把过程过分简单化。解决问题有一定的可以遵循的步骤,但是这些步骤并不能简化为一套严格的、所谓的通往正确答案的教条。问题解决涉及的步骤越多,这个过程就会越复杂。在分析问题步骤时可以确定我们在解决问题时所需要的信息。就像你记得的那样:

几乎所有问题解决都需要获取关键的相关信息。对于任何你要解决的问题,确定你所需要的信息,积极地去寻找它!

但是,你也会记得:

相关信息是由所要解决的问题本身所决定的。如果你要解决一个历史性问题,你需要史学的信息。如果你要解决生物学问题,那么同样你需要获取生物学的相关信息。如果你要解决一个涉及多学科的问题，那么你必须去搜索与该问题相关的所有领域的信息。如果你要解决一个概念性的问题，那么你至少要分析一个相关概念。如果你要解决一个道德问题，那么你需要确定至少一个相关道德准则。如果你需要解决一个社会问题，那么你必须要搜集社会学的相关信息。

因此，要想成为一个问题解决的专家，你必须要在脑海中构造一个复杂的问题分类图。然而，问题分类的数目并不少于我们所要解决的问题数目，并没有简单的方法来创建一幅这样的分类图。我们可以按照很多不同的方式把所有的问题进行归类，比如，在这本书中，我们经常按照不同的学科将问题进行分类：化学问题、数学问题、生物问题，等等。我们也可以从系统的角度对问题进行分类：单系统问题、无系统问题、多系统问题。另外，还有其他许多有效的方法可以用来对不同的问题进行归类。

当我们把要解决的问题与和它的解决方法类似的问题进行比较时，我们能够更好地理解这一问题。每个问题的解决都需要我们去做一些工作，当我们在解决问题的过程中遇到困难时，问题解决就增加了难度。对于每一个问题，我们都可以按照其中所包含的主要困难和复杂性对它进行归类。

我们不能向他人或组织寻求一个确定的问题分类表。就算是有，我们也只有通过自己对这些分类的吸收理解才能够在解决问题时应用这些分类。因此，我们每个人都必须要规划我们自己的问题分类图谱。分类时可以参考如下两个方面：

（1）我们已有的分类知识（比如我们已经用到的那些）。

（2）按照问题在我们生活中的重要程度进行分类。

在解决问题时，我们一定要一视同仁地执行所有问题解决的步骤。

批判性思维理论为我们提供了一个对问题的思考范式，但是它没有也根本不可能在人们没有思考的情况下就解决问题。这个理论并不能代替我们进行思考。对它进行吸收理解并且积极地将它与我们的实践经验相结合，才是问题解决的关键。在应用过程中，我们要善于判断并且时刻注意该理论的不完善之处。有效解决问题的方法离不开批判性思维的基本准则，作为思维方式的主体和独立的思考者，我们保证思维的质量。有效的问题解决为我们提供了基本准则，但是这些准则的运用是一门艺术，而不是呆板的教条。

小结

本章强调了人们生活中的决策和解决问题的重要性。就像你看到的那样，这两个过程之间有很多交叉的地方。决策是问题解决内在的一部分，因为每当我们考虑完一个问题后，最终都需要做出一个决定。当然，有一些决策并没有涉及问题。然而，就像你在本章看到的，在问题解决和做出理性决定的过程中，有效的思维技巧是一样的。

尽管没有人可以完全掌握决策和问题解决的所有技巧，但是我们每一个人都可以通过一些方式来提高自己的能力，这些方式如下：

（1）对我们生活中决策的本质和作用做出批判性的思考。

（2）判断我们生活中的大问题，进而专注于这些问题的解决。

（3）系统地采取某些策略来提高我们有效做出理性决策和问题解决的能力。

在应用这些提高策略时，我们可以按照自己的需求来思考、行动，以使我们能够充分意识到以下这些过程：

- 我们在童年阶段所做的主要决定。
- 我们在青春期所做出的主要决定。

- 我们做出决策和解决问题时所采用的模式。
- 我们决策和解决问题的方法有多大程度是出于即时的满足和短期目标。
- 我们最终的和最基本的目标。
- 我们可以做的选择。
- 在决策和解决问题时,我们必须自觉地采纳最好的选择。
- 决策和问题解决需要足够的思考时间。
- 需要系统地进行。
- 决策和问题解决的不同维度。

决策和问题解决的熟练程度与思维技巧紧密相关。一个优秀的决策者和问题解决者了解自我,知道怎样运用批判性思维的基本规则。他能够很好地意识到思维中固有的自我中心、社会中心主义性质,从而能做到思维上的谦卑、耐心和公平。

| CHAPTER 11 第 11 章 |

应对自身的非理性

人类经常陷入非理性行为之中：我们打斗、发动战争、杀戮、自残、目光短浅、睚眦必报……我们会因为欲求没有得到满足而采取行动，我们会虐待我们的配偶，还会忽视我们的孩子。我们时而情绪化、大肆发泄，时而又回归刻板。我们言行不一，忽视证据，妄下结论，相信无稽之谈，自欺欺人。我们才是自己最大的敌人。

在人类非理性行为背后隐藏着两个既存在交互关系又有内在联系的动力因素，这两个动力因素就是本章的主题：

- 人类的自我中心，人类自然倾向于自我中心地、从自己的角度去观察世界万物（《韦伯斯特新世界词典》）。
- 人类的社会中心，可以简单地定义为群体的自我中心。要界定群体的自我中心，我们可能需要参照《韦伯斯特新世界词典》上有关自我中心的定义，用群体自我中心代替自我中心。它认为：社会意识指的是人类的自然倾向，人类自然地以所在的群体为中心、以自身群体的角度去观察世界万物。

人类自我中心有两个基本倾向：

（1）倾向于自我服务，追求个人良好感觉，却总是自私地以牺牲他人的利益和需求为代价。

（2）倾向于坚持自我信念。

第一种动力因素是自我中心，它是一种思想上的僵化。它常常将非理性信念视为理性的。

第二种动力因素是社会中心思想，这是自我中心的延伸。人类是群居动物，很大程度上受群体影响，并在群体中长大。大多数人基本上都是自我中心的，都关注自己，所以最终形成的群体也会是群体自我中心的。自我中心和群体中心造成的结果是，大多数人都是自私的、僵化的、服从群体意识的，并认定自己的信念和所属群体的思想是正确的。

社会中心思维是自我中心的直接延伸，它从根本上源于自我中心的两种基本思想倾向：

（1）寻求满足自身或自身所在群体的欲望，而不去考虑其他人的权利与需求。

（2）使群体的信念和行为合理化（不论这信念和行为是否荒谬）。

社会中心思想假定人类存在自我中心倾向，而群体中的自我中心正是自私的源头。组织基本只会接纳组织内的群体，而拒绝组织之外的群体。这在各种社会冲突、惩罚以及报复中十分常见。同时，它也是许多战争和犯罪的根本原因。它使一些（享受特权的）人面对他人的苦难无动于衷，也使得群体中的一些人（精英）对另一些人（平民百姓）进行操纵。

思考一下街头帮派和国家之间的相似性。黑帮集团追求的目标是非理性的，用暴力解决与其他帮派之间的争执。如果非要指出他们行为中的合理性的话，只有从片面服务自身群体的角度，我们才能说这些行为是合理的。相似地，一国频繁入侵其他国家，同样也只能从片面的国家利益至上的角度来看，这些行为才是合理的。这两个例子之间的差异很小，但是前者遭到了社会谴责，而后者却得到了社会支持。

总之，人生于群体，融入群体，在这个过程中发展出群体中心。群体中心者的人很少提出异议，很少考虑自身，也很少注意到自己的盲从与非理性。人类都是自私自利的，并且总是从他们所属群体的角度来看待世界。自我中心和群体中心意识都是理性思维发展过程中的巨大障碍，在我们的意识中，我们根本觉察不到两种倾向的非理性。除非我们能完全意识到这两种倾向并克服它们，否则我们的理性是不能得到充分发展的。我们将在本章的最后一部分进一步阐述这些观点。

管好自私的天性

自私指的是不考虑别人的权利和需要，这是人与生俱来的本性。我们不会自然欣赏他人的观点或认识到自己观点的局限性。只有经过专门训练，我们才能明确意识到自身存在的这种自我中心。我们不会轻易地承认自我中心，总是从自我中心的角度解释信息数据；我们不会意识到自身的自我中心及其产生的影响，也不会发现自身的自我服务倾向。

人们非常自信地认为自己已了解了事情的真相，但情况并非如此。尽管直觉可能并不准确，但是人们很自然地相信自己的直觉。在思考时，人们不会运用理性标准，而往往从自我中心的角度（而不是知识）来确定该相信什么、该拒绝什么。人类在思考时最常用的标准是：

- "因为我相信它，所以它是真的。"先天的自我中心论：我认为我所相信的就是真的，尽管我从未质疑过这些信念的基础。
- "因为我们相信它，所以它是真的。"先天的社会中心论：我认为我所属团体相信的就是真的，尽管我从未质疑过这些信念的基础。
- "因为我想要相信它，所以它是真的。"满足自己的诉求：例如，我相信对我（或者我所属团体）有利的信息，而不相信不利的信息，即使我没有仔细考虑更多不利的证据。我相信"感觉好的信息"，相信那些支持我信念的信息，相信那些不需要我改变观点的信息，相信那些不要求我承认错误的信息。
- "因为我一直相信它，所以它是真的。"自我确认：个体有强烈的愿望来证实自己坚持许久的信念，虽然并没有严谨地确认过这些信念中哪些是合理的。
- "因为相信它符合我的利益，所以它是真的。"先天自私：我相信能够证明我行为合理性的观点，这有助于我获得更多的权力、金钱和利益，尽管这些信念不是建立在合理的推理和证据基础上，但他们符合我的利益，所以我选择相信。

人类天生倾向于非理性地思考，作为一个物种，我们没有制定和发展合理的智力标准不足为奇。我们不希望我们的思考受到太多的质疑，不希望我们的偏见受到挑战。我们自私自利，不关心他人的权利。我们不会牺牲自己的欲求来满足他人的基本需求。我们不想知道那些本以为神圣的信念其实并不神圣。如果偏听偏信能使我们拥有更多权力或优势的话，我们会对一些基本原则视而不见。

幸运的是，人类并不总是以自我中心为导向的。我们每个人内心都有两种潜在的思想：一个是先天的自我中心的和自我服务的倾向，另一种是后天培养的、合理的和高层次的倾向（经过教养）。从这一章开始，我们将关注自我中心在人类生活中的意义，然后将这一有缺陷的思维方式（见图11-1）和与其对立的理性思维方式进行对比。与自我中心相对，我们探索哪些合理的信念、情绪和价值。接下来，我们将关注两种不同形式的自我中心思维：主导行为和顺从行为。

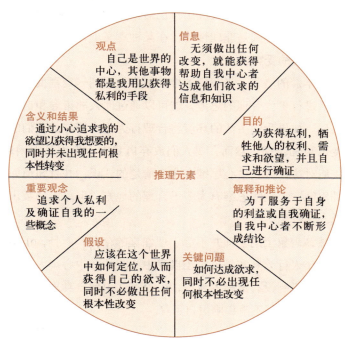

图 11-1 自我中心逻辑包括的几个元素

了解自我中心思维

自我中心思维源于我们人类天生的狭隘倾向，我们生下来就倾向于从一个狭隘的、自私的角度来认识世界。我们天生就会认为世界是为我们服务的。我们本能地以符合我们利益的方式解释情景和他人的行为。

同时，我们很自然地认为我们的思维方式是合理的。当我们从自利的角度来看待问题时，不管我们的想法是多么不合理、对他人多么有破坏性，我们总是认为我们的思考是合理的。在我们看来，我们的想法是正确的、正当的。我们自我中心的天性是批判性思维中最可怕的障碍。

从童年开始，我们就发展出自己对世界的认知。因此，如果我们的信念和思维方式是非理性的，在某种意义上，我们就是这种信念和思维方式的受害者。

随着年龄的增长，当我们的推理能力发展到一定程度时，我们会对生活进行更为合理的思考，这可以通过他人的指导和自己的经验来实现。如果我们生活的环境将合理行为作为榜样，我们的行为也会变得更加合理。然而，要人们放弃自我中心思维是很困难的，除非我们对这种自我中心思维有非常清楚的认识，并且知道如何摒弃这种思维。人类的思维有太多不合理的地方，但总能伪装出合理的假象。

当然，表象上的合理并不等于理性真的存在。而且，很多看似理性的成年人行为其实是根源于自我中心或社会中心。人们对自身的大脑运作机制没有清晰的认识，也没有认识到自身思维中带有的偏见、虚假、模糊不清和刚愎自用等。

自我中心是一种思维方式

自我中心思维的运作是无意识的，它存在于我们脑海中，而我们却否认它的存在。没有人会说"我的思考是自我中心性的"。自我中心思维的最终目标是自我满足和自我验证（见图11-2），并不尊重别人的权利和需要，只维护自身和与自身利益一致者的利益。在进行自我中心思考时，我们总是认为自己是正确的，那些与我们观点不一致的人是错误的。

| 力图获得私利 | 自我中心思维的动机 | 力图使现在的思维方式合法化 |

图 11-2　自我中心思维的两大基本动机

在我们的自我中心思维里，我们的家庭、孩子、国家、宗教、信仰、感受以及价值标准都是最优的。自我证实对我们而言至关重要，即便在我们不公平地对待他人或损害别人的利益时，我们也会寻求这种确认。我们只重视那些我们可以掌控并用以支持我们的事实时，讨厌那些指出我们前后不一致的人。自我批评并不意味着行为的改变。相反，这种批评往往是用来避免这些改变。比如说，如果我说："我知道我脾气暴躁，但是我没办法。我和我父亲一样爱发脾气。"这种自我批评是用以证明我继续发脾气是合理的。

人们的自我中心思维主要是为了验证我们当前的信念体系。如果受到认可，我们会感到很舒服，即使我们正在做的事情实际上是不道德的。例如，如果我们从小被灌输某一个种族的人是下等的，自我中心思维就会使我们持有这样的观点：①我是没有偏见的（他们的确是下等的）；②我是根据他们的特点做出的判断；③我是一个思想开明的人。

这些信念在我们的思想中作祟，使得我们认为自己并没有对这些种族的人妄下结论，认为自己没有误解他们，相信自己只是简单地以事实为依据。尽管忽视了那些可以推翻这些信念的证据，我们却认为自己没有忽略这些证据，从不承认自己是一名种族主义者。

只有在自我分析能力得到显著提高后，我们才能意识到自己的自我中心倾向。只有在我们对自我中心思维进行分析的时候，自我中心思维才不会合理化我们的非理性行为。自我中心思维是一种高超的自我欺骗技术，为理性代替非理性设下了障碍。自我中心思维的自我欺骗程度越高，我们认识到自己非理性的可能性就越小，认识到自我中心思维之外的相关信息就越少，想要增加我们的合理信念和动机就越难。

成功的自我中心思维

虽然我们与生俱来的自我中心思维是偏离理性的，但是它可以在非正常的逻辑中有好的效果。例如，它可以使我们自私地得到我们想要的东西，而不用去担心其他人的权利。这种思维模式虽然在证据、推理合理性、客观性以及公平性等方面存在缺陷，但是却能"成功地"实现自我满足。因此，尽管自我中心思维天生存在缺陷，但是它可以成功地使人们得到想要得到的东西。

我们可以从很多有权力有地位的人身上发现这一点，如成功的政治家、律师、商人等。他们通常都善于得到他们想要的东西，大量诡辩的言辞能够将他们不道德的行为合理化。这个过程很简单，比如："这是一个残酷的世界。我们必须面对这一现实。虽然我们希望一个完美的世界，但是我们必须清楚地认识到现实并不是这样。毕竟，我们只是按照既定一贯的方式在做事情。"当然，合理化的过程也可以变得非常复杂，如同高深的哲学、观念学以及党派斗争一样。

尽管自我中心者可能在合理化过程中引用道德准则，但是他们自身并不诚心尊重和遵守道德准则。只有当道德准则可以让他们谋求私利的行为合理化的时候，他们才会想到道德准则。

自我中心思维在本质上不同于道德准则和真正的良心。我们不可能在自私地为自己着想的同时又真诚地考虑到他人的需要。只有当为了自己私利而不得不去考虑他人的需要时，自我中心思维才会促使我们去考虑他人。因此，只有当一个组织有能力决定政治家连任与否时，这个自我中心的政治家才会去考虑这个组织的公共利益。政治家关注的不是这个组织的意见，而是组织对他连任的影响。他真正关心的只是他自己的利益。只要对他人的关心是出于私利的考虑，这就不能视作真正的关心。

越来越多的公司老总对外夸大公司的预期利润（以便以较高的价格卖出股票），造成越来越多的人在公司投资中赔钱。多数CEO在操作数据时从不考虑投资者的利益。他们称提醒过"投资需谨慎"！通过这种方式，他们回避了自身行为的不道德本质。

高度娴熟的自我中心思维存在于各种情形之中，甚至包括两个人之间的简单互动。想象一下马克斯和玛克辛夫妇像往常一样到音像店租影碟。马克斯想租一个动作电影，而玛克辛想租一个爱情电影。虽然玛克辛通常会放弃自己的选择来满足马克斯的欲望，但是马克斯从来不会去迁就玛克辛。马克斯为了使自己的行为合理化，他会告诉玛克辛，他的选择是更好的，因为他选的电影中充满了激动人心的动作，而爱情电影总是冗长无聊，他选的总是获奖电影，没有人喜欢看那些会让人哭的电影……说出了很多理由。其实他掩盖了真实的原因：马克斯只是简单地想看他喜欢的电影。在他的意识里，就应该看他想要看的电影。

马克斯的自我中心甚至向他自己掩饰了真相。他无法理解玛克辛的想法，也看不到这对于玛克辛的不公。他的自我中心思维使他的欲望得到了满足，同时还将推理中的缺陷合理化，他是成功的自我中心者。

不成功的自我中心思维

当自我中心思维不成功时，它带来的问题不但影响他人，还影响自利者本人（见图 11-3）。让我们再回到马克斯和玛克辛租影碟的事件里。想象两人逛了很长时间的音像店，马克斯通过自私的论点让玛克辛迁就他对影片的选择。但是，有一天玛克辛决定不再迁就马克斯的自私行为。她开始感到愤恨，认为马克斯可能并不是真正关心她。她越这么想，就越意识到马克斯与她交往时的自私行为。她不再愿意迁就他的电影选择甚至其他决定：什么时候及去哪里吃午饭，什么时候去见他们的朋友，等等。

图 11-3　失败的自我中心思维

玛克辛开始感觉到被马克斯操纵和利用，进而产生出对马克斯的防御态度。她开始反抗，不再一味迁就马克斯的单方面决定，当她不同意他的选择时，就会提出反对意见。

问题转向马克斯，他的自我中心思维已经不再有效。当事情不能按照他期望的方式进行时，他会特别生气。他没能洞察到自己不合理的行为，也没有意识到他对待玛克辛的方式实际上是不公平的。而玛克辛的怨恨让她产生了报复行为，马克斯的生活不再像以前那么顺利了。玛克辛可能决定，她以后不会再附和马克斯的电影选择。她可能会寻求某种小小的惩罚去宣泄她的不满。

如果她同意马克斯选择的电影,她可能会在整个看电影的过程中表现出生气的情绪。他们可能会陷入无休止的战争中,两个人都不开心。

这仅仅是失败的自我中心思维的一个例子。自我中心思维及其等效的社会中心思维(在本章稍后讨论)可能会导致社会偏见、社会冲突、战争、种族灭绝等各种灭绝人性的行为。尽管有时某人或某团体可能因为自我中心思维取得暂时的"成功",但最终对他们自己以及他人都会造成负面影响。

设想一下,一个帮派骚扰一个人可能只因为这个人穿着的运动衫与他们帮派的颜色相同。刚开始时只是口头攻击,紧接着就发动身体攻击,这不仅对受害者造成严重的伤害,帮派成员也要为袭击事件负责,因涉嫌故意伤害而被捕甚至坐牢。

即使不对别人造成直接伤害,自我中心思维也可能会导致慢性的自怜或抑郁。出现这种问题的人常常会这样想:

> 我不知道为什么我总是受到不公平的待遇。就在我认为一切都很顺利时,我又必须面对另一个问题。还有完没完?生活似乎充满了一个又一个问题。我的导师对我期望太高了。我父母给我的钱太少了。我的老板认为我工作得不够好。我的妻子总是对我抱怨,现在我又得弄清楚如何伺候我的这个车。生活真是让人讨厌,我不知道事情为什么永远不按照我设想的方式进行。

自怜的人没有办法认识到生活中积极的方面。他们对快乐视而不见,总是自怨自艾。他们总是抱怨承担了不必要的痛苦,对自己说:"环境这样糟糕我怎能过得好?"在这种情况下,由于思维本身不能进行自我纠正,个体成为自我中心思维的受害者,因为他只选择关注消极事件(见图11-4)。

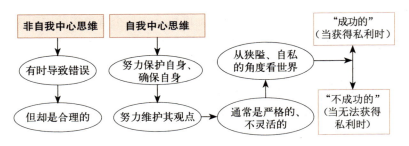

图 11-4　思维中的问题：自我中心思维和非自我中心思维

理性思维

尽管非理性思维对人类生活影响巨大，但人类还是能够理性地思考和行动。我们应当尊重证据，即使这些证据可能不支持我们的观点。我们可以用同理心去看待别人的观点，要注意我们的言论和行为的意义。我们应该更富同情心，既可以为他人做出牺牲，也可以与他人合作解决问题，及时发现并纠正自私的想法。

因此，尽管自我中心思维使我们饱受各种错误观点的折磨，但是我们可以通过换位思考克服这些错误观点。正如我们可以接受听到的观点一样，我们也可以站在他人的角度看待问题。自我中心思维阻碍了我们对自己思维和行为的认识，而批判性思维可以向我们澄清这个思维过程。就像我们对自己的观点总是持绝对态度一样，我们也应该认识到自己的观点并不总是完整的，有时甚至是非常自私的。就像我们总是对自己不合逻辑的观点也非常自信一样，我们也可以学着找到自己思维中缺乏逻辑的地方，并找出偏离逻辑的原因（见表 11-1 和图 11-5）。

我们不要总是坚持自己的世界观，也要学会考虑和理解他人的观点，从不同的角度看问题。我们要公正地评价自己的观点，随着"第二本能"的发展，我们可以努力去认识自己的想法。

表 11-1　先天自我中心思维者与后天培养的非自我中心思维者言行的比较

自我中心思维	非自我中心思维
• 通过牺牲他人的权利来谋求私利，同时阻碍了合理思维的发展 • 寻求自我确认 • 不灵活的、缺乏适应性的（除非通过灵活性能实现其私利） • 自私的 • 进行全局性的、普遍积极或者消极的归纳 • 歪曲并忽视重要信息 • 没有达成目标时，产生消极情绪	• 在谋求私利时，尊重他人的需求，积极进行个人发展、学习和理性的发展 • 灵活的、有适应性的 • 努力做到公正 • 努力准确地解释信息 • 努力收集并考虑所有相关的信息 • 通过控制情绪，创造性地利用情绪力量，对情况做出恰当反映

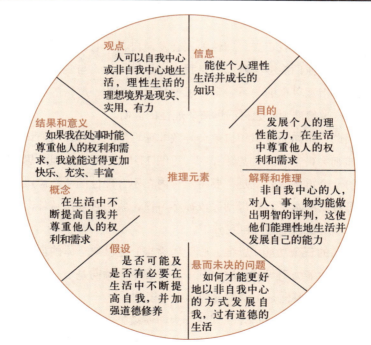

图 11-5　非自我中心思维的逻辑

我们每个人都有发展理性思维的潜能，并用它来修正自己的自我中心思维模式（见图 11-6）。理性思维的发展要求我们对思维有一定的控制力，但很少有人具备这种控制力。它要求缜密思考、有责任心以及很强的内在动机。它要求三思而后行，辨别和审查我们的目的和步骤，明察自我中心倾向。它要求识别出非理性思维，并努力将之转化为理性思维。

我们可以想想托德和特蕾莎的故事。他俩正在恋爱中，托德发现在特蕾莎与其他男士谈话时，自己会感到嫉妒，并且意识到这种嫉妒是非理性的。现在他可以通过理性思维阻止自己自我中心性的胡思乱想。他会问自己一些跳出"自我"的问题，如"为什么她不能与别的男士谈话呢？我有理由不相信她吗？如果没有，为什么她那样做我会很烦呢"。

通过这种自我审查，理性的人会发现自我中心思维背后隐藏的真正动机。他们能够与自己的自我中心思维和解，与爱人确立一种理性的、相互尊重的关系。理性思维是以灵活的、严格的和公正的方式坚持道德准则，让自己远离非理性的倾向。

因此，正如无意识和自欺会导致非理性结果一样，有意识和自我感知则会带来合理的思维结果（见图11-6）。所以，理性思维中包含的一个重要内容就是，要将具有内在不合理性的所有思维都提升到可意识的水平。要想彻底改掉坏习惯，我们必须承认坏习惯的存在，然后积极地进行自我分析。

头脑的三个功能（思维、感受和需求）可以被个体的自我中心或潜在理性能力引导或控制。其中，自我中心倾向是自动的和无意识的，而理性倾向是主动发展的和有意识的。

根据推理的思路可知，理性行为即使被公之于众，它也能经受住任何合理的批评。而所有未能坦承的思想都应该遭到质疑。就像一份合同里有好几页细则是一方不希望另一方完全理解的，自我中心思维掩饰了正在进行的思维活动。这种掩饰不仅针对自己也针对别人，这样使自己显得一直都是合理公平的。

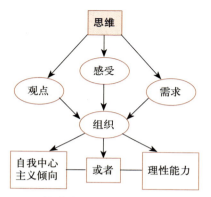

图 11-6　理性或自我中心倾向控制我们的思想

相比之下，理性思维是用合适的推理来证明自己。它不是自欺，也不隐藏什么。它并不局限于一种观点，而是努力收集各种观点，保持其前后思维的一致性和完整性。理性的人寻求通过本质来充分、完整地理解和体验世界。理性的人积极地面对生活，勇于承认错误并吸取教训。事实上，他们希望看到自己的错误。

为了发展理性能力，你就必须意识到，你的观点、感受和需求要么被自我中心性思维控制，要么被理性思维所控制。为了让你的理性思维战胜自我中心倾向，你就要像乐队的指挥一样，控制整个音乐的演奏过程，维护乐队的纪律，评估声音的质量，纠正缺点，通过每天的检查以及不断练习，最后演奏出高品质的音乐。

为了开发理性的潜能，在日常生活中，你必须在理性和非理性之间相互转换，而且必须认识到非理性思维的存在。然后你的思维才会对你产生深刻的影响，进而决定你的生活品质。

自我中心的两种模式

我们已经介绍了理性和非理性的区别，现在开始讨论自我中心思维的两种不同模式。两种模式都体现了自我中心思维用来实现目标的一般性策略，或者说体现了获取权力的非理性方式。

首先，让我们关注一下权力在日常生活中扮演的角色。我们所有人都需要感觉到自己享有一些权力。如果没有权力，我们就无法满足我们的需要。没有权力，我们将任人摆布。我们所有人都需要行使某种权力，这与权力的大小无关。因此，获取权力对人类生活而言至关重要。我们可以通过理性或非理性的方式来获取权力，同时又可以利用获取的权力来为理性或非理性服务。

获取和使用权力的两种非理性方式形成了两种不同的自我中心策略：

（1）控制其他人的艺术（直接获取自己想要的东西）。

（2）顺从他人的艺术（间接得到自己想要的东西）。

目前，自我中心思维可以通过直接控制别人或间接顺从他人来满足我们的欲望。说得透彻一些，要么威胁他人，要么卑躬屈膝。它要么威胁弱者，要么顺从强者，或两者兼具。

这两种追求利益的方式都是非理性的，在本质上都是有缺陷的。两者都是建立在非理性的思维基础上，都是认为自我中心者的需求比他人的利益重要得多。我们接下来将简要地探讨这两种非理性思维的模式，并列出来每个模式的基本逻辑。

在讨论这些模式之前，我们认为有必要提醒读者：正如我们已经提到的，生活中的很多情况都涉及权力使用。然而，权力的使用并不意味着这一行为本身是不正当的。例如，在商业环境中，分层协议需要经理做出决定，也许员工不同意经理的决定，但有胆识、有气魄的经理可以要求行使决定权。事实上，无法行使职能权力的经理通常是无能的。经理要为完成任务负责，因此他们必须利用自身权力来了解任务的完成情况。当然，这并不意味着他们可以滥用职权以满足私欲。

行使权力已成为人类生活中必不可少的一部分。权力行使是理性的还是非理性的,取决于使用者的动机和态度。因此,如果权力以合理的方式来服务合理的结果,那么这种权力行使就是正当的。相反,如果权力是被用来控制他人以实现私利,那么这种权力行使就是不正当的。

现在让我们转向非理性思维的两种主导模式,这两种模式在某种程度上体现了我们的自我中心:

(1)控制性的自我中心思维:"我可以通过自己的奋斗实现我的诉求。"

(2)顺从性的自我中心思维:"我可以通过取悦他人来得到我想要的。"

自我中心思维通过习惯或对现状的评估来选择具体的模式(见图11-7)。例如,它既可以通过取代上级,又可以通过取悦上级来实现它的诉求。当然,我们必须记住这些选择以及伴随这些选择的无意识思维。

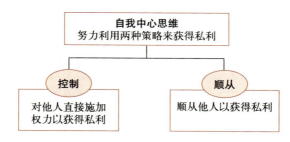

图11-7　自我中心思维所采用的策略

无论何时,我们为了私利,进行自我中心思考,我们都是在**努力控制或顺从他人**。

1. 控制性的自我中心

自我中心思维的两种功能当中,控制性的功能或者称为控制性的自我中心也许更容易被人理解,这也是我们本章的主旨所在。当我们用这种思维方式思考时，我们首先关注的是权力的行使，让别人按照我们想要的方式去做。因此，控制性的自我中心者通过武力、口头恐吓、威胁、暴力、侵略、权威和其他形式的公共权力来实现自身目的。这受到一种信念的驱使，即我们要想获得我们想得到的，就必须以一种方式对他人进行控制。即便是他们想要拒绝，我们也能控制他们，让他们按照我们的想法去做。当然，有时候，这种控制可能是微妙的或间接的，其表现形式也可以是温和的或不易被察觉的。

例如，要想了解生活和工作当中的控制性自我中心，我们仅仅需要去看看那些被配偶控制的人或者被父母虐待的孩子。其基本模式是，"如果别人不做我让他做的事情，那么我就强迫他去做"。想象一下酒吧里的一个人为了强迫他人远离自己的女朋友而对他人拳脚相向。表面看来他是为了保护她，实际上，他的目的可能是确保她不会与他人产生浪漫的关系，或者是让那人在同伴面前难堪。

对他人的控制通常会产生权力感和唯我独尊的感觉（见图11-8）。控制者通常狂妄自大，同时伴有自我欺骗和高度的伪善。对控制者而言，控制其他人似乎是正确合理的。控制者声称他们是为了被控制人的"利益"才行使权力。在行使权力和强迫他人服从的过程当中，控制者会产生一种自我确认感，而其他人必须为此承受无尽的麻烦、痛苦、折磨和损失。

思维的心理结构是双向的，对于那些能成功支配他人的人而言，要认识到自己行为的错误是非常困难的。这就像如果你认定你所做的就是应该做的事情一样，那又为什么会去改变呢？因此，只要控制性的自我中心获得成功，它就会带来积极的情绪反之会产生消极情绪。

消极情绪的产生通常是因为失去对他人的控制，这些情绪包括生气、愤怒、怨恨、敌意、对抗、抑郁和悲伤。设想一下虐待成性的丈夫，多年来他成功地控制着他的妻子。而当她决定离开他时，他可能会暴怒并杀了她，甚至杀了他自己。只要他认为他能够控制她，他就会感到满意。但当他不再能控制她时，他的非理性愤怒很可能导致他的极端暴力行为。

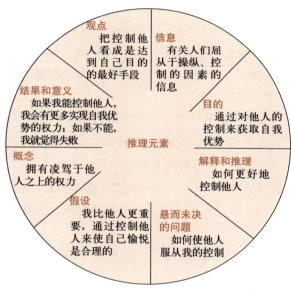

图 11-8　控制性自我中心的推理元素

从以下这些例子来看，控制性自我中心者会将自己的非理性行为合理化：

"我知道的比你多。"

"因为我知道的比你多，我有责任负责。"

"如果我必须使用武力来做正确的事情，我应该这么做，因为我清楚地知道需要做什么。"

"如果我比你有更多的权力，那是因为我的技能和领悟力比你好。"

"我有权领导大家，我最了解情况。"

"你在做愚蠢的行为，我不能让你伤害自己。"

"我是专家，因此没有什么我需要知道或不知道的东西，你没有什么可以教我的。"

由于潜意识中的信念和观点，自我中心者的人际关系并不好，尤其是同类似的自我中心者或者是强大的理性思考者。无意识的控制倾向不仅会妨害人们健康的人际关系，对于早已学会使用控制性自我中心策略和技巧的人而言，它也会阻碍这些人的学习进程。

控制性自我中心者常常轻视知识。对于他们而言，以下列出的所有思想通常都是无意识的。而且老师和父母的非理性倾向也会让学生轻视知识，不重视学习。

"我为什么要学这些？这些东西对我没用。"

"这只是理论和抽象，我想要实践知识。"

"关于这个主题，我了解所有需要知道的内容。"

"这不在我的专业范围内，我永远都不会用到它。"

"我很聪明，如果我不明白正在学习的内容，这显然是教师教授的方式有误。"

"我之前总是取得好成绩，所以，在这个班我没有取得好成绩是老师的错。"

控制性自我中心的另一个标准是，我倾向于对他人施加比自身更高的标准。例如，尽管自身存在明显的缺陷却要求他人几近完美。举个交通堵塞中经常发生的例子：人们开车时总认为自己的"权利"是神圣不可侵犯的（"没有人可以阻碍我"），然而自己却经常侵犯其他人的权利（我要进入这个车道，否则等着别人太糟糕了）。简而言之，控制性自我中心者期望别人遵守规章制度，而自己却有"权力"违反制度。

从道德的角度来看，那些寻求控制他人的人经常侵犯别人的权利，自私和残忍是这些人的共性。规劝他们是很难成功的，因为他们会用大量的非理性伎俩来避免承担道德上的责任。

接下来，我们将展示服从性自我中心思维的逻辑，这种逻辑是一种通过依附于其他处于优势地位的人来寻求权力和安全感。这并不意味着任凭人都通过顺从有权利的人来实现他们的诉求。他们可能通过理性的方式来获取权利和自身利益。带着这种想法，我们接下来讨论这种服从性自我中心的情况。

2. 服从性自我中心

如果控制性自我中心的标志是控制他人，那么服从性自我中心的标志就是战略上的服从（见图11-9）。在这种思考模式下，人们并不是通过直接的方式获得权力，而是通过服从于有权力的人间接地获得权力。他们通过服从有权利者的意志来达成私人利益。通过这种方式，服从性自我中心者间接地获取了权力。为了达到目的，他们学会了如何奉承和操控他人。不可否认他们都是出色的演员，表面上他们对他人的幸福和利益表现出关切，而实际上他们只是通过其他人来实现自己的利益。同时，他们又必须通过这种行为模式将自己掩饰起来，因为他们必须在一定程度上维持自尊。如果他们不得不承认他们是通过服从别人而达到目的的，那么他们就很难会有满足感。

在现实生活中，这种模式的例子不胜枚举。例如，一个十几岁的女孩装作十分喜欢钓鱼（然而实际上很讨厌钓鱼），想借此让她的男朋友更喜欢她，这就是一种服从性自我中心的思维模式。这个女孩服从于男友的意愿，因为她想达到特殊的目的（有一个显赫的男友，吸引他的注意，在这段恋情中享受安全感等）。即使这个女孩随时都会同意和男友一起去钓鱼，但是维持了很长一段时间后，尤其是当她确认了男朋友对她的感情之后，她很可能会拒绝这么做。根据服从性自我中心思维策略的特点，卷入这种思维模式当中的人最终会拒绝服从。

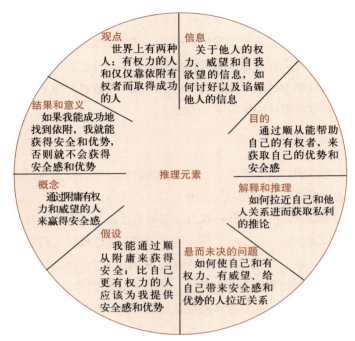

图 11-9　服从性自我中心的推理元素

我们设想，有这种服从性自我中心思维模式的年轻女性，很可能最终会嫁给一个富有的丈夫，从而确保自己得到照顾、不用工作甚至不用付出就能享有奢侈的生活。但实际上，她可能会欺骗自己，让自己认为自己是爱丈夫的。然而，因为他们在感情上并不和谐，所以这种婚姻关系很可能无疾而终。

一种相似的倾向还体现于社会团体中。在很多团体的权力结构中，有人扮演着控制者的角色，其他人扮演服从者的角色。

大多数人则同时扮演着这两种角色，这取决于具体的情境。纳粹德国和法西斯主义为我们呈现了一个同时培养控制者和服从者的绝佳例子。在这个体系中，几乎每个人都根据情况学习了两种自我中心的模式。这个体系建立了一个个体必须服从上级同时对下级享有绝对权力的等级制度。只有希特勒不需要服从于他人，因为他高高在上。理论上，在这个体系中，没有人会理性地劝说他的下级。这种模式是很清晰的：位低者服从，位高者控制。

在人类文明的大多数意识形态中，官方赋予的理性在人类生活当中的使用远比在法西斯社会多得多。然而，大多数的官方意识形态都是被过度粉饰的。需要补充说明的是，因为所有的社会都是有等级之分的，而且所有有等级之分的社会都有权力等级体系，因此，目前所有的社会都鼓励控制性和服从性的自我中心思维。

在一些工作情形中也会有等级之分。在很多工作情形下，人们被迫服从他们的主管，服从领导控制以赢得领导欢心、保住工作或得到晋升。

因此，服从性自我中心者通过自欺欺人来获得安全感、优越条件和个人满足。为了达到这个目标，他们将自己伪装成顺从、卑微、畏缩甚至心甘情愿。他们屈从于他人的意志以获得虚伪的自尊。

为了避免屈服于领导而产生的卑微感，最有效的措施就是支持领导的观点。在这种情况下，这种服从可以解释为"他并没有强迫我，我完全同意他的观点"。

只要这种服从性自我中心获得了"成功"，就会引发一系列的积极情绪，包括满足、幸福、愉悦等。然而，如果没有达成目标，那么一系列不同程度的负面情绪就会随之而来，比如失望、憎恶、恶意、报复、憎恨、反感和敌意等。在不同的情况下，这种失败甚至会导致个体失去安全感，陷入恐惧、无助、抑郁和焦虑等情绪当中。

当失败时，相较于控制性自我中心，服从性自我中心者将会在内心深处更为严厉地惩罚自己，给自己和他人都带来痛苦。自我中心的感觉是自我中心思维的反映。因此，服从性的自我中心会将自身的不良情绪合理化。在感受负面情绪时，它会有一种病态的快感。

例如，一个女人认为她的丈夫应该解决所有不愉快的事情。如果丈夫让她从中做出某些决定，她虽然会同意但是会感到十分愤恨。她也许会有这种想法："为什么要让我做出这些不快的决定？这是他的责任。我一直都在做他不愿意做的事情。如果他真的在乎我就不会让我做这些事情了。"

她并不认为这些消极思考是不合理的。从某种意义上讲，她很享受伴随这种思维而来的愤恨情绪。

服从性自我中心者总是跟控制性自我中心者相处得很好。这个观点可以在一个丈夫控制、妻子服从的婚姻关系中得到很好的阐释。妻子服从于丈夫的意愿，他可能要求她做所有的家务。反过来，丈夫或含蓄或明确地表示他愿意照顾她（扮演最基本的养家糊口的角色），因此对妻子的控制是合理的。即使妻子有时会反抗，但是她明白应该接受丈夫的控制。她劝慰自己她嫁给其他男人可能也不会过得更好，而现在这个丈夫可以给她带来舒适感。实际上，妻子之所以能够接受丈夫的专横跋扈，是因为她觉得代价是值得的。

所以，只要自己的愿望达成了，服从性自我中心者会感受到一种不健康的"成功"感。例如，一名雇员服从于言语侮辱自己的经理而获得升职。只要经理关心雇员的想法，给他提供他一直奋力争取的升职机会，雇员就会产生一定的积极情绪。但是一旦经理不像之前那样关心雇员的需求和想法，那么这个雇员就会感到失去尊严，对自己向经理的服从充满怨恨。

服从性自我中心者与其他人紧密联系，他的感情、行为和想法都是由潜意识中的自卑感引起的。为了证明服从于其他人需要和意愿是合理的，个体就必须欺骗自己不如其他人。否则，就无法将自己的服从性自我中心合理化，从而形成不健康的想法和行为。以下几种无意识信念促使了服从性自我中心的发生：

- "即使我不同意，我也必须服从这种决定，否则的话，我将被排斥。"
- "为了得到我想要的，我必须要服从于那些比我有权力的人。"
- "因为我不聪明，所以我必须依靠他人来为我着想。"
- "因为我没有权力，所以我必须采用操控性的策略来让其他人帮我达到目的。"

自我中心思维的表现形式并不完全处于意识之中，这些信念是需要自欺的，否则大脑就会觉察到这些观念是偏离理性、不健康以及十分荒诞的。因此大脑加工有意识地对自我中心中不合理信念视而不见。思考第一个观点"即使我不同意，我也必须服从这种决定，否则的话，我将被排斥"，与这种无意识观点相对应的有意识观点应该是"因为我不了解足够多的情况，所以我无法做出决定。我不确定这个决定是否正确，但是我认为其他人比我更适合做出决定"。在现实中，这种意识层面的观点是大脑根据其他无意识的推理而产生的。按照这种逻辑，人就会不诚实地"同意这个决定，但所做的一切都只是为了获取认同感"。

除了阻碍合理关系的建立外，这种服从性自我中心也阻碍了理性思维的形成，限制了人们深入了解自己的能力。它通过大量的自我保护想法来达到目的：

- "我太笨了，学不会这个。"
- "如果我有什么问题，别人会认为我很愚蠢。"
- "我不像其他人那么聪明。"

- "不管我多努力，也不能做得更好了。"
- "我不可能解决这个问题。"
- "因为我知道我学不会这个，所以也没有必要学。"

这种服从性自我中心和控制性自我中心相似，都会给个人发展带来很大的阻碍。即使自己能独立完成某项工作，个体也会习惯性地向他人求助。在学习过程中，一旦失败，这种服从性自我中心就会引起挫折感、焦虑感甚至是抑郁情绪。控制性自我中心是相信自己已经掌握了需要掌握的东西，而服从性自我中心则是一直坚信自己没有学习的能力。

人类心理的病态倾向

我们现在可以非常明确地说，人类心理那些互相联系的特质是心理病态发展的结果。为了发展我们的思维，我们必须觉察出生活当中的不良病态行为倾向，并且通过批判性思维纠正它们。阅读下面内容时，思考你自己是否意识到这些病态倾向曾经常出现在你的脑子里（如果你得出"不是我"的结论，请再想想）：

- 自我中心的记忆：本能倾向，"忘记"那些不支持我们思维的证据和信息，只记住支持我们思维的证据和信息。
- 自我中心的目光短浅：本能倾向，以狭隘的视角进行绝对化的思维。
- 自我中心的自以为是：本能倾向，感到有优越感，确信掌握了真理，实际并不然。
- 自我中心的虚伪：本能倾向，忽视公开的矛盾。例如，我们的信念与自己的行动不一致，或者我们对自己要求的标准和希望他人坚持的标准之间存在矛盾。
- 自我中心的过分简单化：本能倾向，为了追求简单化，忽视世界上真正重要和复杂的事物，因为考虑复杂的事物需要个体修改原有的信念或价值标准。
- 自我中心的盲目：本能倾向，不去注意那些与我们所支持信念或价值观相冲突的事实和证据。
- 自我中心的即时性：本能倾向，过分简单地概括直接的感受和经历，当生活中出现某个非常有利或不利的事情时，好像整个生活都变得特别有利或不利。
- 自我中心的荒谬：本能倾向，忽视荒谬的思想。

挑战人类心理的病态倾向

　　仅仅抽象地认识到人类心理存在可预测的病态倾向是远远不够的。作为有抱负的批判性思考者，我们必须采取具体措施来纠正它。这需要我们形成有助于辨认这些倾向的习惯，而这是一项永远完不成的长期工作。在某种程度上，它类似于剥洋葱。我们剥掉一层，就会发现下面还有一层。可是我们只有剥去洋葱最外面的一层，才可以认识到里面的那一层。因此，下面的每一个建议，都是任何人可以立即付诸行动的简单有效的措施，而且也是每个人都要长期实践的目标。我们都可以实践这些修正措施，而且这些措施需要长时间的努力和大量的实践经验积累。

　　修正自我中心的记忆。我们公开地搜寻那些不支持我们思维的证据和信息，并且加以重视，我们就可以纠正我们自我中心记忆的本能倾向——"忘记"那些不支持我们思维的证据和信息，并且"记住"那些明显地支持我们思维的证据和信息。如果你试图找但找不到这样的证据，也许是因为你的搜寻方式不对。

　　修正自我中心的目光短浅。通过以冲突的观点和视角思考，我们会克服狭隘、绝对化思考的本能倾向。比如说，如果我们是自由主义者，我们可以去深入阅读保守派写的书籍。如果我们是保守派，可以花时间去深入阅读自由主义者写的书籍。如果我们是美国北部的人，我们可以阅读美国南部人的观点或者是欧洲、远东、中东或者非洲人的观点。如果你没有在这个过程发现个人偏见，那么请思考自己是否已尽力确定自己的偏见。

修正自我中心的自以为是。我们可以通过不断地提醒自己所知甚少来纠正我们的本能倾向——确信自己掌握真理并拥有优越感。在这种情况下，无论我们有多少知识，我们都可以思考关于我们掌握多少知识这个没有确切答案的问题。如果你没有发现实际上你不知道的比你知道的多很多，那么你就该反思你对上述问题的思考方式。

修正自我中心的虚伪。我们可以修正我们的本能倾向——忽视信念与行动的不一致以及我们自己做事的标准和期望他人的标准间的不一致。这一修正可以通过定期比较判断自己的标准和判断别人的标准来实现。如果你找不到思想和行动间的矛盾，那么反思你挖掘的是否足够深入。

修正自我中心的过分简单化。通过关注事物的复杂性并试着用语言描述这种复杂性，我们就可以修正我们忽视复杂事物的本能倾向。如果你没有找出过去把很多事情过于简单化的例子，那么你应该反思自己是否真正地看到了问题的复杂性。

修正自我中心的盲目。通过明确地找出与我们信念相矛盾的事实和证据，我们可以修正自我中心的盲目本能倾向。如果你在追求这些事实的过程中没有感到极大的不适，那么你应该反思是否很严肃地对待了这些事实。如果你认为你以前的信念都是正确的，那么你就达到了一个更复杂的自我欺骗程度。

修正自我中心的即时性。通过更广阔的角度来看待积极和消极的事情，我们就可以修正笼统概括直接感受和经历的倾向。你可以通过提醒自己拥有很多别人没有的东西来缓和消极情绪。你也可以通过提醒自己还有很多事情有待完成、还有很多问题依然存在来缓和积极的情绪。无论在积极还是消极的情况下，要保持平稳，这样你才有精力有效地采取某种行动。如果你被你的情绪固定化，你就是自己情绪的受害者。

修正自我中心的荒谬。我们可以通过明确地表达我们的观念，并评价它的现实性来纠正我们的本能倾向。这要求我们经常反思我们观念的影响和后果。例如，我们要经常问自己："我真的相信这一点吗？如果真的相信，那我该怎么做？我这么做了吗？"

顺便说一下，个人道德规范是揭露自我中心荒谬的有效工具。我们经常根据我们相信的和我们所坚持的观点来采取荒谬的行动。如果经过仔细的思考，你没有发现自己的自我中心荒谬，那么请再思考一遍，你可能正在发展你自欺的能力。

理性的挑战

人类的思维天生存在非理性的倾向，表现为控制性的自我中心和服从性的自我中心，但是同时，它也有一个以自知能力形式存在的理性能力。我们都有虚伪和不一致的倾向性，但是我们能够向着诚实和一致性一步步地迈进。我们可以通过提高我们思维的谦虚来制衡我们思维上狂妄自大的本能倾向。另一种方式，我们可以学着不断地问自己："我知道什么？"从而保证我们不会不加批判地接受没有事实依据的观点。此外，我们可以通过换位思考进入别人的观点，从而不再把自己限制在自己观点中；我们可以通过学习测试我们结论的有效性和可行性来抵消我们急于下结论的倾向；也可以通过学习发现自己的控制性或服从性自我中心来减少这两种本能倾向；我们要清楚地认识到服从和控制本身的问题，从而避免选择这两种模式。我们可以练习自我剖析以及自我批判，这将有助于我们朝着非自我中心的方向成长。

控制你的社会中心倾向

就像人是天生的自我中心者一样，我们同样是天生的社会中心者。社会中心思想，是将自我中心思想提升到群体的水平。它可能比自我中心更具有破坏性，因为它包含了一个社会团体的制裁（这显然比个人拥有更多的权力）。自我中心和社会中心的思想都是自私的和教条的。像自我中心思想一样，社会中心思想在意识层面上同样是荒谬的。换句话说，如果个体能够在意识中察觉社会中心思想的存在，那么它的不合理性是显而易见的。因此，作为批判性思考者，我们的目标是要弄清楚社会中心思想是如何影响我们的行为的。

图 11-10 是社会中心逻辑的推理元素。

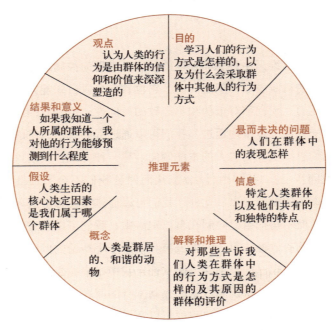

图 11-10　社会中心逻辑的推理元素

注意以下自我中心思维和社会中心思维的关联性：

- 自我中心标准："因为我相信它，所以它是真的。"
  相关的社会中心的标准："因为我们相信它，所以它是真的。"
- 自我中心标准："因为我想相信它，所以它是真的。"
  相关的社会中心的标准："因为我们想要相信它，所以它是真的。"
- 自我中心标准："相信它符合我的利益，所以它是真的。"
  相关的社会中心的标准："相信它符合我们的利益，所以它是真的。"
- 自我中心标准："因为我一直相信它，所以它是真的。"

相关的社会中心的标准："因为我们一直相信它，所以它是真的。"

正如个人通过自我中心思维欺骗自己一样，同样，团体组织也会通过社会中心思维进行自欺。正如自我中心思维可以为个人利益提供服务一样，社会中心思维也可以为团体组织利益提供服务。正如自我中心思维可以用来验证个人的非批判性思维一样，社会中心思维可以用来验证团体的非批判性思维。

社会中心的本质

一个人的生活需要加入各种各样的社会团体。这些典型的团体包括国家、文化团体、职业团体、宗教团体、家庭和同龄群体。在我们意识到自己存在之前，就已经发现自己正在参与社会团体活动。我们发现我们作为个体，存在于团体组织当中的每个方面。更重要的是，我们所属的每个组织都有它自己的定义和不言而喻的"规则"来规范团体成员的行为。作为认同接纳条件，我们所属的每一个组织都要求我们遵从它的习俗、信仰、宗教和禁忌。

在某种程度上，所有人对所属社会团体要求的行为和信仰都会不加批判地接受，认为它们是正当和正确的。下面的例子对此阐释得很清楚，在这个例子中，一个青少年加入一个街头帮派，通过结成帮派，青少年希望以此达成自我认同：

- 一个定义他是谁、做什么的名字。
- 一种交流的方式。
- 一群朋友和敌人。
- 必须参与的帮派仪式。
- 帮派成员所应表现出来的行为。
- 置身敌人中所应表现出来的行为。
- 帮派内部的权力结构。
- 穿着和说话的方式。
- 帮派每个成员所必须符合的社会需求。
- 一系列规范——为了逃避严厉的惩罚，帮派的每个成员不能采取的行为。

团体成员被清楚地赋予某些权力，但获得这种权力优势需要付出一定的代价。组织要求成员遵守它的规则（道德观念、风俗习惯和禁忌）。在生活的方方面面都对组织成员进行不同的要求。比如，你认为你是世界公民，你不想加入任何国家，不想成为任何国家的公民，但你没有这个自由。你会发现你不被允许随意在任何地方落脚，也不允许随意从一个地方到另一个地方旅行。世界上的每一个地方都归属于一个国家（作为其主权占有），而且每个国家都要求所有的入境游客必须是某个国家的公民（因此需要护照）。

此外，任何地方都会有国家声称对其拥有主权，它要求所有人都要遵守成千上万的法律条文（如果不是成百上千）。当然，没有人可以记住这些法律条文，因此，生活在一个不违反法律规定的社会几乎是不可能的。这就会造成，在任何一个复杂的社会中，都会有一个拥有权力的小团体总以一种方式去惩罚团体中的弱势成员。

对于大多数人来说，盲目地遵守组织的限制是自觉的行为。大多数人都是自觉地服从，甚至都没有意识到他们的服从性。他们把组织的规范和信仰内化、扮演组织给定的身份、按照组织期望的方式行动，丝毫没有质疑过他们正在做的事情。大多数人都在像街头帮派一样的社会团体中服从机械的信仰、态度和类似的行为。

这种思想、情绪和行动的一致性并不仅仅局限于群众、低等的人或者穷人。它是人们普遍的特点，不受人们的社会角色、社会地位、声望以及教育程度的影响。它对于教授和总统，学生和保管人，参议员和首席执行官，建筑和装配工人也同样适用。这种思想和行为的服从性是人类共同的规则，特例十分罕见。

社会中心思维已经不是一个新的观念，关于这个主题出版了很多著作，它已经成为社会学研究的焦点。在 1902 年出版的重要著作《社会习俗》(*Folkways*)当中，威廉·格雷厄姆·萨姆纳深刻地阐述了社会期望和禁忌。作为社会学的学科创始人之一，萨姆纳记录了群体思想是如何渗透人类生活的每一个层面。他以这样的方式阐释了民族优越感的概念：

> 民族中心是一个人认为自己的群体是一切的中心，是评价其他群体的参照。每个群体都有自己的骄傲和虚荣，吹嘘自己的优越性，有自己的神学家，蔑视外人。每个群体都认为自己的风俗习惯是唯一正确的，对于其他群体的习俗会予以轻视。(p.13)

萨姆纳认为社会习俗是用以满足所有人利益的、由社会所孕育出的"正确"方式，符合集体规范和标准。他认为在任何一个社会：

> 总是有一种正确的方法能获得游戏的胜利，赢得芳心，使个人脱颖而出，也总是有一种正确的方法来对待同事或路人等。这种

"正确的"方法是先人所用并传承下来的。传统即是对习俗的保护，无需经验证明……在社会习俗中的一切都是正确的。(p.28)

关于对集体成员的期望，萨姆纳阐述道：

不管是什么类型的集体，都要求成员维护集体利益。同时，集体的力量也被用于巩固加强个体对集体利益的贡献。这造成不允许判断、不允许批判……爱国、爱集体的偏见上升到集体意识并不断扩散，侵蚀教育对我们的积极影响。(p.15)

即便是少年儿童，他们身上也反映出社会中心的思想和行为。皮亚杰对联合国教科文组织所做的研究（Campbell，1976）中有这么一段话，是就战争原因而对三个小孩进行的采访：

迈克（9岁半）：你听说过外国人吗？是的，法国人、美国人、俄罗斯人、英国人……不错。这些人之间有区别吗？是的，他们的语言不同。还有什么别的不同吗？我不知道。比如说，你觉得法国人怎么样？法国人很严肃，他们无忧无虑，法国很脏。你觉得俄罗斯人怎么样？他们很坏，总是想打仗。你认为英国人怎么样呢？我不知道……他们挺好的……那么，你告诉我的这些事情，你是怎么知道的呢？我不知道，我听来的……人们都那么说。

莫里斯（8岁零3个月）：如果让你选，你愿意出生在哪个国家？瑞士。为什么？因为我是瑞士人。你觉得法国和瑞士比，哪个国家更好？瑞士更好。为什么？法国人总是令人讨厌。瑞士人和法国人相比，谁更勤劳？为什么？还是他们一样勤劳？瑞士人更勤劳。为什么？因为瑞士人学法语学得很快。如果我去问一个法国男孩，让他自己选择自己喜欢的国籍，你认为他会选哪个国家？他会选法国。为什么？因为他是法国人。那他会认为法国人好还是瑞士人好，还是一样好？他会说是法国人好。为什么？因为他是法国人。那他会认为谁更勤劳些？法国人。为什么？他会说法国人比瑞士人学得快。现在你和那个法国男孩的回答是完全不同的，你认为谁的回答更好？我的，为什么？因为瑞士永远比其他国家好。

玛莉娜（7岁零9个月）：如果让你选，你愿意选择出生在哪个国家？意大利。为什么？因为意大利是我的祖国。我的父亲在阿根廷工作，但我更喜欢意大利，因为阿根廷不是我的祖国。意大利人比阿根廷人勤劳吗？或者一样勤劳？或者阿根廷人更勤劳些？你怎么看？意大利人更勤劳些。为什么？因为我认识的人都是意大利人，如果我让一个阿根廷的小孩选择出生地，你认为他会选哪个国家？他会选阿根廷。为什么？因为那是他的祖国。如果我问他意大利和阿根廷人谁更勤劳，他会怎样回答？他会说是阿根廷人。为什么？因为那里没有战争。那么在做了这么多回答后，你和那个阿根廷小孩，谁的选择是对的呢？或者都是对的？我是对的。为什么？因为我选择了意大利。

很清楚，这些孩子都在进行社会中心的思考。他们对自己国家和文化的信念体系已被教条化，作为意识形态深植他们心中。他们不能阐明为什么他们的国家更优越，但对此他们深信不疑。认为自己所属的集体比别的集体优越，这既是人类思想的自然产物，同时也是我们所处的文化宣扬的信条。

社会分层

在复杂的社会中，社会中心常常用以证明社会、国家或文化中不同的处理方式以及不公正行为的合理性。复杂社会体制的这个特性，已由社会分层现象方面的专家形成书面观点。实际上，所有社会都是复杂的，以下是所有社会都具有的分层特点。根据Plotricov 和 Tuden（1970）的观点，每个社会团体都：

（1）有不同的阶层划分。
（2）维护团体中相对恒定的阶级分层。
（3）有对权力、重要经济和政治资源的不同控制。
（4）群体成员被文化和歧视性的差异所分离以维护着集体之间的社会差距。
（5）有一种清楚阐明的意识形态，该意识形态为建立阶层划分提供了合理的理由。

据此理论，我们就能对社会中任何集体的社会分层有大概的了解。

我们应该能够识别出社会中的这一现象，能够识别出社会中某一特定群体所在的权力阶级以及这一群体掌握的资源和权利。我们应该理解资源和权力的差别形成了不同的社会阶级和地位，应该理解群体间的社会距离是如何维持的，而统治者的意识形态又是如何影响社会阶级和社会距离的。

社会中心思维是无意识并有潜在危险的

与自我中心思维一样，人们经常认为社会中心也是合理的、正当的。因此，虽然群体往往为了追求自己的既得利益而扭曲概念的意义，但是他们几乎从不认为自己是滥用语言。虽然群体总是可以找到其他群体意识形态的问题，但是他们很少能找到自己信念系统中存在的缺陷。尽管群体通常可以识别出其他群体对他们的偏见，但是他们很少能够识别自己群体存在的偏见，总之，正如自我中心思维是自欺欺人的一样，社会中心论思维同样也是自欺欺人。

尽管自我中心思维与社会中心思维类似，但是他们之间存在一个很重要的区别。我们之前指出，自我中心思维是有潜在危险的，个人可能导致自我欺骗，合理化自己的不道德行为以及给他人带来伤害。社会中心思维也会如此。不过，通常来讲，自我中心思维的危害性是有限的，而社会中心思维带来的伤害则严重得多。

例如，天主教会控制的西班牙宗教裁判所处死了上千名异教徒，德国纳粹折磨屠杀了数百万犹太人，美洲的"发现者"奴役、折磨并杀害了大量印第安人和非洲人。

总之，从古至今，社会中心思维给无数无辜的人带来了巨大的痛苦和伤害。这是因为群体在社会中心思维下会非常草率地滥用权力。一旦集体内形成自我服务的意识，他们就会悍然违背曾经宣称的道德，而且它们不会意识到行为中存在的矛盾和不一致。

社会中心语言在集体当中的应用

社会中心的思维是集体通过使用语言培养而成的。群体通过对概念和观念的使用，将不正当的行为或者思维方式合理化。比如，萨姆纳指出，在群体为自己选择名称或是与其他较小群体进行区分时，都可以看到社会中心：

> 当加勒比人被问到名字的由来时，他们回答说："我们是人。"基奥瓦这个名字的含义是"真正的或重要的人"。拉普人自称是"男人"或"人类"。格陵兰因纽特人认为，欧洲人曾被送往格陵兰并从那里学习了美德和良好的举止。加利福尼亚州的塞里人对所有外族人充满怀疑和敌意，并严格禁止本族人与外族人通婚。（p.14）

日常生活中，我们会发现社会中心的人常常使用自我中心性语言来掩盖不道德行为。当欧洲人第一次居住在美洲的时候，他们以发展文明的名义强行奴役并杀害了印第安人。他们把印第安人称为野人，为自己的不人道行为寻找借口。同时，他们认为自己是文明的，他们认为自己为野蛮人带来了所谓的文明。

诸如发展、野蛮、文明和真正的信仰等词语，成了欧洲人奴役美洲印第安人以获得物质财富的工具。正是通过这些词语的应用，他们抹杀掉自己的人性，剥削印第安人，占有他们已经居住了几千年的土地。

萨姆纳说，社会群体所使用的语言往往是在维护他们的特殊或优越阶层：

> 犹太人把全人类分为自己和异教徒。他们是"上帝的选民"。"希腊人称外族人为"野蛮人"……阿拉伯人认为自己是最高尚的民族，其他人都是野蛮的……1896年，中国教育部大臣和他的顾问编辑出版了一本手册，在里面声称："大清帝国是何等的宏伟辉煌，大清是天朝上国！……世界上最优秀的人是我华夏子民……"在所有国家的所有文学作品中都有同样的语句出现。俄语书籍和报纸上要传播俄罗斯的文明使命，就像法国、德国和美国的书籍期刊要以通俗易懂的方式传播他们的文明使命一样。每个国家都认为自己作为文明的领导者，是最好的、最自由的和最聪明的，其他所有的国家都是低劣的。(p.14)

通过概念分析来披露社会中心思维

概念是人类思维的八大基本要素之一，没有概念我们就没办法思考。概念有不同的分类，并能够表达理论知识。通过概念，我们可以解释我们所看到的、尝到的、听到的、闻到的和感觉到的。我们生活在一个概念的世界里。如前文所述，社会中心思维与群体使用概念的方式有关。

如果我们在思考当中使用中世纪欧洲的农奴概念，我们能体会到像他们那样的世界。如果我们使用的是奥斯曼土耳其人的概念，我们会思考和体验到他们感知到的世界。以此类推，如果我们把电工、建筑师、地毯销售员、照明专家和水管工带入相同的建筑，请他们来描述看到的东西，十有八九，他们最终会有一系列不同的描述，这些描述显示出每个人的特殊"偏见"。

又或者，如果我们让不同的民族、文化、宗教的代表来讨论一个全球性问题，不仅仅对问题的解决方案有许多种，而且在讨论问题的根源时也会发现不同的观点。

很难想象一个经验丰富的批判性思考者不擅长概念分析，概念分析在各种情况下都是很重要的：

（1）受过语言教育的人能够识别和精准分析某些语言的差别（受的教育能够让我们区分词义）。

（2）能够识别意识形态和非意识形态词汇概念的差别（能够识别出他人根据意识形态提出的不合理概念）。

（3）能够准确识别出界定不同学科和思维基本概念的语词（能够在某一学科或者专业领域内分析词汇的含义）。

思考中的许多问题都是由于人们没有掌握词汇和概念隐含的含义。例如，如果人们不清楚"爱"在以下这三种情况中的差别，恋爱关系就会出现问题：①自我中心性的附属和真正的爱，②友谊和爱情，③误用的"爱"（例如许多好莱坞电影）和英语中真正"爱"的含义。

小结

直面承认自我中心和社会中心思维的存在并敢于破除这些思维，我们就可以成功地应对我们与生俱来的自我中心思维和社会中心思维。如果我们对自己的自我中心思维没有一个明确的认识，就会陷入一个狭隘和自私的角度。如果我们对社会中心思维没有一个清醒的认识，就会陷于偏激的群体性思维中。

应对自我中心和社会中心不是件容易的事情。这两种思维都是无意识的，很难被觉察。虽然有时没有人会公开指责我们的自私自利（个人），但如果我们公开地偏离群体信念，我们便会面临着一系列严重的惩罚。

最重要的是，现在我们已经能够认识到自己的自我中心和社会中心的存在。当意识到我们思维中的自私和刻板时，我们就应该减少这些情况的发生。在工作当中，我们所属的群体是一个很容易存在社会中心思维的地方。当我们觉察到我们的生活处于自我中心和社会中心模式时，我们就应该开始试着摆脱这些模式。一开始，我们不需要给自己提出太大的挑战或者极大地否定自己，此外也不需要袒露自己的一切想法。问题的关键在于，我们处理头脑中的隐私时，要坚持一致性，花时间逐步成长为优秀的批判性思考者。经历这一自我思考过程后，我们就可以成长为坚持统一理性标准、发展协调思维以及公正正直的人。

| CHAPTER 12 第 12 章 |

如何甄辨新闻中的媒体偏见和宣教

　　新闻媒体中偏见和宣教的逻辑很简单，而且全世界通用。每个社会和文化都有其独特的世界观，深刻影响着这种社会和文化下人们的生产和生活方式。立足于文化的新闻媒体反映了它所在文化的世界观，但是，真实的世界却比媒体中呈现出来的文化形态要复杂得多。面对媒体，要成为一名批判性的受众，个体必须直视这一事实，并做相应的解读。批判性思维就是战胜个人本性和直觉思维的一系列复杂技能。

　　正如我们前面所指出的那样，不具有批判性思维的人会无意识地根据一些潜在标准来确认信息的真实性。这些潜在标准如下：

　　"如果我相信它，它就是真实的。"

　　"如果我们相信它，它就是真实的。"

　　"如果我们想相信它，它就是真实的。"

　　"如果相信它符合我们自身的利益，它就是真实的。"

　　而具有批判性思维的个体会有意识地根据直觉－调整准则来判断事实的真实性。这些标准如下：

"我相信它,但是它未必就是真实的。"

"我们相信它,但是我们也许是错的。"

"我们想相信它,但是这也许是因我们内心愿望而产生的偏见。"

"相信它符合我们最大的利益,但是我们的利益与它是否真实无关。"

社会中的主流新闻报道是按照以下原则进行的:

- 从我们的角度看,事情是这样的,那么,事情就是这样的。
- 如果有事实支持我们的观点,那么,这些就是最重要的事实。
- 对我们友好的国家值得表扬。
- 对我们充满敌意的国家应该遭到批评和谴责。
- 最能引发读者的兴趣、激发他们情绪的故事是新闻中最重要的故事。

具有批判性思维的新闻读者反对这些新闻报道原则。本章的主要内容就是向读者解释其中的具体操作事宜,以此减少媒体偏见和宣教对个体的影响。

民主与新闻媒体

没有什么比赋予人们权力却不让他们知晓相关信息更加荒谬的事了,缺乏信息背景,权力便会被滥用。一个人要想战胜自己、管理自己,就必须用信息武装自己。一个缺少基本信息或者缺少获得信息渠道的政府只是一场闹剧或悲剧的序曲。

——詹姆斯·麦迪逊

只有当公众能充分知晓世界上发生的事情,并能够对这些事件进行独立、批判性的思考时,民主才是政府的有效形式。如果绝大多数民众不能识别新闻中的偏见,不能甄辨新闻中的意识形态、偏见和捏造的谎言,人们就不能理性思考并决定媒体报道中哪些信息应该得到补充、哪些应该得到平衡以及哪些应该彻底舍弃。

一方面,从媒体逻辑(说服和操纵大众的方法)上讲,新闻来源日趋精细复杂,这为从事新闻报道的媒体罩上了"客观"和"真实"的光环。不过在另一方面,只有少数人能够识别出媒体新闻中的偏见和宣教。极少数人能在识别出媒体的偏见后,主动去寻找主流媒体外的其他信息和观点来源。目前,世界上绝大多数人没有受过批判性思维训练,毫无防御地置身于媒体新闻报道影响的洪流之中,他们对世界的看法(如哪些国家是友邦,哪些国家是敌国)大多都是其各自国家新闻媒体(和传统信念、社会中的公约)的意识形态所决定的。

媒体中存有偏见的报道不是"虚构的情节",也不是什么媒体刻意策划的"阴谋"。它仅仅和媒体从业人员的教育背景和经济地位有关。记者和新闻编辑自身就是文化(德国、法国、墨西哥、中国、韩国、日本、印度尼西亚、俄罗斯、阿尔及利亚、尼日利亚、北美等)群体中的一员。他们和他们的目标传播受众拥有同样的世界观。对于自己的历史和国家有着共同的忠诚和责任感。通常,他们有共同的宗教信仰和共同的信仰体系。阿拉伯国家的新闻编辑和他们的以色列同行看到的是不同的世界,巴基斯坦的新闻编辑和他们的印度同行看到的是不同的世界,中国的新闻编辑和美国的新闻编辑看到的也不会是同样的世界,其他的新闻从业人员也莫不如此。此外,新闻从业人员在严苛的时间和空间(新闻版面的限制)限制下工作。因此对于国与国之间、文化与文化之间新闻报道的巨大差异,人们不应该感到诧异。

无论如何,只有了解新闻媒体运作情况的人才有可能控制新闻媒体对他的影响。本章的目的就是帮助读者打下坚实的思维基础,识别并消除媒体的操纵影响。对于媒体报道，能做到批判性地思考评估而不是不假思索地加以接受，有助于我们自我完善。通过本章的学习，我们希望读者能够更加独立、更有洞察性、更有批判性地应对媒体的新闻报道。

使得新闻媒介逻辑晦涩难懂的谬见

新闻媒体产生了一系列关于媒介运作的谬见。对这些谬见的相信使得人们难以用批判性的眼光来看待新闻事件。这些谬见包括：

- 绝大多数新闻是通过记者独立调查而获得的。
- 新闻记者只报道事实，并不下结论。
- 在新闻报道中，事实和观点是清楚分开的。
- 存在客观事实（实际的"新闻"），媒体仅仅是对客观事实进行报道（本国媒体客观进行报道，外国媒体则歪曲事实）。
- 与众不同（新奇、奇特、怪诞）的才是新闻，常见的不是新闻。

新闻媒体的客观性

新闻报道的逻辑和记录历史的逻辑是相通的。在两种情况下，尽管所涉及的事件均含有大量的背景信息，但也都只能在极有限的空间里呈现。因此，结果是一样的，99.9999%的"事实"根本没有被提到。

如果新闻报道中的客观和公平意味着呈现所有的事实，而且是只呈现事实（刊登一切适合刊登的新闻），这样的客观和公平只是人们的一种幻觉。人们只能了解全部事实的冰山一角，呈现所有的事实（就算人们能够获得全部的事实真相）是不可能做到的

(见图12-1)。甚至呈现所有"重要"的事实都是不可能的,因为定义"重要"的标准是不同的。我们必须经常问问自己:哪些内容没有被收纳到这篇报道之内?要是不同的事实得以强调,又会怎样?如果这篇报道的作者和报道人物的观点截然相反,又会怎样?

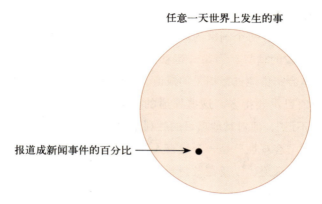

图 12-1　任意一天世界上发生的事报道成新闻事件的百分比

例如,人们一般会根据事件是否对他们自身有重大意义来判断事件的重要性:事件报道会对我产生怎样的影响?这会花费我多少钱?会怎样影响我的收入、居住环境、休闲活动和我享用的便利条件?这些报道的事件又会对他人产生怎样的影响?尤其对那些离我们很远甚至从未出现在我们生活中的那些人,对我们来说事件对他们的影响完全又是另一回事,是根本不值得考虑的。因此,对于世界上哪些事件是重要的,媒体间的分歧很大。

媒体关注读者个人关心的问题。因此,尽管人们可能存有非理性的信念(例如,他们怀有非理性的怨恨),媒体也会将人们这些怨恨和敌意合理化。当美国普遍接受奴隶制时,媒体在报道中称奴隶制是自然的存在;当美国国内对奴隶制的存在产生分歧,媒体也随之改变,做出配合(每份报纸都会和读者的意见保持一致,将读者认为是准确无误的信息报道为是正确的)。

想想媒体是怎样处理社会中"耸人听闻""激动人心""令人厌恶""大快人心"的事件的。例如，一名女性在法国蔚蓝海岸不穿衣服晒太阳浴是常事，不会招致人们批评，她的行为也不是新闻。但是，同样是这名女性，如果她在黎巴嫩海滩以同样的方式晒太阳浴，她的行为就会招来批评，她的行为也会被当作新闻来报道。或者以奥运会为例，每个国家的新闻媒体都密切关注着本国运动员可能会取得突破的项目。当某一运动员在这样的运动项目上取得金牌时，媒体会密集地进行相关的报道，好像这个项目比那些没有赢得金牌的项目重要得多。这些报道的受众也会为这些项目的"胜利""激动不已"，而对其他项目的胜利不感兴趣。

人类的"客观性"是一个没有人能真正达到的理想。他需要一个人思想上的谦逊，以及在做判断时既考虑自己观点，也考虑其他来源的信息和观点。

观点

一般来讲，任何新闻事件都可以从不同的角度来看待和解释。对不同观点持开放态度，愿意接受对自身观点的质疑，这对保持"客观"至关重要。通过图 12-2 我们可以看到不同观点和同一事件的关系。只有当人们从不同的角度来看待问题、吸收不同角度的观点、看到每个角度的弱点和偏颇、并将所有了解到的观点综合成一个更为全面、更为广角的整体观点时，人们才能尽可能地接近并达成客观性。每一个角度都能够"纠正"其他观点中夸张和歪曲的部分，并且补充其他角度没有提到的事实。

只有将故事和叙述放到一个更广阔的历史背景中，并且从多角度来进行评论，我们才能（在记录历史和报道新闻中）获得"客观性"。例如，要理解英国与其殖民地北美的战争（1776~1783），人们至少可以从三个角度来看待这一问题：英国政府的角度、殖民地领袖的角度和本土民族的角度。

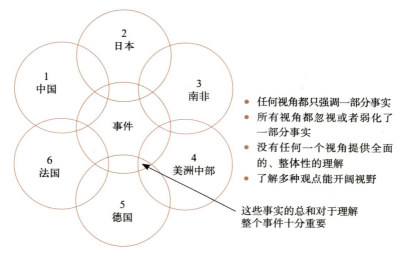

图 12-2　关于同类事件的六个视点

为了达到客观性，我们需要：

（1）确定新闻报道和历史记载中作者的观点。

（2）确定新闻报道和历史记载的目标受众。

（3）确定文章中否定和忽视的观点。

（4）区别新闻报道中的原始事实和报道中加进去的解释和编造。

能做到以上几条，我们就能够更好地进行独立判断，能够更具洞察性地理解哪些信息是最可信的、哪些是最不可信的，这样，新闻媒体想操纵影响我们就没那么容易了。当然，如果我们不能查找多方面的信息，不能确定信息的可信度，要做到不受媒体的影响就很难了。

客观的形式

"客观"可以呈现为三种形式为：两种是真实的客观，另一种则是虚假的客观。我们将在下面的篇幅中探讨这些"客观"形式。

1. 思想上谦逊的客观

第一种客观形式是基于思想谦逊的客观，也就是承认我们的无知。因此，一个批判性的新闻受众知道获得一则信息与判断这则信息的真伪之间是有区别的。他们知道新闻中呈现的事实未必就是真正的事实，也许是宣教、误传、曲解或真假参半的信息。了解到这些，批判性新闻受众就会意识到他们在新闻中了解的信息并不等于自己知道了事实，他们就会放弃原有观念，以尝试性的态度吸收不同信息来不断接近事实（这可能对也可能不对）。这就像具有批判性思维的陪审员不会根据案件一方的观点就判断一个人是否有罪一样。

不幸的是，思想谦逊是人身上罕见的品质。世界上大多数人每日接收到的仅是有限范围的观点，对人们影响最大的也是自身文化中的主导观点。因此，人们常常认为自己掌握了真相，而这种自信其实正好证实人们不具有"客观性"的证据。许多人并不知道什么是思维谦逊，更不会努力去做到思维上的谦逊。

2. 公正的客观，多角度思考

第二种形式的客观是优于第一种形式的。要做到公正和多角度思考首先要做到思维谦逊，其次在解决问题时从多种互为冲突的角度进行大量的推理。这种客观与洞察理解重要事实以及大规模冲突的复杂性和多面性有关。拥有此项客观能力的人可以对事件有多方面的洞见。他们能够权衡不同角度的利弊，乐于扮演质疑者的角色，但是决不会为了质疑而质疑。他们反对政党路线、社会中心的心态以及思想的同化一致。他们在思想上是独立的、锲而不舍的，并且具有整合性的思维特征。

3. 诡辩的客观

第三种形式的客观是"诡辩"的客观。这种客观是人们在学习新的观点时，有着强烈动机来捍卫预设观点造成的。这种心理状态在一些人中很普遍，这些人常常为了获得金钱（和提高名望）而为强权利益辩护。为预设观点、经济利益辩护的诱惑是十分巨大的，因为这里常常涉及金钱、地位和名望。通常来讲，律师、政客和公共关系专家常常扮演这样的角色。

许多国家的新闻评论员也常常扮演这一角色。他们评论的立场和受众的世界观是一致的。受众也会根据评论员的观点是否反映了主流观点来评判这些评论员是否达成了客观。

对主流观点偏见的知觉

人们认为和他们看法一致的观点就是客观的，不一致的就是存有偏见的，这是一件相当自然却又缺乏批判性的事情。因此，如果新闻评论将主流观点稍微转向自由方向，那么只有有自由思维倾向的受众才会认为这些信息是客观的。如果将主流观点向保守方向偏转，那么只有在保守派受众的眼中，这些信息才是客观的。因此媒体发表自由还是保守的言论取决于他们受众的观点。

宣教和新闻报道的撰写

《韦伯斯特新世界词典》将宣教定义为"特定观点、学说或惯例等被系统地、广泛地传播和推动，以深化自己的理由依据，弱化相反的观点"。根据这一定义，以特定受众为目标的新闻报道和宣教之间就没有明显的差异了，两者间存在惊人的相似逻辑，都是系统地贬抑或弱化相反观点的价值。甚至历史的编纂撰写都会有宣教的成分，当人们有意忽略一些不支持预设观点和意识形态的信息来"神化"或"妖魔化"特定人群时，宣教就出现了。

因为宣教这个词带有负面含义（意味着欺骗或者歪曲），很少有新闻记者会承认他们的报道里有宣教成分。但是，如果一个人仅从单一文化或国家来源来接受信息，他们的思维就会受到这种歪曲和欺骗的影响。因此，大多数人都深嵌于单一世界观的窠臼中（因为他们接受的仅是从单一角度出发的新闻报道，并没有认真考虑其他任何可供选择的替代角度）。

当然，这并不意味着已有的世界观是单一不变的。并不是所有人对所有的议题都有一致的观点。并不是所有的德国人都同意其他任意一个德国人的观念，德国人、日本人或是墨西哥人对世界的看法也有明显的差异。此外，从本质上来讲，虽然每一个观点都会带来一些洞见，但这并不意味着每个观点都能带来相同的洞见。

通常情况下，人们识别他国或其他文化下新闻报道中的信息倾向要容易得多，尤其是这些国家和文化与他们存在很大差异时。例如，尽管对本国新闻报道不敏感，以色列人却能够轻易地察觉阿拉伯国家新闻报道中的宣教，反之亦然。

当美国总统小布什发表演说称伊朗、伊拉克和朝鲜是"邪恶轴心"的时候，他的演讲受到了绝大多数美国人的欢迎。接下来布什总统承诺要"根除邪恶轴心"，爱国主义浪潮席卷美国。美国新闻媒体通过报道引发了公众的义愤，在绝大多数美国人眼中，美国政府象征着高尚的理想（自由、公平、民主、自由市场和人权），布什总统用武力捍卫美国、击溃敌人的形象鼓舞着美国人的爱国主义情绪。

然而，布什的演讲在海外却是另一种待遇。伊朗、伊拉克和朝鲜的新闻媒体将布什批评为一个狂妄自大的人。而美国的盟友则称布什根本不了解事实的复杂性。下面是一些法国和德国媒体面向自身受众对布什演讲的报道（*New York Times*, January 31, 2002, p.A12）：

- "在法国,《法国世界报》头版刊登了一副布什身穿迷彩服的漫画,标题写着'布什指出他最新的敌人'。"
- "法国 24 小时新闻站,LCI 上的电视新闻主笔称布什的演讲听起来就像'一州之长笃信自己有权控制调整地球,发现地球不需调整时,勃然大怒,声称要施以惩罚'。"
- "在德国,日报《南德意志报》上的评论称,他们为今晚奔赴美国的德国总理施罗德表示同情。'可怜的施罗德,对于这位性情乖戾的欧洲第一人来说,站在刚刚加冕的美国恺撒面前不是件容易的事'。"

以下同样是出自《纽约时报》中的伊朗和朝鲜国内的新闻报道:

- "布什企图在中东问题上转移公众舆论,并且为其支持以色列残酷镇压巴勒斯坦积蓄民意。"(伊朗国家电台报道)
- "朝鲜官方媒体嘲笑布什将朝鲜纳为世界最危险国家之列,该媒体称布什'高呼危险'主要是为了替美国在韩国驻军进行辩解。"

在每一个例子中,媒体很容易说服人们相信外国媒体报道存有偏见,但是要让同样一批人相信他们国内新闻报道同样存有偏见要难得多。在每一个文化下的公众眼里,本国家的新闻报道都是不言而喻的真相。因为这些新闻通常上是呈献给有同样世界观的受众。

当深陷一种依存于文化的世界观时,人们在自利的假定下进行思考。认为他人(国家或文化的敌对、反对者)都是宣教和操纵,而自身则是公平诚实的;认为他人是在运用宣教和操纵手段,而自身则是自由表达观点。这种心理状态不是什么阴谋和诡计的产物,当媒体为了谋利而向本国受众呈现歪曲的信息时,这是再自然不过而且可以做出预测的结果。

避免本国受众产生负罪感

主流媒体通常禁止报道能够引起人们对本国文化社会道德中的错误进行指责和批评的事件。例如，美军在日本广岛和长崎投下的原子弹让日本民众遭受了常人难以想象的苦难，尽管美国媒体对此事发生了争论，但是据我们所知，美国主流媒体还是很少提及此次事件为日本人民带来的巨大伤痛。

我们将德国纳粹集中营的苦难和日本广岛长崎的核灾难进行对比。在事件过去 50 年后的资料搜索中，我们只找到一家美国媒体对日本原子弹事件所做的一篇报道，即北加利福尼亚州圣罗莎市的《民主报》(*Press Democrat*)对日本民众遭受核辐射进行的详细报道。这篇报道是其特邀评论员大卫·R. 福特（David R. Ford）所写。1965 年间，大卫·R. 福特在 CBS 电视台火奴鲁鲁附属机构工作，目前居住在加利福尼亚的圣塔罗莎。以下是他这篇报道的节选（删去了恐怖细节）。

1965 年，我在日本广岛度假。我希望在 8 月 6 日，也就是原子弹在广岛爆炸后的 20 年，对事件中受伤和正在老去的人们进行采访。我的采访开始于女性病房。

文章接下来是有关受难者的具体细节性图片，想到自己政府造成这么大的伤害（那天，就广岛一座城市来说，就有 200 000 人丧生），美国读者陷入极端的痛苦情绪之中。这位美国记者对日本受害者说，

"美国政府事先投下了上百万的警示册子告诉市民撤离。"他看着我的眼睛说，"没有什么小册子，甚至连警示都没有。"

辨别社会中心思维

世界上大多数媒体都是根据预设假定和本国主流价值观认为的"正确"观念来从事报道的。我们并不企图改变新闻媒体。新闻记者和编辑是在经济需求和工作限制中进行报道的。他们和受众都从属于一个已经同化的世界观。

当然,作为具有批判性思维的大众媒体受众,我们必须清楚地认识到,主流媒体的新闻不可避免会建立在社会中心的世界观基础上。我们必须学会识别自身文化中的偏见。假定我们文化中占主导地位的世界观比其他文化中的世界观更准确和深刻的观点是毫无根据的。认为自己文化比其他文化呈现的事实更为准确这一思维方式并不是更深的洞见,反而是自我中心的体现。社会中心是所有文化的基本特点。新闻媒体不过是一个反映社会规范和禁忌的不明真相的机构。

我们在大众媒体中可以发现许多社会中心思维的例子。新闻媒体是其所立足文化中固有的一部分。同时,媒体又要"售卖"他们的新闻报道,媒体的报纸、新闻播报和杂志必须获得经济利益才能继续运转。

新闻媒体提高利润的压力并不是一个孤立的现象。纵观全美经济,获取最大利润,将股东利益置于所有考量之上是每个企业都面临的史无前例的压力。拥有新闻媒体的公司也不免受到商业趋势和经济需求的影响,这些影响塑造了美国20世纪八九十年代的经济形态,影响了美国社会的各个方面(Downie & Kaiser,p.25)。

由于任何文化下的个体思维方式本质上都是社会中心的,新闻媒体别无选择,只能在一个社会中心的框架中进行工作。任何一种文化下的所有媒体无一避免地为该文化服务,提升该文化的自我形象。有偏见的新闻报道是既定规则，没有例外。

这样，世界上主流新闻媒体都是偏向于自身国家的"盟友"，而对"敌对国家"怀有偏见。因此，在报道其"盟国"发生的事件时，新闻媒体尽可能地支持、赞许并凸显他们的"正面"做法，对负面事件轻描淡写。而在报道其"敌国"的事件时，媒体则表现出截然相反的报道方式，报道中禁止出现有关敌国令人敬佩人物的正面事件，最常见报道的还是敌国的消极事件，这些消极事件常常被报道和突出。对于受众来说，识别这些有偏见的报道，并且在心理上从对立面重写这篇报道的关键是具有批判性思维能力。拥有这一能力，人们就会发现新闻中遍地都是带有偏见的报道。当人们能够透过这些偏见看到事实本质的时候，新闻报道对人们的说服效应也就消失了（见图 12-3）。

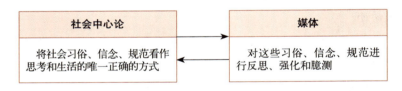

图 12-3　培养社会中心思维方式的相互强化关系

歪曲报道来支持特权的观点

每一个记者都自觉地知道用哪些词语来描述世界上受欢迎的国家和不受欢迎的国家（在某一文化视角下的）。我们计划……他们图谋；我们足智多谋……他们鬼鬼祟祟；我们部署策略……他们图谋不轨；我们有信念……他们只有幻想；我们骄傲自豪……他们自高自大；我们巍然屹立……他们自吹自擂；我们发展武器来保护自己……他们发展武器来威胁我们；我们调停……他们入侵；我们有宗教信仰……他们只有盲目迷信；我们是自由战士……他们是恐怖分子；当规则阻碍发展时，我们才打破规则…… 他们破坏规则是因为他们不负责任，不可信，没有道德。

记者通常选择那些能够强化目标受众已有观点的词汇。讽刺的是，如果记者报道新闻时所持的观点和他们社会中的主导观点明显不同，这些记者就会被认定为是有偏见的和不负责任的。如果你和主流观点一致，那你就是负责的记者，否则你就是不负责任。

当然，也有例外发生。如果相当大一部分人持有相反观点，就像自由派与保守派一样对峙的双方，支持与反对的词汇都会被采用（这主要取决于媒体是被保守派还是自由派所控制）。然而，如果一个人的观点和社会主流对自由派和保守派的观点都不同，这个人将会被视为"激进分子"而受到排斥。激进分子通常被定义为是不负责任的（因为他们不同意任何一种传统观点）。

以下的新闻摘录反映了世界上的媒体如何迎合受众的观点，而不是客观报道呈现事实。

1. "美国人看不见的战争"⊖

资料来源：***Press Democrat***, April 4, 2003, editorial by Rami G. Khouri, executive editor of the ***Daily, Star***, a Beirut newspaper。

阿拉伯报纸，像《阿拉伯公共舆论》，全都反对英美对伊拉克开战，并且毫不迟疑地将其态度刊登在头版头条上、写进文章里而且记录在照片中。尽管阿拉伯媒体并不是整齐划一地反对美国，但是从这周的阿拉伯文（阿尔及利亚和法国也是如此）报纸的头版中我们可以看到，美国和阿拉伯世界对这场正在拉开帷幕的战争持有截然不同的看法。但是在阿拉伯世界及其周边主流报道的头版中采用了美国和伊拉克两国的视角，并且刊登了大量戏剧性的照片，一

⊖ 经作者同意重印。

方面将美军描述为入侵者，另一方面又宣扬美军的人道主义。

近来，一份报纸的头版上刊登出一张伊拉克市民为美军倒茶的照片。但是，更常见的是大量伊拉克死伤儿童的照片，大量父母对着在美军轰炸中死伤亲属的棺椁哀号的照片，大量伊拉克平民建筑在战争中大规模受损的照片以及伊拉克平民被美英军队羞辱的照片。有时，在美国报纸上会刊登无伤大雅的照片，在阿拉伯的报纸上则会刊登措辞严重和激烈的评论。

报纸的倾向反映了意识形态。在伦敦编辑但在整个中东刊印的地区性泛阿拉伯报纸《中东日报》和《生活日报》是最为中立的报纸。其余更多的意识形态报纸，拥有范围更窄小的受众群，则主要反映了它们经济支持者的情绪，它们更倾向于迎合受众中的民族主义分子、政客和激进分子。这篇专栏的观点和评论有很强的反美情绪。只有很少的情况下，才会出现像贝鲁特《白天报》（*AN Nahar*）的阿拉伯作者号召结束萨达姆·侯赛因政权统治这样的新闻报道（这常常也和反对美国占领一同出现）。

评注：这篇社论支持了我们的观点，即世界各国的媒体都在证实它们受众（和支持者）已有的信念。当然，在国家级和地方级的媒体中也存在这样的偏向。因此，《民主报》（在加利福尼亚出版）刊发这篇评论，告诉人们阿拉伯世界的报纸并不完全反对美国。这篇文章的题目强调美国人应该扩大他们的消息来源（"美国人看不见的战争"）。与此相反，《纽约时报》在报道中则激烈地指责阿拉伯媒体反对美国和以色列，而《纽约时报》是我们一直默认为客观、平衡和公正的美国媒体。下面是《纽约时报》报道的节选：

2. "阿拉伯媒体将战争描述为杀戮场"

资料来源：*New York Times*, April 4, 2003。

这篇文章刊登了一张照片，在这张照片中，一个男孩惊恐地望着遭到轰炸的建筑，与此同时，一位戴面纱的妇女在她亲人的尸体边苦苦哀号。这是刊登在沙乌地阿拉伯知名媒体 *Al Watan* 网站上的一张合成照片。这篇文章想要告诉读者伊拉克战争是美军对无辜阿拉伯百姓的一场永无休止的残忍屠杀。这篇文章中，以色列的国旗附加在美国国旗之上。手无寸铁的百姓的悲惨故事充斥在全世界阿拉伯人的电视、报纸和生活中。他们企图向阿拉伯人传达美军是冷血的屠杀者这一信息。这篇文章称，阿拉伯媒体越来越倾向于用大量的标题直接指责美军有意残杀无辜的百姓。

评注：这篇文章意在指出阿拉伯媒体关于伊拉克战争中平民伤亡的报道是完全不正确的。《纽约时报》的读者基本上是保守的，完全支持以色列政府和美国领导的多国部队入侵伊拉克。因此，这样的读者群势必会反对有关美军、美国政府或是伊拉克政府的负面描述和报道。因为这篇文章强烈地批评了阿拉伯媒体关于伊拉克战争的报道，所以这篇文章并没有被淹没在信息海洋中，而是被置于首要的位置上（头版）。

如何从宣教和标准新闻报道中获得有益信息

只有懂得如何批判性地看待新闻报道，个体才有可能从宣教和片面的新闻报道中获取有益信息。这意味着我们必须清晰地意识到报道中隐含的观点，认清报道影响我们思维和信念的意图。当我们从某一个角度来分析观点时，我们必须对这些新闻报道进行全面剖析。尽管报道中的部分事实也许能够支持所讨论的观点，但是片面的新闻报道并不是纯粹的简单事实。此外，要注意的是，在标准的新闻报道中也会提及一些反对观点，通常在报道的最后几个段落中弱化处理或者以引言出现，并建议读者不予理会这些观点。

具有批判性思维的读者能够识别报道中的片面观点，知道哪些信息是该忽视的和不值得考虑的。他们会注意到哪些事实得到了突出报道（如，在头版），哪些淹没在大量背景信息中（如，在第24页）。分析和解释新闻报道时，我们需要思考一些关键问题：

- 谁是目标受众？
- 哪个观点得到强化处理？
- 哪些观点被忽视或者被弱化处理？
- 我怎样才能找到被否定的信息？
- 哪些新闻刊登在头版？为什么？
- 哪些信息淹没在文章中？为什么？

成为新闻批判性读者的步骤

（1）理解"媒体新闻报道"的基本流程。要时刻记住主流新闻报道是为了经济利益而向特定受众（特定的信念、价值观和偏见）出售新闻信息。媒体报道并不是为了教育，也不是要对多方公平（将所有信息都呈现给目标受众是很罕见的）。为了向受众售出报道，新闻记者必须针对目标受众进行报道，强化证实受众的信念、偏见、价值观和世界观。记者通常都和目标受众有共同的信念、偏见、价值观和世界观，因此，对事件进行"歪曲"是很自然的事情。

为特定受众报道新闻需要记者清楚：

a. 受众怎样看待这则报道？

b. 在这则新闻报道的信息中，哪些是和受众最相关的，哪些相关性最小？

c. 如何撰写新闻报道中的"导言"和"标题"？

d. 报道这则新闻需要多少空间和时间？

e. 如何将这则新闻报道和其他报道、受众的自我概念和世界观联系起来?

  f.如何将这则新闻报道得"专业"?(客观,不存在偏见,仅仅是陈述事实。)

  (2)理解新闻报道的逻辑。首先,解构这些报道,然后尝试着以其他角度来重构这篇报道。个体要成为有批判性思维的媒体受众,首先要理解媒体的报道日程和媒体报道新闻的标准(决定这是一则什么"报道",要报道哪些事实,怎样报道才能获得最高的收视率或者最好的销售额)。有经验的媒体受众知道如何识别并评估国内外社会和政治的重点和议程。他们知道如何读到字里行间的隐含意思,知道如何从其他角度重构这篇报道。

  (3)掌握重新定义事实的方法,评估其他来源信息,以历史的角度报道事件,注意报道过程中的假定和暗示。系统地质疑和评估,对批判性地思考媒体信息至关重要。

  (4)通过认清文章中隐含的利益和受众情绪来识别可信度低的新闻报道。当媒体制作人和受众的利益,或是大众的情绪(大众的愤怒、憎恨和爱国情绪等)卷入新闻报道中时,这样的新闻报道是最不可信的。例如,当一个国家发动战争时,该国媒体关于战争的报道就是值得质疑的,因为在战争时,所有国家都会对大众进行宣教来支持战争。另一个例子是对于坚持禁欲行为个体的报道,因为读者对禁欲行为的嫌恶,那么新闻报道就会将这些嫌恶反应合理化。通常来说,能够激起大众情绪的新闻报道都是片面的,具有批判性思维的读者需要常常质疑这样的报道。

媒体对媒体偏见的意识

  媒体到底在多大程度上能够意识到自身报道新闻时存在偏见和宣教呢?这个问题没有确定答案。所有的记者都清楚他们是为特定的受众进行报道。可是,这并不意味着受众能清楚理解其中的内涵。当然，对此问题，一些记者也会比其他记者要清楚得多。

在美国，以色列是受欢迎的"盟友"，所以以色列对巴勒斯坦人的虐待和施暴常常是在"正当报复"观点下被报道的。而美国视古巴的卡斯特罗为敌人，因此美国主流新闻媒体对卡斯特罗和古巴的报道通常是负面的，完全忽视了古巴政府所取得的成就（像全国医保覆盖、低婴儿死亡率）。一旦进行新闻报道的记者意识到这样的报道模式，他们就会很审慎地进行报道，以免自己被贴上"不负责任"和"偏见"的标签。

1. 谨慎对待广告商

对媒体而言，文化中的所有群体并不是都是同样重要的。国家媒体偏向那些支持国家文化、宗教、主导信念和社会价值观的群体。但是在媒体逻辑下，任何复杂的文化中，一些群体总比其他群体的作用更大。例如，新闻媒体的收入来自广告商。如果媒体对这些广告商或者广告商代表的利益进行负面曝光，就会招致资助媒体的广告商的不满。因此，新闻媒体会避免报道对他们广告商不利的新闻。

换一种说法，因为新闻媒体可以从大量现有的新闻事件中选择性的进行报道，即任何一家媒体都不能对发生的所有事件进行报道，媒体报道的信息只是所有事实中的一小部分。因此，媒体自然地回避那些容易触怒他们广告商的报道。当然，也有例外。不过，这主要取决于这则报道会制造多大的轰动效应，或者是否已有媒体报道了此事。

2. 谨慎对待政府

国家媒体对政府的权力十分敏感。一方面，通常来讲，国家政府通过法律准许媒体成立，并调控媒体。另一方面，许多国家新闻都是国家高层官员和机构告知媒体的。鉴于以上原因，新闻媒体人士在批评政府时总是谨小慎微。

例如，如果国家政府认定一些群体或国家是敌人，国家新闻媒体就会尽可能地将这些"敌人"描述得不受欢迎。如果政府无理由进攻另一国家，国家媒体就会像体育赛事的拉拉队长一样站在国家这边为其加油鼓气。此外媒体还常常为政府错误的政策和法案道歉。

也有例外，那就是当国家媒体和在野党有关时，这些媒体就会受到在野党所代表的权力和利益的保护，媒体也会报道他们政治支持者的观点。在美国，这样的新闻报道通常受到民主党和共和党的影响，但是两党在基本的世界观和信念上是一致的。两党在敌对和友好国家的划分、主要经济力量和权利以及资本的聚集上都存在共识。

媒体持特定的观点来报道新闻，这些观点代表了能够在经济上影响媒体的集团的利益，并且这些观点还深深嵌入到社会意识形态当中。尽管媒体对利润的关注不那么明显，甚至被隐藏，但是新闻媒体关注利润是铁定无疑的事实。

美国电视网络解雇了一些报道记者，并且关闭了一些外语报道机构以减少机构的开支。他们通过将新闻报道划分为生活、名流、娱乐等版块专题来吸引受众，并且用敏感的性、犯罪和庭审故事来填充他们低预算、高回报、黄金时段的"新闻杂志"节目（Downie & Kaiser, 2002, p.10）。

3. 谨慎对待权力集团和利益

新闻媒体常常希望用最少的支出换来最大的利益。调查性新闻报道比现成的新闻（新闻发布会、记者会、和演讲中的新闻）花费要多得多。而权力集团意识到，若是不能维持在公众中受欢迎的形象，就会在文化中失去权力地位，便一直积极地投资经营他们在公众中的形象。因此，在权威媒体（需要新闻报道）和权力集团（依自己的利益产生，传播新闻）之间存在一种共生关系，没有国家存在例外。

包括制造、交通、农业、武器制造、航空、司法机构（监狱、警察、律师、社会工作者）、建筑、银行、汽车、保险、公共关系广告、广播和娱乐等在内的行业都依据其自身利益来调控每日的新闻报道。从事管理、立法、司法、军事和情报工作的政府机构和工作人员也根据自身的利益调控着每日的新闻报道。宗教团体、学术团体、工会和其他团体同样也是按照自身的利益调控着每日的新闻报道。

20世纪30年代爆发的大萧条，贯穿第二次世界大战始终，一直到20世纪50年代冷战拉开帷幕时结束。在报道大萧条时，记者通常反映已有的观点，对权力集团的失误很少提及。对于私人公司、娱乐行业的新闻炒作和政府的新闻监管，记者也很少提出质疑。

由于大多数人关于世界的基本信息都来自大众媒体，因此，积极的新闻报道对于维持一个积极的公众形象至关重要。

4. 审慎对待竞争媒体

新闻媒体会报道其他媒体关注的内容。当一些主流媒体对事件进行"大篇幅"报道时，其他的媒体通常也会对此事进行报道，以免自己被视为报道缺席。主流媒体像"牧群"一样行动，都亦步亦趋地追随着他们的领头者。在任何国家，各家报纸上的国内外新闻都相差无几。

对新奇和轰动效应的偏爱

新闻媒体通常愿意报道那些新鲜、古怪和轰动性的奇特事件。日常发生的事件，不管其内涵多么重要，都会遭到媒体的忽视。然而，重大的社会问题通常都暗含在日复一日发生的事件中，只不过暗含这些问题的个案（尽管通常发生）通常不具有戏剧性。

例如，如果一家大型银行每次总是从其数百万客户中多扣一点点钱，这家银行就成功地偷取了数百万美元，这样的举动不成新闻。然而，一个劫匪劫走银行 10 000 美元就是条新闻。类似地，每天有数百万儿童遭到欺侮并因此身心受到伤害不算新闻，而一个孩子和另一个孩子在学校发生性关系则是条重大新闻。每晚有无数儿童饿着肚子睡觉不算新闻，而学校为学生提供鱼子酱做午餐则是条新闻。每日有许多妇女和儿童被非法贩卖不是新闻，而老师和学生发生性关系则是条大新闻。

新闻批判性读者

新闻想要操纵批判性读者很难，这是因为批判性读者：

- 知道人们有不同的视角和世界观，知道人们能够从多角度来看待问题。
- 通过多来源的观点和信息来理解事情，不迷信大众传媒。
- 知道如何辨别新闻中的隐含观点。
- 会在心里从多个角度重构这则新闻报道。
- 以分析现实的方式分析新闻报道。
- 评估新闻的清晰度、准确性、相关性、深度、广度和重要性。
- 会注意到新闻中的矛盾和不一致之处。
- 会注意到新闻中的操作议程和新闻媒体服务的利益。
- 会注意到新闻中被报道的事实和被忽视的事实。
- 会注意到哪些信息被作为事实呈现。
- 会注意到报道中隐含的存疑假设。
- 会注意到报道的潜在含义。

- 会注意到哪些信息得到强调，哪些信息受到忽视。
- 会注意到哪些观点受到作者青睐，哪些受到排斥。
- 意识到受既有观点影响，这些罕见的、戏剧性、轰动性报道中存在偏见，并且会对这些报道进行纠正、重构。
- 会质疑社会规范界定问题的合理性。

关于新闻媒体的疑问

1. 媒体改革是可行的吗

为了给公众提供不偏不倚的新闻报道，首先，记者都需要对他们之前不认同的世界观抱有理解的态度。他们需要想象受众的世界观与他们自身的世界观是截然相反的，他们需要了解自身的社会中心，要像批判性读者那样对待新闻报道。

然而，这样做的一个难题是：在受众眼中，他们这样报道的文章是存有偏见的，是宣教而不是新闻报道。在受众眼中，这些记者也会是不负责任的，他们的观点影响了他们的报道。想象以色列记者从同情理解的角度对巴勒斯坦进行报道，巴勒斯坦的记者也以同样的角度来报道以色列时，这两国的记者在他们各自国家会有怎样的遭遇？

新闻媒体中的记者是无法决定事实本质和他们工作需求的。他们不能决定受众的所思、所做、所爱和所怕。事件本质和工作要求是由社会和社会成员的价值观、信仰和世界观所决定的。在这里，以自我中心和社会中心的视角来看待问题是人的本性，大多数人都不愿意拓宽他们的眼界，只是一味地希望自己的观点得到证实和支持。就像球迷，他们一心希望自己支持的球队获胜，球队获胜，他们会欣喜若狂，但一旦失败，他们会说这场比赛不重要，另一方作弊或者是裁判偏袒另一方。

就广阔社会空间中的绝大多数受众来说，他们倾向注意能够加强自身信念，不会对其秉持观点产生怀疑的新闻报道。这里的逻辑就像塑造一个国家的饮食习惯一样，知道大多数人喜欢高脂肪和腌制食品，市场就会销售这些高脂肪和腌制的食品。只要大多数人喜欢那些能够加强自我中心和社会中心思维的极简报道，喜欢那些以绝对好坏之分呈现世界的报道，新闻媒体就会报道这样的新闻。这样地紧随其受众脉搏，媒体的利益和收视率势必会大幅上升。

2. "批判性社会"的出现能否成为现实

在1906年出版的《民俗学》的结束章节中，威廉·格雷厄姆·萨姆纳提出了发展"批判性社会"的可能性。他指出，在这样的社会中，批判性思维是人们生活方式中不可缺少的一部分。萨姆纳认为批判性思维能够帮助人们克服偏见、欺骗、迷信和对我们自身及周围环境的误解。他认为只有能够培养人们批判性思维的教育才是最好的教育。他写道：

> 如果社会中的普通人都具有理性思维习惯，这样的思维方式将会得到更为广泛的传播，并渗透到社会习俗中，因为这种思维方式可以帮助人们解决人生困惑、完善自身并改善人生。接受批判性思维教育的人不会自乱阵脚……对于是否相信，他们始终会持谨慎的态度。他们会区分事件在不同程度上的可能性，不会十分确定，也不会因此苦恼。他们会寻找证据，考虑不同证据的权重，不会受一方对观点强调或过分自信的影响。他们能够抵抗对自身有利的偏见和任何形式的哄骗影响。只有进行批判性思维培养的教育才是真正能培养出合格公民的教育。

世界上没有哪个国家和文化是按照萨姆纳构想的那样发展教育事业。按现状看来，任何社会中，这样的教育都是个罕见的例外。但是，辨别媒体中的偏见和宣教对那些愿意从多角度、多观点和多来源看待世界的人来说倒是可能的。对那些在阅读、思考和判断中愿意逆势而行的人来说，辨别出媒体中的偏见和宣教也是可能的。

找到替代的信息来源

在一个文化下找到支持主导观点的信息并不难，难的是找到一个质疑主流新闻的思考观点。以前苏联为例，当时很难找到一条批评苏联路线的观点。在一个社会中批评这个社会通常总是困难重重，很难实现。不过，还是会有少数思想家，他们的思考目光会超越主流观点，深挖现象下的本质，最后带来令大众不悦的观点。在这要强调的是，世界上任何社会都有主流观点和异见，重要的是要意识到我们并不是说异见就是正确的、主流观点就是错误的。我们应该找出主流和异见观点，从所有对立的观点中获得洞见。对于任何重要的议题，都要以全方位的视角进行观察。

要做到这些，个体要做到以下两点：

（1）找到各个角度的观点。

（2）在所有观点中找到全方位的角度。

让我们以美国为例，美国主流观点可以在任何一家大型主流报纸中找到（《纽约时报》《华盛顿日报》《巴尔的摩太阳报》《波士顿环球报》《芝加哥论坛报》、*Cleveland plain Dealer*、*Los Angeles Times*、*Minneapolis Star Tribune*、*Philadelphia Inquirer*、*Sacramento Bee*、*San Francisco Chronicle*，等等）。同样，其他国家也可以列出相似的主流媒体列表。当然，不同国家和文化的主流媒体观点可能会有一些重合，这主要取决于他们，在多大程度上信仰同样的宗教，有共同的经济利益和政治传统。

找到文化或国家内的异见就不那么容易了，这是因为异见者常被限制在"地下"。搜寻异见信息最好的去处就是翻阅学术性的杂志和报纸。在一些情况下，个体能够找到比主流媒体报道更为深入、更为细致的出版物。

再以美国为例，开办于1865年的《民族报》，从其创办之初就为公众提供了仔细思考的异见。它的投稿者有 Nelson Algren, Hannah Arendt, W.H. Auden, James Baldwin, Willa Cather, Emily Dickinson, John Dos Passos, W.E.B. DuBois, Albert Einstein, Lawrence Ferlinghetti, Robert Frost, Carlos Fuentes, Emma Goldman, Langston Hughes, Henry James, Martin Luther King Jr., D.H. Lawrence; Robert Lowell; Thomas Mann; H. L. Mencken; Arthur Miller, Pablo Neruda, Octavio Paz, Sylvia Plath, Ezra Pound, Bertrand Russell, Jean Paul Sartre, Upton Sinclair, Wallace Stevens, I.F. Stone, Gore Vidal, Kurt Vonnegut, Alice Walker 和 William Butler Yeats。显而易见，这是非主流信息重要的来源。除了周刊上报道的有争议的政治和文化议题外，*The Nation* 还建立了包含6500个议题在内的电子数据库（见 www.archive.thenation.com）。

所有来源的新闻和评论都应该受到批判性的分析和评估，个体应该利用这些信息培养自己思维的独立性，将这些信息看作整个事实的一部分，而不是事实本身。这样一来，最终便会突破观点所缚，不受任何一个观点的限制。

成为一个自我思考者

要辨别媒体中的偏见和宣教就要进行独立思考。阅读著名异见者对他所处时代主流观点提出质疑的著作，也会帮助个体成长为独立的思考者。

被淹没、忽视和弱化处理的报道

每一天，世界上都会有数以万计的事件发生，而其中只有少数被媒体报道，成为新闻。通常来讲，被报道的是那些能够证实社会主流文化观点的事件。与主流观点相违背的事件常常受到媒体的忽视和弱化处理，淹没在海量的信息中。然而，在某一文化下被淹没的事件，常常会在另一文化下成为新闻头条。

当文化间存在冲突时，这种现象会有加剧的倾向。在这种情况下，尽管是同一件事情，但是在不同文化下媒体的报道却大相径庭。例如，在战争时期，交战的双方都是从自利的角度向本国受众报道此次战争冲突。因此，尽管双发都对对方施以暴行，各自的媒体还是会强化对方的暴行，否认、压制或弱化本国的暴行。每一方都认为自己代表了正义，而对方代表了邪恶的力量。互为"敌人镜像"的研究认为大众媒体的这种自利性是可预测的：

> 互为敌人镜像指的是对立的双方总是将美德、优点归于自己，而将恶习、缺点归于敌方。"我们"是可靠的、热爱和平的、可敬的和人道主义的，"他们"是邪恶的、好战的和残忍的。1942年，在对美国人的调查中，美国人对德国和日本（敌方）评价的前五个形容词包括好战和残忍，而这些都没有出现在对苏联（盟友）的评价中；而在1966年同样的调查中，美国人对德国和日本（盟友）的印象不再像从前一样负面，而对苏联（不再是盟友，称不上是敌人，但也是一个强大的竞争者）的评价则是邪恶、好战……
>
> 敌人镜像就像一个扭曲镜，能够证实自身的信息得到过分突出，而与自身不符的信息则被过滤掉。因此，大众媒体大肆宣扬对方的邪恶残忍举动，而忽视了对方人道、可敬的行为。⊖

⊖ 此处节选自 Jerome Frank, *Chemtech*, August 1982, p467. Published 1982 American Chemical Society.

接下来，我们将会提供几个被美国主流新闻媒体忽视、弱化以致淹没在信息海洋中的新闻报道。这些被忽视的信息在媒体的报道中只是稍稍一提，并没有得到详尽的报道。我们主要是在异见者和非主流出版物中找到这些报道的。在每个例子中，要格外注意那些与美国主流媒体强调的美国形象和美国在世界中的地位不符的报道。如果这些被忽视的信息在大众媒体中得以突出，美国树立的致力于自由、公平、人权、保护地球资源、捍卫国际法和民主的公共形象就会遭到破坏。

要记住的是所有国家的媒体都会通过报道什么、不报道什么、哪些进行积极报道和哪些进行消极报道来塑造一个对自身文化有利的形象。我们的例子主要是美国主流媒体弱化处理的报道，因为我们认为我们的读者大部分都应该是美国人。我们的分析类似于在任一给定的文化或国家下，媒体对新闻处理的研究。当然，媒体对新闻的歪曲存在着国家间的差异，只有通过对一则报道的深入研究才能得以了解。

（1）美国是世界和平的威胁吗？社论《盲目自大可能再次袭扰美国》作者：尼古拉斯·克里斯托夫（Nicholas Kristof）（资料来源：*New York Times*, Feb. 3, 2003.）。

欧洲版的《时代》杂志在其网站上举行了一次投票："2003年，哪个国家对世界和平造成了最大的威胁？"目前有318 000人参与了此项投票，结果是：朝鲜，7%；伊拉克，8%；美国，84%。

评注：除了这篇简短的社论，我们在美国媒体中没有找到对此事的报道。美国是世界和平最大的威胁者与美国树立的自身形象截然相反。

（2）美国要对伊拉克50多万伤亡平民负责吗？《巴士拉的背叛》作者：查克·萨迪蒂克（Chuck Sudetic）（资料来源：*Mother*

Jones，Nov/Dec. 2001. ***Mother Jones*** 是一份持有异见的非主流新闻媒体，提供新闻和评论）

10多年来，美国政府一直坚定地支持对伊拉克实行严密的经济封锁，呼吁国际社会对伊拉克获取外国商品和收入进行严格控制。但是，这并没松动萨达姆的政权统治，也没有迫使萨达姆放弃对伊拉克余下的化工、生物和核武器项目的控制。制裁带来的只是死亡。

根据以色列海法大学的伊拉克分析师Amatzia Baram的估计，在1991~1997年间，有50多万的伊拉克人死于营养不良、可预防性疾病、药品短缺以及制裁带来的其他因素。死者大多数为老人和儿童。同一时间，联合国儿童基金会统计的死亡率显示伊拉克2 300万人中有100多万人死亡。

这篇文章讲到，伊拉克人：

视萨达姆政府最大的敌人——美国为自己的敌人……1991年，华盛顿放弃推翻萨达姆政府，现在尝到了苦果。萨达姆政权下台将会成为反美煽动者和恐怖主义分子统治的成熟时机。

这篇文章引用居住在美国的伊拉克人的话称："伊拉克人不会忘记在他们身上发生的事情，在他们眼里，这是种族屠杀，伊拉克人不会忘记种族屠杀。"

（3）美国有责任遵守它签订的国际条约吗？《布什寻求使用溴甲烷豁免权》（资料来源：***Press Democrat***，Feb.9, 2003; mass media news source.）

这篇报道称，美国在1987年和182个国家签订了《蒙特利尔议定书》，号召停止使用伤害臭氧层的溴甲烷。但是据这篇报道称，美国农民说没有其他合适的可供替换的药品可用。"溴甲烷是一种无色无味的气体,每 18 个月注入土壤一次,以杀死蠕虫、有害昆虫、老鼠和病菌等,该化学药品于 2005 年在发达国家禁用。"

这篇文章称布什政府向美国环保署寻求 16 项使用溴甲烷豁免权。文章引用自然资源保护委员会气候中心主任 David Doniger 的话称:"我们知道禁用溴甲烷是一项艰巨的任务,需要更长的时间来完成。但是,我们从来没有想到农业企业竟然会破坏这一药品的禁用过程,布什政府竟会对种植业者和化学工厂卑躬屈膝,对国际协定熟视无睹。"

根据这篇文章的报道,"从原子层面上看,从溴甲烷中释放出来的溴化物对臭氧层造成的伤害是氯氟烃中释放出来的氯化物的 60 倍"。

评注: 这篇文章登在当地新闻版块的背面,淹没在信息海洋中。

(4)美军开办的学校是用来训练军官严刑拷打和谋杀技能的吗?《新军事计划:施虐者学校》(资料来源:*Counter Punch*,Feb. 1-15,2000;*Counter Punch* 是一份持有异见的非主流新闻媒体,提供新闻和评论)

根据 *Counter Punch* 的报道,美军开办的坐落在佐治亚州本宁堡的美洲学校,有 60 000 名毕业生,这其中不乏许多最狠毒的杀手和拉美军队中的严刑拷问人员……年复一年,针对这所学校的游行示威日益增多,本宁堡外的抗议集会人群和非暴力反抗人数急速增长。去年秋天,有 15 000 人抗议示威,900 人进行非暴力反抗。

这篇文章继续称由于这些示威,美军意识到改变他们形象的重要性。因此,美国陆军部长决定取消美洲学校,建立军事西半球安全合作学院,取代美洲学校发挥作用,"培养新任军官,他们能够且愿意执行美国要求的监管任务"。

(5)美国监狱将那些有心理疾病的犯人长期单独收监有人性吗?评论:《无敌解决方案》作者:里根·古德(Regan Good)(资

料来源：*The Nation*，March 3，2003；*The Nation* 是一份持有异见的非主流新闻媒体，提供新闻和评论）

根据这篇评论的报道，有心理疾病的犯人被长期单独关押在囚室之中，也就是众所周知的无敌监禁。"有心理疾病的犯人一天有 23 小时被监禁在单独的囚室中。吃喝拉撒睡、读写（如果他们有能力的话）、看电视和听广播（如果允许的话）都是在同一间 8m×12m 大的囚室中进行的，这种情况往往持续数年之久。单调的生活、感觉剥夺和被迫的无所事事……对患有心理疾病的人来说是巨大的折磨。"这篇文章称这些囚犯只有通过"纠正他们的行为"才能走出这单独的囚室。但是，正如吉恩·麦克莱恩·斯奈德（Jean Maclean Snyder）——塔姆斯监狱一位这样犯人的代理律师所说，单独监禁无法让患有心理疾病的人表现良好。"没有擅长的事可做，也不会有允许的行为出现。"这篇文章指出，每时每刻，"美国有大约 25 000 人被长期单独监禁"。

评注：其他媒体也做过相关的报道，1998 年 10 月 5 日的《纽约时报》报道了国际特赦组织称美国在国内侵犯了基本人权，指责美国司法体系普遍存在的残忍暴力行为。据《时代》报道，国际特赦组织秘书长 Pierre Sane 称："我们认为一些大国用国际人权法来指责别国，而不用同样的法律来规范自身的行为是十分讽刺的。"

（6）美国在多大程度上卷入了反人类的罪行中?《真实的和想象的罪犯》作者：格雷戈里·埃里什（Gregory Elich）(资料来源：*Covert Action Quarterly*，Winter 2001；*Covert Action Quarterly* 是一家异见信息媒体。下面的是文章中的信息总结，引用了 33 个支持文献。）

印度尼西亚：1965 年，美国中情局支持的印尼军事政变推翻了苏加诺总统的统治，把印尼领导权让渡给苏哈托将军。这场政变后，有 50 万～100 万的平民被苏哈托政府杀害。这些平民中包括工会会员、农民、华裔和印度尼西亚共产党党员。在这期间，美国给苏哈托政府一张计划铲除的共产党人名单，并提供了大量秘密军事武器。一旦苏哈托成为代总统，美国就会向印度尼西亚提供军事援助，并且来自美国和西欧的顾问还会帮助规划印尼的经济政策。1969年，美国对印尼的援助提升到两亿美元。在印尼政府通过了对外国公司有利的法律之后，"其后的数年间，建立起新秩序的印尼一直关押、虐待并处死了成百上千的百姓"。

伊朗：1983年，美国中情局提供给伊朗霍梅尼政府一张写满伊朗群众党中共产主义人士的长单，称这些人是威胁，希望霍梅尼政府能够将他们逮捕并处决。最终，整个伊朗群众党被霍梅尼政府铲除，造成10 000多人死亡。党首遭到严刑拷打，并被迫在电视上认罪。1989年，同样是在美国政府的支持下，伊朗特殊委员会处决了不同政党的5 000多名成员，这些被处决的人被认定为左翼分子，这为后霍梅尼政府带来了潜在的问题。

柬埔寨：1975年，美国中情局支持红色高棉推翻柬埔寨政府。事实上，这之后，整个柬埔寨成了一个只能发展原始农耕经济的劳改营。在接下来的4年里，200多万柬埔寨人死于饥饿、疾病和杀戮。数十万人遭到虐待和谋杀。当红色高棉入侵越南时，起义的柬埔寨人民和越南军队将红色高棉赶下台。美国支持红色高棉对柬埔寨社会主义政府进行游击战，通过美国的努力，支持羽翼未丰的社会主义政府的在柬越南军队最终被赶出柬埔寨。西哈努克亲王和宋双被迫接管政府，并且美国坚称红色高棉在新政府的成立中发挥着至关重要的作用。但是由于柬埔寨民众反对美国的说法，而且军事法庭开庭在即，红色高棉将其领导人波尔布特移交给美国政府。由于美国控制着联合国对红色高棉的审判，所以中情局支持红色高棉臭名昭著的历史从来没有被报道过。

（7）布什政府威胁墨西哥在联合国上投票支持伊拉克战争

了吗?《只要他们畏惧,就让他们恨下去》作者:保罗·克鲁格曼(Paul Krugman),《纽约时报》专栏作家(资料来源:*Press Democrat*, March 10, 2003; first published in the *New York Times*.)

根据这篇评论,布什政府威胁墨西哥在联合国安理会上投票支持伊拉克战争。《纽约时报》专栏作家保罗·克鲁格曼称:"上周,《经济学家》引用美国外交官的话称,如果墨西哥不支持美国的决议,就会在美国境内卷起针对墨西哥人的敌对情绪。"他将墨西哥所面临的情景和1941年日裔美国人遭受囚禁的情景进行了对比,他问墨西哥是否想挑起战争时期侵略主义的火焰。接下来,布什总统在周一接受科普利新闻社(Copley News Service)的采访时,暗示如果墨西哥不支持美国政府,将会遭到美国政府的报复。克鲁格曼在文章中写到,如果墨西哥和其他国家反对美国,"美国就会给他们些颜色看看。"克鲁格曼继续写到,"一直维护美国的新闻媒体并没有对这些言论进行报道,但是这些言论却在墨西哥引起了政治风暴。而白宫却出尔反尔,称布什说的'颜色'并不是威胁墨西哥。但是根据采访情景和信息,可以肯定他是这个意思。"

(8)美国政府知道伊拉克宁愿破坏化学武器,也不愿承认拥有这些武器吗?《弥天大谎?》作者:鲁斯·贝克(Russ Baker⊖)(资料来源:*The Nation*, April 7, 2003)

在3月3日发行的杂志中,《新闻周刊》报道称布什政府故意压制证明伊拉克无罪的信息,并称此信息来源可靠。早前布什政府曾引用同样来源的信息称,伊拉克在1991年海湾战争后发展大规

⊖ 此处经鲁斯·贝克同意使用(www.russbaker.com),他是一位屡获殊荣的调查记者和散文家,也是Who What Why.com网站编辑及《家族秘密》的作者(*Family of Secrets: The Bush Dynasty, America's Invisible Government, and The Hidden History of the Last Fifty Years*)。

模杀伤性武器。由于此信息的轰炸性影响,《新闻周刊》决定对此轻描淡写……此次事件的背景是:萨达姆的女婿陆军中将 Hussein Kamel,他曾是伊拉克军事工业的前部长,伊拉克核武器、化学武器和生物武器项目的负责人。他逃出伊拉克并且提供了美国认为确切翔实的关于这些武器的描述。Kamel 提供的信息是美国攻打伊拉克的关键证据。

在 2 月 5 日向联合国安理会陈述时,美国国务卿科林·鲍威尔说:"要让伊拉克承认生产了 4 吨的致命性神经毒剂 VX,可能花费数年的时间都难以实现……但是由于萨达姆女婿 Hussein Kamel 的变节,美国的调查人员搜集到大量的文件信息,这使伊拉克的俯首认罪成为可能。"但是《新闻周刊》的约翰·巴里(John Barry)指出,美国政府删去了 Kamel 证词的核心部分,在这一部分中,Kamel 称,据他所知,"伊拉克销毁了所有生化武器和搭载这些武器的导弹。"……据报道称,联合国调查人员一边要防止这些信息外传,一边又在威胁萨达姆会公布更多的信息。但是鲍威尔只用 Kamel 一半的证词又是出于什么理由呢?为什么《新闻周刊》和其他的美国媒体对此事很少进行报道?对此事,《新闻周刊》没有做封面报道,也没有对美国政府毫无理由就匆匆出兵伊拉克一事作一篇焦点报道,只在其潜望板块做了一则 500 字的简短报道……其他媒体没有报道 Kamel 事件也不足为奇。大型报纸和杂志不愿意承认他们被竞争对手捷足先登……Kamel 事件也许是伊拉克战争中被隐藏的最大新闻,但是这并不是唯一的例子。值得注意的是,英国披露英国国家安全局在伊拉克战争审议期间,曾对联合国安理会成员国大使进行监听,但是《华盛顿邮报》只是稍稍提及,并没有在布什的新闻发布会上提出任何质疑……这些事实证明了在决定对伊拉克用兵的过程中存在弥天大谎,他们用伪造的证据欺骗了整个国家和整个世界。

世界上的所有民众都需要获取新闻和评论，并对本国主流媒体树立的自我形象进行批判和质疑。没有一个文化完全符合它所营造的自身形象。自利形象和现实之间的差异需要有批判性思维的公众自己去判断。以美国为例，以上呈现的是一些淹没在大众媒体中或者很少被读到的异见媒体中的报道例子，美国实际的形象和其主流媒体报道中塑造的积极形象相差甚远。

在大多数美国人心中，美国是人权的捍卫者，个人自由、民主价值观和社会公平存在于美国社会。可是，需要我们了解的是，大量媒体受众不知道如何获取被忽视的信息。他们不知道如何批判性地接受新闻。大多数受众从没有认真质疑过他们国家的形象。因此，他们认为没有理由去搜寻异见信息或质疑国家形象，更不会从建设性的批判思考中获得高层次的爱国主义。而这样的爱国主义能够使一个国家超越它所承诺的形象，成为一个更好的国家。

使用网络

在世界上任何一个国家，人们都可以使用网络查找主流和异见媒体的观点。下面三个是可以查找异见观点的去处。同样，我们提供的不是事实，而是获取主流信息以外观点的帮助。

（1）国际特赦组织。在一些例子中，尤其是在一些异见者被投进监狱或者惨遭杀害的国家里，异见只能从流亡者而不是该国居民中获得。国际特赦组织（www.amnesty.org）是找到异见者的好去处。该组织出版的一份季刊揭露了世界各国违反人权现象（*Amnesty Now*，见 www.aiusa.org）。

（2）美国国家观察。另一个重要的网络信息来源是国家观察（State watch）。它下设有一个监察机构和数据库来监管欧盟国家及其民众的自由情况。从1991年起，它开设了25 500个数据库入口，包括新闻专题、来源和报道。除了小册子和报道之外，它还出版双月刊《国家观察》(*State watch*)，它的认真负责可见一斑。

（3）琼斯母亲。琼斯母亲（Mother Jones）是一个侧重调查、政治和社会公平报道的非营利性新闻组织。它有两个主要"平台"：一个是国家性的双月刊（发行量 240 000 份），另一个是刊登最新消息和原创报道的网站。琼斯母亲提供"睿智和无所畏惧的新闻"，使人们充分享有知情权。琼斯母亲认为"充分享有知情权"是正常民主运行中不可或缺的元素。它的工作不受任何公司资助，这能够让其自由地进行调查性报道。

还有一个策略是在网上搜索诸如"日本人观点""亚洲人观点""中国人观点""非洲人观点""中美洲人观点""南美洲人观点""伊斯兰人观点"等的关键词，这也可以帮你找到不同文化下的不同政治观点。

其他可供选择的信息

下面列出的是一些提供非主流新闻和新闻背景信息的学术资源。读者可以在阅读新闻时批判性地翻阅这些资料。同样地，我们提供的不是事实，而是获取主流信息之外有益内容的帮助。

《哈珀斯》(*Harpers*)，www.harpers.org

《进步杂志》(*The Progressive*)，www.progressive.org

《反击》(*Counter Punch*)，www.counterpunch.org

《印地媒体中心》(*Indy media centre*)，www.indymedia.org

《民族报》(*The Nation*)，www.thenation.com

《言论自由电视》(*Free Speech T.V.*)，www.freespeech.org

In These Times，www.inthesetimes.com

《Z 杂志》(*Z Magazine*)，www.zmag.org

《路透社》(*AlterNet*)，www.alternet.org

《跨国监测》(*The Multinational Monitor*)，www.essential.

org/monitor

  Dollars and Sense，www.dollarandsense.org

  《卫报》(*The Guardian*)，www.guardian.co.uk

  《乡村之声》(*The Village Voice*) www.villagevoice.com

  《新闻查禁榜》(*Project Censored*) www.projectcensored.org

小结

  辨别国内外新闻中的偏见和宣教需要花费一定时间来练习。这对养成思维的责任感、整合性和自由来说不可或缺。这章只是培养理智分析和评估新闻报道的开始。随着我们这种能力的不断发展，我们身上固化的社会教化和民族优越感就会不断剥落。

  最后，我们必须自己决定该相信什么以及如何去做。我们既可以是批判性的又可以不具有批判性，既可以是理性的又可以是非理性的，既可以是自我中心的又可以是非自我中心的。我们可以安静地接受我们的社会限制和与它相适应的意识形态，也可以仔细地、有意地去超越这种状态。选择由我们自己决定，没有人有权替我们选择。如果我们超越了社会限制，为自身而思考，我们就会成为自由的人，成为有责任心的公民。

| CHAPTER 13　第 13 章 |

谬误：心理诡计和操纵诡计

了解人心，就是了解自我欺骗。

——佚名

谬误（fallacy）这个词来源于两个拉丁词——fallax（欺骗的）和 fallere（欺骗）。这是人们生活中一个重要的概念，因为人们在欺骗他人的时候，同样也在欺骗自己。人类心智不会自发地发现事实，也不会自发地追求和热爱事实。人类心智热爱的是自己，是对自己有利、向自己献媚和满足自己所需的那些信息。而对那些给自身造成威胁的信息，则无情地加以贬抑和摧毁。

至少可以从两方面研究谬误。第一，传统研究。界定、解释并引述例子来说明在哪些情况下，个体会将不合理的观点合理化。第二，深入研究。在什么情况下，人们产生谬误是为了自身的利益和非合理性的欲望。如果采用第一种方法，学生在对谬误的记忆和定义学习中很难获得更多的收获，而且他们不久便会遗忘，心智没有被触动，固有的思维方式很难被改变。如果采用第二种研究方法，学生会探其本源，了解人们如何使用不合理论据和智力"诡计"，从而获得长达一生的洞见。

当我们仔细审视人们的决策和行为的时候，我们很容易发现，人们认为生活中最重要的事情不是谁对，而是谁赢。那些在财富和武力上拥有权力的人就是决定哪些事实能够在世界范围内大张旗鼓地宣扬、哪些事实要被压制或淹没的人。世界上的大众媒体源源不断地产生信息流，也在不断地歪曲事实。当我们透过表面进入报道深处的时候，我们会发现那里存在着另一个世界。在这个世界中，"传播"和"操纵"沦为同义词。

学生需要用开创性的洞见和思维方式来保护自己，使自己免于沦为媒体食人鱼的餐饭，也免于沦为媒体食人鱼群中带有偏见的一员。洞见和思维工具的获得是以思维整合为基础的，这是学习"谬见"的根本目的，也是本章的目标。

人类心理的真实和自欺

人类大脑是一个神奇的结构和系统，它是意识和行动的核心，有独特的个人认同和世界观。人们在和世界的交往中获得丰富的经验，在这个过程中，大脑会思考、感受、获取、理解事实、避免犯错、获得洞见以及形成偏见。有用的事实和有害的错误观念是混合相伴而生的，相信某事是错的就像相信某事是真的一样简单。

人类复杂的大脑能够看出正确行为的美好和罪恶行为的丑恶；能够爱，也能够恨；可以十分友好，也可以很残忍；能够提出真知灼见，也可以做出错事；能够做到思维谦逊，也能表现出思维上的狂妄自大；能够极富同情心，也能够心胸狭隘；能够敞开心扉，也能关上心门；能够达到不断获取、追求知识的永恒状态，也能甘于愚昧无知的麻木状态；既有高于低等生物的地方，也会用它的自欺和残忍对其他生物表现出狂妄自大。

人们是怎样在其内心中创造出如此矛盾的理性和非理性的混合物的呢？答案是自欺。事实上，关于人类最正确、最有用的定义就是"自欺动物"。欺骗、口是心非、强词夺理、妄想和虚伪才是人性最本源和未受教育时的状态。而大多数教育和社会影响不仅没有努力减少人类的这种倾向，反而强化了人的这种状态，使得人们更加狡猾、世故和难以捉摸。

继续深化这个问题，人类不仅天生自欺，而且本性也是社会中心的。每个文化和社会都视自己是特殊的，认定自身价值观和规范中所有的基本信念和实践都是合理的。民俗中这样武断、专制的本质仅为少数人类学家所知（如果有的话），绝大多数人并不知道。

三种类型的思考者

非批判性思考者（无思维技巧的思考者）

绝大多数的人不能自由地决定自己的信仰，在这个问题上，人们深嵌于社会框架中，不具有反思精神。人们的心理是社会和个人力量的产物，这是大多数人不了解、不关心也无法控制的事实。他们的个人信念通常建立在偏见之上，思维方式通常包含大量的刻板印象、讽刺、过度简化、过分概括化、错觉、幻想、合理化和虚假两难困境等。而这样的思维动机是有迹可循的，这个动机往往来源于他们内心非理性的恐惧、疑虑、虚荣心、妒忌心、思维上的狂妄自大和心智简单。这些构念已经成为他们自身认同的一部分。

这样的人关注对他们即刻产生影响的事件，他们以自我中心和民族主义的眼光来看待这个世界，总是对其他文化下的个体抱有刻板印象。尽管他们自身的观念是不合理的，但当这些观念受到质疑时，他们会感到自身受到了攻击，从而回到最初幼稚的想法，并且会做出情感上的回击。

当他们的偏见受到质疑的时候，他们通常感觉受到了冒犯，刻板地认为质疑者是狭隘并且存有偏见的。他们依靠过分概括化来支持自己的观点，讨厌被纠正和受批评，讨厌别人与他们意见相左。他们渴望被肯定和称赞，希望自己被重视。他们希望面对的是心智简单的、非黑即白的世界，很少能够体察事件间的细微差别，甚至对此一无所知。

他们只想知道谁好谁坏，总是视自己为正义的一方，视敌人为邪恶的一方。他们希望所有的问题都有一个简单的答案，而且这个答案是他们所熟知的。例如，用武力和暴力来惩罚坏人。在他们看来，视觉图像比抽象的语言有力量得多，他们对权威、当权者和名人有极深的印象。想要控制他们不难，只要称赞他们，使他们相信他们自身的观点是正确的，就能实现控制的目标。

大众媒体就是在吸引这些人。有细微差别的和复杂性的问题都被缩减成极简的模式。所有的事情都是被歪曲的，在这里，事实无关紧要。

熟练的操纵者（稍有批判性思维的思考者）

这是较小的一个群体，这个群体里的人擅长操纵和控制。这些人精明地追求自身的利益，不顾这会对他人造成怎样的影响。尽管他们和非批判性的人有许多相似点，但是他们自身的一些特点将他们同非批判性个体区分开。相较于非批判性的人，熟练的操纵者有更好的说服技巧，更加世故，巧言善变，通常还有更高的社会地位。

通常来讲，熟练的操纵者比非批判性的人接受过更多的教育，获得了更多的成就。而且，他们拥有更多的权力，掌控着权威的地位。他们习惯在人际关系中占主导地位，知道如何使用已有的权力来提升自己的利益。他们对获得合理观点根本不感兴趣，他们感兴趣的是他们能获得什么，因此，他们总是小心翼翼地向他们的操纵对象呈现观点。

熟练的操纵家很少是社会上有洞见的异见者或批评家。道理很简单：如果要求他们在受众面前证实自己的观点，他们便会暴露，不能有效操纵受众。

操纵家也不会利用自己的智谋来谋求公共利益。他们只会服务于自身或与其有共同利益的人。操纵、支配、煽动和控制是他们谋取私利的武器。⊖

擅长操纵的人希望影响他人的信念和行为。他们希望了解哪些事情能够使他人容易受到操纵。因此，他们努力在他人面前呈现出权力、权威和传统道德的形象。这样做的动机再明显不过，就是为了实现操纵的目的。例如，政客常常在大众面前做着辞藻华丽但是言辞空洞的演讲。

许多其他标签也可以用于"操纵者"身上：骗子、诡辩家、宣教者、灌输者、煽动者，通常还有政客。他们的目标就是通过控制信息的呈现方式来控制他人的观念。他们会使用那些表面看起来客观的"合理"方法，而实现目标的关键是要使一些信息和观点不会被平等地传播和接收。

值得注意的是，"操纵者"往往还是自己宣教和把戏的受害者，囿于自己宣教和狭窄的视野之中往往造成了他们的失败。许多公司由于不能认清自身的幻象而倒闭。国家因为元首无法认清对世界的错误观念而出现问题。操纵家通常不是什么阴谋家，在那些能够区分"自利"和"公正"思想的人面前，操纵家的片面观点是很明显的。只有那些能够自我批评、自我审查的人才能够准确评估他们在社会、心理和智力上有多大程度受控于他人。

⊖ 煽动者并不是社会的真正批判者，他们是诡辩家。因为他们总是通过偏见、情绪混淆视听，以便快速控制受众，牟取利益（《韦伯斯特新世界词典》）。

公正批判性思考者（具有高度批判性思维的人）

最后，人数更少的群体是公正批判性思考者。他们掌握思维工具和方法，但是却不想去操纵控制他人。他们用批判性思维、公正心、自我洞见和真实想法来寻求公众利益。他们足够智慧，知道自利的人怎样用人性的知识和能言善辩来追求自身的利益，能够察觉说服和社会控制的技巧。他们不会受到控制，也不会控制他人。

他们对一个更完善更有道德的社会有自己的看法（包括我们究竟离这个社会有多远）。他们会亲身实践去改造社会，向社会"应该"的样子去努力。他们在和自身的自我中心特质以及非理性行为的斗争中获得洞见。没有人会从有公平心的思考者转变成自私自利的人。自私是自发的、天生的。我们首先都会关注我们自己——我们的痛苦、欲望和关切。我们只有在被迫的情况下才会关心他人所需。只有不断完善我们自身的思维品质和品德情操，我们才能够发展出公平心这样的特质。

有公平心的人会一直努力获取最为全面的观点。他们不希望任何观点受到压制。他们希望新闻报道能够在异见和主流观点中取得平衡。希望人们在了解到异见之后，能觉察出他人的操纵。他们希望每个人都能够识别出操纵说服的"肮脏把戏"。他们想公开有权势的人操纵弱小群体的情况，想让人们知道那些有权势的人是怎样欺骗那些容易轻信以及没有受过良好教育的人的。

思维谬误的概念

《牛津英语大词典》中是这样定义谬误（fallacy）的：

1. 欺骗，欺诈，诡计，陷阱。
2. 欺骗的，擅长误导的，不可信的。

3. 欺骗性或误导性的言辞，强词夺理。尤其是指逻辑上的瑕疵，材料或者形式上的，破坏了三段论。
4. 误导性的观点、错误。尤其是基于错误推理上的观点。同样也指被欺骗。
5. 诡辩性的，不合理的，错误的，错觉。

人们的思维方式通常是自欺的，因此，每一个人都是一个有"谬见"的思考者。知道自己所相信的东西是错的无疑很痛苦，人类为此发展出了抵御这种痛苦的方法。

心理学家称之为"防御机制"，即人们否认或忽视事实以避免痛苦。防御机制并不是在有意识的情况下启动应用的。它的启动是不可预见的和无意识的。这些防御机制包括压制、投射、否认、合理化和刻板印象。

界定谬误

提到说服的诡计，哲学家叔本华曾说，要是每一个诡计都能有一个简短合适的名字就太好了，这样的话，当一个人使用某一诡计时，我们就能立刻以此为依据对他做出惩罚。不幸的是，人们有无限多的把戏来掩饰不良的推理，模糊事件真正的进展，使不怎么样的思考看起来似乎还不错。此外，当不良推理支持人们的观点时，尽管这个推理再怎么不合理，也不会遭到人们的反对。这好像是人们无意间默认了在追求权力、金钱和地位的道路上，所有的行为都是合理的一样。任何言论、想法、心理操纵和建构，只要能够证实人们情感上支持的观点，它就是合理的。人们越是支持这一观点，想要用推理和证据撼动这个观点就越难。

正如我们之前所讲，人类心理通常是目光短浅的、不自由的和从众的。与此同时，它又是擅长自我欺骗和合理化的。人在本质上是高度自我中心、社会中心和自私自利的。人们的目标不是获取事实而是获取好处。不是通过理性过程来获得自身的观点信念，而是反感理性批评。盲信、担心、偏见和自利是人类思维的主要特征。自我欺骗和缺乏自控是人类思维最重要的特点。这些破坏了人们思维的完整性。如果你指出大多数人的错误，他们可能会暂时沉默。但是绝大多数情况下，人们就像橡皮筋一样，这是暂时的拉伸，不久后还会回到原样。

这就是培养思维品质对人类发展如此关键的原因。没有长期对心智的培养，人们不会产生深刻、成熟的思维。当人们的观点受到威胁时，人们会自发地按照原始思维方式进行思考，这在政治、经济、宗教和战争的历史中都能得到证实。事实上，在任何深入探索人类心理的历史中都能得到证实。

因此，掌握识别普遍说服诡计的方法很重要，这样我们就能够更好地理解自身和他人。在他人身上，谬误是说服和操纵他人时难以识别的思维诡计；对于我们自身，谬误是自欺的工具。本书中，我们会关注一些最常见的思维诡计和陷阱。有时这些诡计是良好思维的"仿制品"，例如，虚假两难就是真实两难的"仿制品"。我们会在处理概括和比较中的错误时更加清晰地意识到这一点。

错误和谬误

你也许会问："谬误会不会是犯错误呢？"它难道不会是有时我们无心所犯的错误么？答案是肯定的。有时人们难免会犯错误，但他并不想欺骗任何人。要检验人们是简单犯错还是有意欺骗非常容易，指出他所犯的错误，观察这个人面对自己思维错误时的反应。在没有改变的压力时，他是回到原先的谬误呢，还是真的被说服了？如果这个人回到原先的谬误，或者产生新的合理化观点来解释自身的行为，我们就可以认定这个人是利用谬误来获取利益，而并非只是简单的犯了个错误。

没有穷尽的谬误列表

要给出穷尽所有谬误的列表是不可能的。人们经常使用的思维诡计、圈套和陷阱可以从不同角度、多方面来探讨。本书中，我们呈现的只是最常见、最容易辨识的谬误。我们的列表和分析也没有什么研究权威性可言，这只是人们思维常见问题的列表。看看你是否能够在此表的基础上再添加一些谬误。人们在思考时经常：

- 头脑不清晰，思维混乱
- 匆匆下结论
- 没有思考含义
- 忘记自身的目标
- 不现实
- 关注琐事
- 没有注意到冲突
- 使用不正确的信息
- 问含混的问题
- 回答含糊
- 问含沙射影的问题
- 问不相关的问题
- 回答自己无法回答的问题
- 根据错误或不相关的信息下结论
- 只用支持自己的信息
- 做出与自身经验不符的推理
- 歪曲数据，不正确地呈现
- 没有注意到自己所做的推理
- 得出不合理的结论
- 做出错误决定
- 不知道自己的无知
- 没有注意到他人的假定
- 做出不合理的假定
- 错过关键观点
- 使用不相关观点
- 产生混淆观点
- 产生肤浅观点
- 措辞不当
- 忽视相关观点
- 没有从自身之外的其他角度来看待问题
- 混淆不同类型的话题
- 没有识别出他人的偏见
- 思维狭窄
- 思考得不准确
- 思考得片面
- 思考得过于简单
- 虚伪地思考
- 思考得肤浅
- 思考得不合理
- 种族中心的思考
- 自我中心的思考

- 无法解决问题

上述谬误很少能完全归入一般谬误之列。然而，上述列表对于我们理解一般谬误和区分谬误的合理推理方法还是有一定的帮助。

所有的谬误都源于思维方式的滥用，而通常这种滥用还被视为是合理的。例如，概括是人类思维最重要的活动之一，另一个则是通过类比和隐喻来进行比较。我们研究谬误，就从具体的概括和对比开始，之后会关注一些最常用的谬误。

我们没有空间具体阐述所有的谬误，在本章节中，我们会阐述44个诡计。这些诡计是人们为赢得辩论和操纵他人而使用的不道德策略，它们是"肮脏的诡计"。那些成功使用这些诡计的人能够准确地操纵他人，因为他们在一定程度上，相信自己的推理是合理的。

错误的概括化

作为人类，我们生活在一个充满抽象和概括的世界中。我们用来命名和界定事物的所有词汇都是心理概括活动的产物⊖。可是，

⊖ 例如，当我们称某人是"女性"的时候，我们在她的特质中形成抽象，关注她和她同性别人共同的特征。几乎所有的词都可以举出这样的例子。事实上，我们的生活中离不开抽象，抽象是我们人类特有的行为。因此，抽象本身并无好坏之分。

概括的作用很简单。没有概括，我们就无法对事物做出解释。事情产生的原因我们可能就无法理解。我们会一直处于一个迷蒙状态中，不能将事物联系起来。因为概括只是简单地通过"抽象"词语将我们不理解的事物与理解的事物进行类比。

批判性思维如何帮助我们形成抽象和概括呢？答案很简单。批判性思维能够帮助我们掌握在日常生活中形成的抽象和概括，进而影响我们推理的质量。

那么又是为什么有那么多人误用了抽象和概括呢？答案同样简单，因为人们对抽象和概括理解得很少。大多数人并不懂得推理。没有批判性思维，个体不知道如何形成合理、有用的推理和概括。个体不知道灵活应用抽象和概括，不知道如何在现实世界中规范地使用这些抽象和概括。

正如语义学家所提醒我们的那样，"牛 1 不是牛 2 也不是牛 3"，每一个存在的事物都有其独特性。巴特勒主教用至理名言向我们陈述了这一道理："每件事物都有自己的独特性，它不能成为其他事物。"㊀

尽管事物存在独特性，我们用来分类的词汇却忽略了事物的独特性，仅将目光关注在事物的异同上。照此，我们在谈话时频频使用的词语如桌子、椅子、牛、乌鸦、人、诗歌、社会运动等都具有概括性。尽管我们能够谈论单个的桌子、影子、牛、乌鸦、人、诗歌和社会运动，我们还是不可避免在以数不胜数的方式进行概括。我们概括性地谈论所有令我们感兴趣的事情：生死、爱恨、成败、战争与和平。

我们应该注意，不要因识别出谈话中的一个概括化例子就欢欣雀跃。我们应该清楚概括化只是交流基础的一部分，它让我们能够通过思维方式来建构自身的概念。

概括之所以成为谬误，要么是根据太少见的例子达成了结论，要么就是达成结论的例子不够典型。例如，如果我们在罗马旅游时遇到了三个非常风趣的意大利人，我们不能就此推断意大利人都是非常风趣幽默的。

但是，并不是根据少量事实做出的概括就是不可信的。例如，如果你赤手摸到一个热炉子，这一次的经历足以使你知道，"不要赤手摸热炉子"。根据这少数的经验，你也足以得到概括性的结论，"不要让皮肤直接接触过热的物体"。

那么，我们怎样才能保证做出合理的概括呢？答案是我们需要足够的证据来支持我们的概括。要概括的群体越复杂多样，要做出合理正确的概括就越难。例如，做出关于青蛙的概括比做出关于家

㊀ Joseph Butler（1692—1752）主教是一位神学家和作家。

狗的概括要容易得多；同样地，概括家养狗比概括人类要容易得多，因为人类的行为是多元化的。

以自己为例思考一下：

你出生在某个特定文化当中，生于特定时间的某个特定地点。把你养大的父母有着特定的信念。你与生俱来的特质和环境相互作用，影响你的成长过程。你和他人结成各种各样的人际关系（主要是和你周围的人）。你还会和有不同观点、价值观、遵从某一特定规范禁忌的人结成联系。正是因为这些影响，你成为一个复杂独特的个体。因此，在概括自己时要小心谨慎，在概括他人时也一样。

这并不意味着我们不能对人类进行概括。我们和他人有共同的特点。根据我们对人们心理的了解，我们能够做出以下概括：

（1）了解心智潜力和局限对人们思维的发展是必要的。

（2）大多数人没有意识到自身存在的自我中心和种族中心的思维倾向。

（3）大多数人不愿去了解他们的社会限制和这种限制中的种族中心主义的影响。

著名的研究——米尔格拉姆实验⊖证实了人们服从权威的倾向。尽管权威无权惩罚人们，也没有权力要求人们一定要服从，可权威要求人们做"不道德"的事时，服从还是会发生。

另一著名的敌人镜像研究表明了人们思维上的缺点和不足。互为敌人镜像发生在两个群体为同一目标产生冲突的时候，冲突的双方都将优点归于自己，缺点归于对方，认为我们是"可靠的、热爱和平的、可敬的和人道的"，对方是"邪恶的、好战的和残忍的"。⊜

⊖ 相关研究见 Stanley Milgram at www.Stanleymilgram.com。
⊜ 相关研究见 Jerome K. Frank, et al., www.globalcommunity.org。

我们可以轻易地在每日新闻中找到这种现象的例子。这些新闻中充斥着对自身的积极报道和对对方的无情讽刺。自夸概括能够迎合人们的自我，因此受到欢迎，也很容易被相信；类似地，出于同样原因，对对立群体进行消极概括也会受到欢迎。作为社会性动物，我们不想面对自身的恐惧，也不想面对对立团体成员的不信任，所以，我们选择忽视。阻碍我们心智发展的自我中心和社会中心思维是这一切内心纠结的根源。

分析概括

要想担负起责任，我们就必须质疑我们对自己、对他人的概括。我们必须去掉我们所经历事物的标签，一遍遍地问自己"我真的理解这个或者那个了吗"。

通常情况下，错误的概括要么是"匆匆"做出的，要么是"不具有代表性的"。以下两个建议可以帮助我们避免错误概括：

（1）注意开始做出概括的时机。

（2）注意是否有足够的证据来支持你的概括。也就是说，确定你是否已经收集到足够的证据来支持你的概括，确定你的证据能够"代表"所有相关信息。

有能力的时候，要对你的概括进行限制（"大多数""许多""一些""少许"比"所有"好）。

作为人类的一员，你的话语中充满了概括和抽象。努力培养自己的这样一种能力——自己不论在说什么事情时，都能避免用自己的内在经验对事情进行解释。看看将解释性的概括降到最少之后，你能否更加准确、不偏不倚地进行你的描述。

思考下面概括的例子，这些都是人们常做的，其中有些是合理的，有些不是：

- **例子**："昨天，我见到了一位卓越人士——友好、细心、敏锐又富有思想。"

  评注：对刚接触不到一天的人进行特质概括通常是不合理的。

- **例子**："好吧，你不打算去捍卫我们的国家吗？我认为你是个爱国主义者。"

  评注：这里具有压倒性力量的概括是：一个人不应该批评自己的国家，因为这样的批评相当于对国家的不忠。这样的政治概括类似于对人类之爱的概括："如果你真的爱我，你就不会批评我。"这两个概括忽视了一个重要前提，即合理的批评是正常的、必需的。许多伟大的批评家也是伟大的爱国者，托马斯·潘恩（Thomas Paine）就是这样的人。

- **例子**："你为什么总是这么挑剔？你就不能人性化一次？"

  评注：除了"这么挑剔"表述太过模糊外，这里一个压倒性的推理就是挑剔、批评是"非人性的"。另一个压倒性的推理是你"总是"太挑剔。你有时太挑剔是可能的，你经常太挑剔是可能的，但是你总是太挑剔的可能性不大。

- **例子**："不，我不是一个理性的人，我有情感。"

  评注：这句话的意思是说理性和情感是不相容的，但事实并非如此。一个理性人的情感可以像非理性人那样饱满，两者的差别就在于，理性人的情绪反应是合理的、可以理解的、和环境相适应的。理性人更加完整，面对的冲突很少，有更多的洞见。对于理性人来说，思维、情感和需求的一致性是对生活充满热情和投入的基础。这个例子认为理性和情感不兼容是以刻板印象为依据做出的有偏见的论断。

- **例子**："这个问题的答案是爱，爱是创造更好世界的唯一通路。"

评注：如果每一个人都爱其他所有人的话，无疑我们会有一个更好的世界。但要是这爱充满了人类自我中心和民族优越感带来的贪婪、暴力、自私和残忍时，会怎么样？要是我们通过操纵人的思维方式来获得更多的爱会怎么样？"爱是答案"不是一个好的概括，需要从多角度来限制这个概括结论。

- **例子**："与其他挽救生命的方式相比，我们花费在打击生物恐怖主义上的钱的作用有限。我们花费数千亿美元来挽救生命的行为可能造成，大后方每日有成百上千的人和死神见面。根据医学研究所的报告称，每年有 18 000 人由于没有保险而过早死亡，这是'9·11'死伤人数的 6 倍。"（资源来源：*San Francisco Chronicle*，April 27, 2003.)

  评注：如果上述事实是准确的话，这个例子中的逻辑很精彩。这个概括是合理的，减少死亡的钱应该花在能够产生最佳成效的地方。

- **例子**："世界粮食产量足以养活所有的人。我这么讲的原因是：世界产粮超过 15 亿吨，每天消耗两磅粮食的话，这么大的产量足以养活世界人口。此外，按照美国人的平均热量消费，现在的蔬菜、水果、坚果和肉的产量足以每日向每个人提供 3 000 卡路里的热量。"

  评注：如果上述事实是准确的话，这个例子中的逻辑很精彩。世界能够产出足够多的食物来养活所有人是合理的。

- **例子**："饥饿是人口过剩引起的，如果人们少生养孩子的话，人们就不会挨饿。"

  评注：在点评这句话之前，我们先看看其他相关事实。根据食品与发展政策研究所的报告称，人口过剩并不是饥饿的原因，相反，饥饿是人口过剩的原因。贫困家庭生养的孩子越多，他们就越可能在艰难的环境中幸存下来。他们的子女可以在田间或到城市工作来添补家用。而且成年后，他们能照顾年迈的父母。高出生率是社会体系（不足以养家糊口的收入、营养不良、失去教育机会、医疗和养老保证不健全）不健全所致。如果这份报告是正确的，上述概括就是不合理的。

在审视概括时，首先要确定你是否准确理解了概括所要表达的内容。例如，如果某人说爱国的重要性，你就要准确理解他说了些什么、没说些什么。比如他说的爱国指的是爱什么呢——是土地、天气、理想、传媒、好莱坞电影、司法体系、医疗体系、清教观点、政客、法律、财富、军队还是外交政策？一旦人们清楚概括讲的是什么，就要找到相关的信息和证据来检验这个概括。此外，正如我们之前所说，仔细使用限定词"大多数""一些""少量"对于避免错误概括有重要的作用。记住以下规则：

- 当你指**大多数**的时候，不要说**所有**。
- 当你指**一些**的时候，不要说**大多数**。
- 当你指**少量**的时候，不要说**一些**。
- 当你指**一个**的时候，不要说**少量**。

事后概括

"Post hoc ergo propter hoc"是一句关于错误概括的拉丁名言。它的字面意思是"它在那之后而来，故必然是从此而来"，指的是如果我们仅仅因为一件事发生在另一件事之前，就想当然地认为前者是后者的原因，那么我们就犯下了事后谬误。这样的例子很多，如"昨天我做代数题时胃疼，我以后就不做代数题了"，再比如"昨天我儿子出车祸了，事故发生时，我感到不详的事情将要发生。这说明对你挚爱的人产生消极想法也会伤害到他们"。

在任何一件事情发生之前，都会有许多其他事情发生。这并不意味着前面的这些事情引发了后面的事情。周一在周二之前不意味着周一带来周二；夏天在秋天之前，不意味着夏天带来了秋天；早餐前我穿上鞋子，不意味着我穿鞋子的活动导致我吃早餐的行为。

- **例子**："上次，许多老师罢课，一名学生在冲突中死亡。这显示出罢课的老师不负责任。"

  评注：听到这个消息很难过，但是老师罢课和学生死亡之间并没有因果关系。仅仅是罢课发生在学生冲突之前，将罢课认为是学生冲突的原因，理由是不充分的。

- **例子**："上次在杰克家吃过饭后，第二天我就胃痛了，杰克家的食物一定已经变质了。"

  评注：关于杰克家食物变质的推断是事后概括。胃痛有许多引发原因，你可以看看其他在杰克家吃过饭的人是否生病了。

类比和隐喻

我们通过将新经验和新事物类比为已知的事情来认识它们。当我们意识到新旧经验间只有部分相似时，我们应该知道我们需要以类比和隐喻的方式表述它们。类比和隐喻之间的差别很简单。当你在描述时使用"像"的时候，你在做类比，如他像一只老鼠。如果我们去掉"像"，我们就是在做隐喻，"他是一只老鼠"。

类比和隐喻帮助我们理解这个世界。我们经常通过与相似事物的比较来解释事物。隐喻和类比为我们提供了一个暂时的模型，通过这个模型我们可以理解我们"字面"上不理解的事物。

任何情况下都存在三种描述：字面描述、类比描述和隐喻描述。例子如下：

山里有许多树桩。（字面）

树桩就像山里的椅子。（类比）

山里有成千上万的树桩，每一个树桩都是对伐木业威力的颂歌，也是对生态漠视的挽歌。（隐喻）

接下来我们将呈现类比和隐喻的一些例子。类比和隐喻都能澄清事实，思考它们分别是怎样做到的。在评估一些例子中，我们需要澄清事实和背景。

- **例子**："生活就像一条美丽曲折的小路，路的每一边都有鲜艳的花朵、漂亮的蝴蝶和诱人的水果，可是我们很少停下来欣赏和品尝，我们总是步履匆匆地去往前方一片开阔之地，以为前方景色会更加美丽。"——G.A.Sala

  评注：你怎样认为？我们每个人都根据自己的经验来决定类比是否有效。

- **例子**："生活是我们不朽的童年。"——歌德

  评注：此类比假定上帝和灵魂是存在的。如果你同意这个假定，类比成立；如果你不同意，类比不成立。

- **例子**："常识不会下一场不可能的棋，它会在不可能之前就进入棋局，开始游戏。"——温德·腓利

  评注：此隐喻的意思是与应对不可能相比，我们更应该处理生活中不可避免的事情。有人能反驳这一观点吗？可能不会有。但是会有人疑问什么是不可能的，什么是不可避免的。

- **例子**："问题是：你是否打算站起来支持你的祖国？"

  评注："站起来"指的是什么？为什么不是"躺下"支持，或者"上蹿下跳"地支持？无疑作者的意思是要我们爱国，但是爱国指的是什么？一种解释是"我的国家对与错"，当

你的国家发动一场非正义的战争时，如果你拒绝站起来支持，你就会被贴上不爱国的标签。另一种解释是，如果你的国家进行的是一场正义的战争，你有责任去支持你的国家；如果战争是非正义的，你有责任去反对这场战争。

- **例子**："战争是野蛮人干的事。"——拿破仑

  评注：令人遗憾的是拿破仑说的并不是这个意思。

- **例子**："鲜血，只有德国人的鲜血决定了我们的命运。"——希特勒

  评注：这句话有世界上最臭名昭著诡辩家和煽动家惯常言语的特征——含糊不清、极具威胁而且误导性强。这句话的意思可能是："如果德国人愿意牺牲的话，德国会在任何一场战役中战无不胜。"另一个可能的解释是："德国是优等民族，这种民族特质决定了最终谁赢谁输。"

- **例子**："战争是人类所有罪恶的集中。战争中存在一个明显的、令人发指的烙印。在这个烙印下，暴力、罪恶、暴行、欺骗、背信弃义和贪婪抢夺在此聚集。如果战争只是杀掉一个人，这还不算怎样。可怕的是战争将人类变为嗜血捕食的猛兽。"——W.E.Channing⊖

  评注：当爱国音乐响起、国家部队向战争进发时，很少有人能够想起这个隐喻。你同意我们对这个隐喻背后观点的评论吗？

44 种赢取辩论的诡计

如果你想知道那些政客、新闻媒体、广告公司、公共关系专

⊖ William Ellery Channing (1780—1842) 是美国的一位教义派牧师及作家。

家、政府官员和你的朋友、敌人是怎样对你进行操纵和欺骗的,那就走进他们的观点。了解到他们的思维陷阱,甚至你会比他们思考得更深入。

首先,识别那些想要通过操纵你以从你这获取东西的人,这些东西可能是你的金钱、选票、支持、时间、灵魂或其他东西。但是他们不会让你知道他们想要什么,总是会隐藏他们的目的。他们不会使用合理的证据和有效的推理,他们低估你的心智,认为你没有能力看透他们的把戏,并认定那些操弄技巧会在你身上起作用。

而你要做的就是识别他们的鬼把戏。谬误是这些人赢得影响、好处和权力的计谋。当你能够识别出操纵者谬误的时候,你就能有效地抵抗这些谬误的影响。当你发现你的生活中处处都是伪造的良好推理时,你就能抵御这些伪造推理的影响。当你对这些谬误产生免疫的时候,你对谬误的反应就发生变化了。你会抓住关键问题,刺破操纵者精心设计的形象,触到一切浮华繁荣背后的实质。这时,你开始自己管理你的思维和情绪,逐渐成为独立的自我。

接下来让我们了解一些思维中最常见的谬误。在看这些鬼把戏的时候,想象自己正在教一些不择手段的人这些操纵技术。想象你正在试图影响他人,想要得到他们的选票、支持、钱财或是其他东西。目标迫在眉睫,你十分担心,这时又有人反对你,所以你希望赢得辩论,获得更多的影响力,以达成自己的目标。而对自己怎样实现目标,你并不关心。

辩论时,你可以在下面44个诡计中选择一个或者多个诡计。如果你不介意成为一个不择手段的人,使用这些诡计,你就能操纵那些心智简单的人,甚至连那些成熟老练的人你都能控制。你可以观察每天都在熟练运用这些诡计的政客是怎么做的。不用担心有负罪感,你与生俱来的自欺能力不会使你知道你在做不道德的事。下面这些就是能够打败你自身良心的一系列策略。

诡计 1

以其人之道还治其人之身，将对手对你的指责奉还给他。[①] 这个诡计被称为"指向对方错误"。当受到攻击又无法为自己辩护的时候，操纵家常常扭转局势，将对手对他们的指责悉数奉还。"你说我不爱你，我认为是你不爱我！"

操纵者知道这是让对手为自己辩护的一个很好的策略。他们通过指责对手做得更糟糕来加大辩论赌注。如他们会反问对手："你怎么敢指责我不爱干净，你上次冲澡是什么时候的事了？"

诡计 2

指责他人犯了滑坡谬误。操纵者利用这一诡计，指责做了 A 事的人，会引发多米诺效应，带来一系列负面事情。A 并不是很糟糕，但是 A 导致 B，B 导致 C，C 简直糟糕透顶。

想象一位母亲告诫她年轻的女儿说："亲吻自然没有什么，但是想想亲吻能带来什么，接下来又会发生什么。只有你弄清楚这些，你才会避免成为一个可怜孩子的妈妈，否则你年轻的生命就永远地被毁了！"利用滑坡谬误的操纵者忘了一点，那就是许多行走在滑坡上的人都很小心，不会跌倒。

诡计 3

诉诸权威。[②] 大多数人都敬畏当权者、社会名流和权贵。此外，人们对许多宗教符号也有强烈的认同感和忠诚心。尽管当权者、社会名流和权贵并不意味着有丰富的可深刻洞见的知识，人们还是深深地为他们着迷。

成功的煽动家深谙人们的这种心理，所以他们用旗帜来包装自己，将自己和当权者、社会名流和权贵联系起来。有时，他们还会

[①] 通常称为"*Tu Quoque*"，字面意思是"你也是"。
[②] 通常称为"*Argumentum ad Verecundiam*"。

找科学家和一些"学识渊博"的人来支持自己的观点。

烟草公司曾经就雇用过科学家出面宣称没有证据表明烟草会导致肺癌，尽管他们知道存在这样的证据。烟草公司还开设了美国烟草机构来研究吸烟对人类健康的影响。事实上，这些研究者是以科学的名义在维护烟草公司的利益。他们欺骗了数百万人。自然，在做此事时，他们也自欺地认为这样做是在维护科研的严谨性。当然，在这个过程中，他们赚了很多的钱。

诡计 4

诉诸经验。熟练的操纵家、谎言家和政客经常用经验来支持他们，尽管有时他们的经验有限，有时甚至没有经验。他们知道当提及经验时，他人就很难否定他们的说辞。当然，操纵家有时会遇到比他们更有经验的人。这时，他们就会攻击对手的经验，指责对手的经验不具代表性，是偏颇、歪曲、有限或者主观的。

诡计 5

诉诸恐惧。 从深层次来讲，大多数人都有恐惧。人们害怕死亡，害怕疾病，害怕丧失吸引力，害怕失去所爱，害怕青春不在，害怕没了保障以及害怕受到拒绝。操纵家熟知当人们这些恐惧被激活时，人们就会产生本能的反应。因此，操纵家把自己装扮成有能力帮助人们抵御这些威胁的人来达成他们的操纵。在日常生活中，我们对官方指责某一群体是威胁的言论要抱有质疑："记住，这些人威胁到我们的自由、我们的生活方式、我们的家园和我们的财产。"政客有效地使用这一策略来让人们站到政府这一边，做政府也是政客想要人们做的事情。

诡计 6

诉诸怜悯。为获得同情，操纵家知道如何将自己描述成让人们为之心疼、可怜的人，这种现象在操纵者不想为自己所做的事情负责时表现得更加明显。

设想一个没有完成作业的孩子可能哭诉称:"你根本不了解我的人生有多么艰难。太多要做的事情让我无法完成作业。我不像其他孩子那么幸运。因为我的父母没有钱供我上大学,我需要一周工作 30 小时来赚取学费和生活费。当我晚上回到寝室时,室友还弹琴到半夜,所以我没能学习,我能怎么做?给我放假吧!"

谋求同情也常常可以为操纵者认同的人辩护:"在你批评总统之前,想想他在做着世界上最难做的工作吧。他必须夜以继日地工作,为我们的幸福劳心,他总是在寻求更多的方法来实现我们的利益诉求,自由世界的命运牢牢地压在他的肩上,为这个可怜的人想想吧!"操纵者用这个策略来转移人们的注意力,让人们的目光不再停留在无辜的人身上,而这些无辜的人所承受的苦难正是总统的错误决定造成的。

诡计 7

诉诸大众偏好。[一]在向有共同价值观和观点的群体呈现自己时,操纵家和诡辩家常常会很小心,尤其是当这群人有同样的宗教信仰时。群体中每个人都有偏见,都会对某事或某人心怀芥蒂。诡辩家会搅起人们的这些偏见、憎恨和莫明的恐惧。操纵家表示他们和这一群体的看法一致,按照群体的方式行动,表现出和群体有同样的看法。他们会努力贬抑反对者,使群体认为反对者不相信群体信念的神圣性。

这一诡计有很多的变形,比如"朴素乡情谬误",操纵者会这样说道:

"回到家乡,和我能够真正信任的人在一起真好。和那些直面事实、用常识去解决问题以及不相信那些自夸自大言行的人在一起真好。"

[一] 通常也称为"*Argumentum ad Populum*"。

诡计 8

诉诸传统和信仰。和诡计 7 很相似,这个诡计强调的那些事情好像已经经过了时间检验。人们经常被社会习俗、文化规范和传统信仰所深深影响,传统认为是对的事情,就是我们一贯去做的事情。

对于目标人群熟知的事情,操纵者会表现出坚定不移地相信。他们暗示受众,反对者会破坏这些传统和信仰。操纵者从不担心这些传统是否会伤害无辜的人。他们常常会伪装出一副独立思想者的样子,而他们的独立思想碰巧和他们的目标受众相同。操纵者知道人们会怀疑那些违反社会规范和传统习俗的人,因此他们会避免公开违反目标受众潜意识中严格遵守的社会习俗。

诡计 9

采取一个圣洁的姿态。人们深信自己是心存善意和有道德的。我们有时会犯错,但是我们心地还是善良的:"我们国家有最崇高的理想。当然,我们会犯错,会做出很愚蠢的事情,但是我们的动机是好的。不像其他国家,我们是无心犯错的,我们的心地是善良的。"

国内外新闻通常也以这个前提进行报道:我们可能会犯错,但是我们的动机是好的。操纵者也会利用这个经不起推敲的前提。这和窃取观点或问题回避诡计密切相关。

诡计 10

攻击他人。[一]当对手做出合理的论断时,操纵家会忽视这些论断,转而对对手进行人身攻击。谩骂是一种很好的方式。操纵家知道如果受众知道他的对手支持一项受众厌恶的事,他的对手就会遭到受众唾弃。如给对手贴上无神论的标签,或者称对手支持恐怖主

[一] 通常称为 "*Argumentum ad hominem*"。

义或者对犯罪的态度不够强硬。

这个策略有时被称为"井里投毒"。这种策略会让受众一次性对操纵者的对手感到彻底的反感,不论这个人为自己辩论些什么都无济于事。当然,操纵者知道正确引导受众的重要性,会避免让受众走得太远。操纵者知道他们的操纵越是精细,操纵的效果就越有成效。

诡计 11

窃取观点。㊀证明某事的一个简单的方法就是将它置于首要位置。思考下面的例子:

"你需要什么样的政府?是自由主义者建立起来的随意花掉你辛苦钱的政府,还是经济人士建立起来的知道如何在紧缩的预算下运作、能够为人们提供工作的政府?"

这句话包含以下两个假定,每个假定我们都不能想当然地认为是真的:

- 自由主义的政府总是随意、不理智地花销。
- 经济人士知道如何在紧缩的财政下运作政府,并且能够为人们提供工作。

这种谬误的一个变式被称为"回避正题"——使用能够预设判断的语词来提出问题。例如:"我们是该站起来去捍卫自由和民主,还是任由恐怖主义和暴政所控?"这样的提问回避了一些问题,如:"我们真的推动人们自由进步了吗?我们真的传播民主了吗?"注意操纵家在提出问题说明某个"事实"时,通常会选择那些预设他们立场正确的语词。

诡计 12

要求完美。对手要求操纵者同意 X,操纵者为了不失去信誉就

㊀ 通常称为"*Petitio principii*"。

不能反对 X。那好，可以接受 X，但是要满足一些条件："是，我支持民主，但是必须是真正的民主，这意味着在我接受它之前，这儿，那儿，还有那个都要改变。"

通过这种诡计，操纵者转移了人们的注意力，人们很难发现其实操纵者并不希望 X 的发生。这和诡计 32 很像（"一直反对"）。

诡计 13

制造出一个虚假两难。真正的两难是指我们被迫在两个同等不喜欢的选择中做出一个抉择。而虚假两难则是我们本有许多可能，但是我们说服自己只有两个不喜欢的选择可供抉择。就像这句话："我们要么在反恐怖主义战争中失败，要么放弃我们一贯享有的自由和权利。"

人们通常愿意去接受虚假两难，因为很少有人喜欢面对复杂和有细微差别的事物。我们喜欢一刀切，我们想要的只是清晰简单的答案。所以，擅长操纵的人经常使用虚假两难策略。

操纵者以黑白截然二分的形式呈现问题。例如："你要么支持我们，要么反对我们。你要么支持民主和自由，要么支持恐怖主义和专政。"他们知道只有少数人能够觉察出这一虚假两难并做出回应："但是这些并不是我们唯一的选择，在 A 和 Z 之间，我们还有 B，C，D，E，F，G，H，I，J，K……可以选。"

诡计 14

用类比和隐喻来支持你的观点。类比和隐喻是字面上未必正确的比较。思考"你难道不认为到了我们**打击**那些对待犯罪**软弱**的法官的时候了吗"，黑体的词是隐喻。对那些司法体系知识主要来自"警察与小偷"类电视节目和媒体轰动性报道的受众来说，这些隐喻有很大的吸引力。

要想赢得辩论，操纵者就会利用比较来美化自己的形象，并丑化对手的形象："你像过去我父亲待我的方式对待我，他那么对待我是不公平的，同样你也是。"或者："你对我的态度就像向一匹倒下的马补踢一脚一样，你就看不到我这一天过得有多糟糕吗？"

这样的类比和隐喻能否起作用，部分取决于受众的偏见和观念。这就要求操纵者熟知观众的世界观和其中包含的隐喻。例如，如果操纵者试着用宗教观影响某人，使用宗教隐喻和类比成功的可能性大。熟练的操纵家知道在和一个原教旨主义基督徒说话时，使用《古兰经》中的隐喻是错误的。

诡计 15

质疑对手的结论。操纵家希望受众接受他们的结论，同时拒绝反对的结论和解释。如果他们记得拉丁语"non sequitur"（指不合逻辑的推论），他们就可以指责他们的对手不合逻辑，要求受众质疑他们对手的推理。一旦对手得出结论，操纵者就会说：

"等等，这不合逻辑！你的结论和你的前提不符。首先，你说X，现在你又说Y。你怎么从X得出的Y？你怎样解释这其间的跨越？你说的没有逻辑。你没能证实Y，只证实了X。"

通过这个诡计，操纵者推翻了对手所做的任何合理推论，同时显示出他们自己严密的逻辑性和不偏不倚。

诡计 16

制造担忧：无风不起浪。操纵者知道，对手一旦面临着严重的指控就很难洗清自己的嫌疑。持续的怀疑将破坏这个人在公众心目中的形象，谣言将困扰他一生。因此，这是 44 个诡计中最邪恶的一个。

在美国麦卡锡时代，许多人的家庭、友谊和事业都被谣言和"无风不起浪"的心理摧毁。参议员麦卡锡和他的非美活动调查委员会在对人们进行公共裁决之前，会对他们说，如果他们热爱自己的国家，那么就要和委员会合作，提供"左倾"观点人的姓名。如果人们拒绝这样的要求，电视机前的美国民众就会认为这些"不配合的"市民是"非美国人"。

大多数反对该委员会的人都失去了工作，他们的家庭被边缘化，他们的孩子在学校里受到嘲笑和欺侮。他们大多数遭到排斥，不能在自己专业领域中找到工作。

当然，私人谈话中也会时常出现这类不道德的指控。不用再多做任何事情，人们便会散播一些谣言比如："当然，我不信，但是你听说杰克打自己的妻儿了吗？真是不可思议，你觉得呢？"

而政府对这个诡计的使用经常被认为是传播"不实信息"。例如，传播某个国家存在暴政，这样就能够为另一国家入侵该国做出合理辩护。希特勒有效地使用了这个诡计。美国政府也经常传播虚假信息。例如，美国政府总是不断地向美国民众传达，美国向中、南美洲派遣海军以驱逐现有政府、让另一个更"友好的"政府上台是合理的。

这些报道多年后的失信对于报道的虚构者来说没有影响。信息的作用不是长效的。信息失信通常很久之后才会发生，这时已产生不了什么影响了。多年后，人们已经不再关心这件事。

人们倾向以最简单的方式进行思考，因此，仅仅通过提及某些看起来不恰当或是违反社会规范的信息，操纵者和政客就可以让人们反对某人。例如："凯文已经承认吸食大麻，这足以让我们看清他了！"或"看那个穿小背心的女孩，我猜我们知道她追求什么了。"

诡计 17

稻草人谬误。操纵者知道丑化对手形象的重要性。不管对手的观点是什么，熟练的操纵家都会让对手的观点看起来不可信。这种曲解他人观点使自己获利的方法被称为"稻草人谬误"。尽管看起来和真实的一样，但是稻草人事实上并不存在。稻草人谬误指的是错误地呈现或者歪曲他人的逻辑。

设想有人想要改革我们的司法体系，其反对者就会用稻草人谬误歪曲这个人的观点:"那我想你是要释放所有的犯人,进而将我们置于更加危险的境地。"

但没有人说要这样做,所以反对者反驳的对象其实是并不存在的"稻草人"。他成功地运用稻草人策略,曲解了一个人的观点,将他人观点歪曲成人们反对的那样。

除了曲解对手的观点,操纵者还会声称对手曲解了自己的观点。这种情况下,操纵者称是他的对手使用了稻草人谬误。

在任何情况下,操纵者都希望自己呈现出的推理是最好的,而对手的推理要差得多。操纵者希望在对手观点看似糟糕的同时,突出自身观点的合理性。

想象一名环境学家会这样说道:

"我们每一个人都在努力减少我们对地球造成的污染。例如,汽车企业需要寻找新的可替代性能源——清洁能源。我们不应该继续将汽油作为我们首要的汽车燃料,否则,我们的星球会继续遭到污染侵害。"

反对这名环境学家的操纵者可能会这样歪曲他的观点:

"我对手真正希望的是一个更加强大的政府。他希望剥夺你选择的权利,给官僚政府更多的权力来控制你的生活。不要让他得逞。"

诡计 18

否认不一致或为不一致辩护。操纵者知道前后不一致会影响个人的形象。说一套,做一套,有时支持 X,有时又攻击它,这会招致人们的反感。当被受众发现自己存在矛盾时,操纵者一般会有两个选择:要么否定矛盾的存在;要么承认矛盾,并称这是一个合理的转变。

人们的生活中充满矛盾和不一致。那些最一致完整的人是那些承认矛盾和不一致存在并且努力去减少他们的人，而操纵者则努力去掩盖它们。

诡计 19

妖魔化对手的观点，神化自己的观点。大多数人并不世故，要想操纵他们，操纵者只要使用"正性"词汇来描述自己，用"消极"词汇来描述对手即可。因此，操纵者称他们自己相信民主、自由、稳定、和解、公平、力量、和平、保护、安全、文明、人权、主权、改革、开放、保护无辜、上帝的安慰、常态、骄傲、独立、包容和共克时艰……

而称反对者相信暴政、压制、冲突、恐怖主义、进攻、暴力、颠覆、野蛮、盲信、暴乱、伤及无辜、极端主义、专政、密谋、狡诈、残忍和破坏……

这个诡计的变式包括神化自己的动机，称自己的理由是正当的："我并不是为了利益或是贪婪，我也不想要提升我的权力和影响力，我不希望控制或是主导他人。我要的是自由的传播以及人们共享民主的美好生活。"

操纵者模糊了他真实的动机，使自己的动机看起来正当合理，使自己看起来心灵高尚。这种策略，有时被称作"找到好的理由"，即口头上称所作所为是出于高尚的目的。

诡计 20

巧妙地回避问题。操纵者知道如何预测受众可能会提出来的难题，也知道如何巧妙地回避这些问题。第一种回避的方法就是用玩笑来化解这个问题。第二种方法就是给出一个众所周知的道理（"军队多久才能从 X 国撤兵？"答案："只要不需要，我们一天都不会多待。"）。第三种方法就是给出的答案尽可能长而且尽可能提供更多的细节，使得操纵者可以将问题转移到一个更为简单的问题上。

操纵者不会直接回答会使他们陷入困境或者迫使他们承担不愿承担的责任的问题，他们会用含糊不清、玩笑、转移注意力和众所周知的道理来回避这些问题。

诡计 21

迎合你的受众。人们乐于接受迎合："能够和抱有传统常识，并且对社会问题有真正洞见的人谈话真好。""一个真正聪明的人是像你这样不会受骗的人……"在使用这个策略时操纵者会很小心，避免太过明显而让受众对自己产生怀疑。

大多数的政客都非常善于迎合和逢迎。他们的目标是赢得受众。政客希望降低受众的防备，希望受众对他们的批评有所减少。

诡计 22

隐藏自己所述。操纵者经常有选择性地使用语言，拒绝表态或者不给出直接的答案。这能够让他们在必要的时候全身而退。如果受众发现他们遗漏了重要信息，他们就会宣称没有找到一手消息。在面对逼问时，他们能够限制自己的立场，这样就没有人能够证明他们是不对的。当面对压力时，他们会掩盖和回避。熟练的操纵家都是这类高手，他们必须掩盖自己的错误，为自己的言论进行辩护。

诡计 23

忽视证据。⊖ 为了不改变自己的立场，操纵者常常忽视证据。通常情况下，他们会忽视那些威胁到他们信念和利益的证据。想象一个冷血的基督徒不相信一个无神论者可以过着有道德的生活（在没有《圣经》的指导下）。如果这个人知道一个无神论者过着自我牺牲、同情怜悯的生活，那么这个人的观点就会发生冲突，最终会

⊖ 通常称为"invincible ignorance"。

想办法在头脑中去除它。

诡计 24

忽视主要观点。⊖ 操纵者知道如果他们在某一议题上不能获胜,他们就会想办法将受众的注意转移到另一个点上。这个点和之前的议题可能没有任何关联。熟练的操纵者知道如何在受众不知晓的情况下完成这次转变。

诡计 25

攻击证据。当操纵者不能成功回避那些不支持他们论断的证据时,他们就会攻击这些证据。在进攻伊拉克之前,美国坚称伊拉克有大规模杀伤性武器就是这样的一个例子。美国政府没有切实的证据表明伊拉克有大规模杀伤性武器,所以它努力制造一些公然想象出来的证据。没有证据能够使美国政府相信他们做错了,因为人们不愿意思考要是错了会怎样。诡计 44 双重标准谬误也是对证据的回避。

诡计 26

大声坚持次要点。操纵者知道,在他们要输掉辩论时,分散人们注意力的一个好方法就是大声坚持辩论中的一些次要点。因为大多数人的思考总是很肤浅的,很少有人会注意到操纵者疾呼的这个点,其实不重要,尤其当他们沉浸其中时。

例如,由于媒体热切关注小的议题,人们常常错过一些过大的议题。世界上的营养不良和饥荒问题很少得到媒体的报道,这类报道只是偶尔在特殊的时刻才见诸报端。与此同时,一些国家拒绝执行政府要求则被媒体视为大议题,从而被大肆地渲染和报道。

诡计 27

采用"艰难、残忍世界"的论调。我们常说,良好的结果不能

⊖ 通常称为"*Ignoratio elenchi*"。

为卑劣的手段开脱。但是我们真的相信这句话吗？当我们做出不道德行为时，政府发言人会用"这是一个艰难、残忍的世界"来为此开脱。

当个体或国家拥有大量权力时，他们就会认为他们应该做更多的事情。他们相信他们的目标总是美好公正的，而他们做的那些负面事情是因为受到邪恶力量的强迫。操纵者坚称他们是被迫使用这些卑劣手段的，他们从内心深处想避免这些手段，但这是个艰难、残忍的世界。采用这样的论调，他们就能够赢得辩论。

例如："我们不希望看到战争，我们是被迫加入战争的。""我们不想看到失业现象，但是自由市场经济需要有人失业。""如果我们将资源给那些不努力工作的人，他们会越发的懒惰，最终我们将成为一个集权的国家。""我们不希望中情局卷入到刺杀、严刑拷问、散布不实消息或其他任何卑劣的行为中，但不幸的是，我们被迫使用这些伎俩来捍卫世界的自由和民主。"

诡计 28

做出笼统、粉饰的概括。操纵者和政客会用概括来支持他们观点，并且他们知道，不管他们是否有充分的证据来支持这些概括，受众都会接受他们的概括。他们经常做出受众乐于接受的积极概括，例如关于我们忠诚于上帝、国家，热爱祖国、家庭和自由市场经济。操纵者会故意将自己的概括与受众的思维契合。当然，这些操纵者采用的概括多是模糊不清的，这样他们就能在需要的时候全身而退。

诡计 29

尽可能找到你对手观点的不一致处。我们每个人都有不一致的地方。有时，我们不能去实践我们的承诺，因而每个人都会陷入双重标准之中。操纵者能发现对手中任何的不一致，并能快速地指责对手的虚伪，尽管他们比对方更虚伪、更不一致、更心口不一。虚伪从来不是困扰他们的一个问题。

诡计 30

使你的对手看起来荒谬可笑。操纵者总是试图使对手及其立场看起来荒谬可笑。人们愿意嘲笑，尤其是嘲笑那些带有威胁性的观点。这样的嘲笑通常能够释放人们的压力，使人们可以不用认真思考令他们不快的事。操纵者会巧妙地使用质疑策略，从而让他们的嘲笑看起来不像是酸葡萄。

诡计 31

简化问题。大多数人不愿意去理解深度或者是细小的问题，操纵者就借此将问题过度简化，以符合他们所需："我不关心统计数据得出的虐囚结论，真正的问题是我们是否应该严格惩罚犯罪。把你的同情留给受害者吧，而不应是那些罪犯。"在这里，人们对虐囚的忽视本身就是一种犯罪。不幸的是，一些人并不关心虐囚行为。在他们眼中，世界仅有好坏之分，有时好人需要以卑劣的手段对付坏人，坏人需要得到惩罚。通过将这一问题简化，他们不需要去处理监狱里真正发生的犯罪。

诡计 32

一直反对。假设你的对手做出了合理的推理来论证某一结论，但是你的心定如铁，没有什么能改变你的想法。这时你可以提出一个又一个反对。对手一旦回应某一个反对意见时，你又可以提出另一个反对意见。这是操纵者常用的诡计，他们心想："我会一直提出反对，没有什么能让我相信对手的观点。"

诡计 33

按照自己的方式重写历史。历史记载中，残忍的行为和暴政都被抹去，那些不切实际的幻想和虚构看起来倒成了铁定的事实。这在"爱国历史"中十分常见。歪曲历史常常因为所谓的爱国情怀而变得合情合理。如果你不这么做的话，就将会受到人们的指责："你总是看到我们哪里做错了，怎么不去看看我们做对的事情呢？！"

人们的记忆是对过去事件的不断重构，通过这种方式人们为自己开脱，对质疑提出谴责。历史记载也遵循这一规律，尤其是作为学校教科书中的历史。所以，在讲到过去的事时，操纵者可以随心所欲地按照自己的需求进行歪曲。当然，一如往常，熟练的操纵者随时准备好为自己开脱。

诡计 34

找到自己的既得利益。操纵者总是攻击对手的动机，同时坚称自己动机的纯正。通过表达高尚的理想，他们隐藏了自己真实的动机。

当操纵者寻求自己的利益而遭到对手警告时，操纵者要么否认这个指控，要么还击称，每个人都有权维护自己的利益。如果遭到进一步的追问，他们会称"你也这样"来为自己辩护。

诡计 35

改变论据。当操纵者感到他们将输掉辩论的时候，他们不会放弃，而会改变他们的论据。有时，他们只要在同一个词的不同意义上来回摇摆就能实现这种改变。如果操纵者之前说某人肯定没被教育好，因为她见识浅薄、知之甚少的话，之后会改变他们的论据称："当然她接受过很好的教育！看看她读过多少年的书，如果这都不算受过教育，我不知道什么才叫受过教育！"

诡计 36

转移举证责任。举证责任指的是辩论中的一方有责任证明他的观点。例如，在法庭上，检察官需要证明犯人有罪，以打消人们合理的疑虑。而辩护人则不需要证明犯人的无辜。操纵者不希望承担举证责任，他们会将举证责任推给他们的对手："等等，在我证明进攻伊拉克是合理的之前，你先要证明这为什么是不合理的。"

事实上，任何国家进攻其他国家都需要找到证据证明自己进攻的理由。没有国家有责任去证明自己不去进攻他国的理由。根据国际法,举证责任归属于首先发动战争的一方。

假设操纵者质疑你的爱国主义,而你问他有哪些证据证明你没有爱国,那么他会试图将举证责任转移给你:"等等,你做过什么事表现出你对国家的忠心了?你有社会主义观点,不是吗?你难道没有反对自由贸易吗?你没有反对越南战争吗?"所有这些谬误都是想将举证责任退给你。

诡计 37

歪曲,歪曲,歪曲。在《华尔街日报》(2004年5月7日)刊登的评论中,对主导媒体中的歪曲报道,Daniel Henniger 写道:

> 我们所栖息的媒体无一例外都是一个歪曲的世界。大多数人已经放弃获取纯粹事实的希望,将自己与歪曲的报道为伍。

"大多数"人可能不知道媒体充满着歪曲的报道,因为我们已经是这一事实的受害者。

熟练的操纵者无一不重视歪曲的重要性。操纵者不断地歪曲对手的观点,同时积极地呈现他们自己的观点。

要想抵制歪曲的影响,识别哪些事实是最重要的、哪些解释是最合理的,这就需要批判性读者意识到媒体无处不在的歪曲和选择性。批判性的读者必须考虑其他看待问题的方式、其他信息来源以及其他思考问题的方式,最重要的是要知道信息最佳的呈现方式。

诡计 38

含糊的概述。当人们不清楚对方在说些什么的时候,很难证明对方是错的。不关注具体信息,操纵者的话语中满是含混不清的概述。这个策略在政客身上很常见:"忘了那些没骨气的自由分子说的话吧。是我们强硬起来的时候了,我们要坚定不移地打击犯罪,打击恐怖分子，打击那些蔑视我们国家的人。"

操纵者知道他们不提具体事情可能会招致人们的质疑。例如：你到底要对谁强硬呢？你打算对这些人怎样强硬呢？严刑拷打，羞辱，还是刺杀？是没有指控就长期监禁他们呢，还是将他们关押在没有厕所的小囚室中？

当他人对你使用这个策略时，你可以要求他给出具体的例子，询问他对关键词的界定，坚持让他用具体例子表达观点。不要让他们含糊不清的概述得逞。

诡计 39

故弄玄虚，双重标准。我们经常会做一些我们指责对手所做的事，但是我们绝不会去承认，因为这会阻碍我们达成目标。双重标准就是这样的一种策略。同样的事情，我们用正性的词语来描述我们的所作所为，而将消极的词语贴到做同样事情的对手身上。

例如，在第二次世界大战前，美国政府称发动战争的国家为"战争国家"；第二次世界大战后，美国改称这些国家为"防卫国家"。发生这样的转变是由于这些国不愿意承认他们发动了战争，而且这还能让人们相信他只是防卫那些入侵国家。简而言之，从政治的角度看，"防卫"比"战争"更容易接受。

当敌对政府成员向我们透露敌方消息时，我们称他的行为是"勇敢""极富勇气的"；而当我们国家的人向敌方透露消息时，我们称这个人为"叛徒"。⊖我们是聪明的，他们是狡诈的；我们支持为自由而战的战士，他们支持恐怖主义分子；我们建立收纳所，他们开设集中营；我们策略性地后退，他们大规模地败北；我们信仰宗教，他们满是盲信；我们坚定不移，他们固执己见。有成千上万个

⊖ 当我方阵营中无辜的人（甚至没有意识到他们身处危险之中）被杀害，我们称他为"英雄"。当敌方的人为他们的信仰牺牲生命，我们称他们为"胆小鬼""狂热分子"。

这样成对的词来描述同一件事。我们做，就是正确的；他们做，就是错误的。大多数人没能发现这其中的双重标准。

诡计 40

扯下弥天大谎。 生活中绝大多数人都会撒一些小谎，但是却没有胆量扯下弥天大谎。操纵家就不怕，他们知道如果他们足够坚持，人们就会相信，尤其当这谎言在媒体上直播出去时。熟练的操纵者关注的是他们能够让人们相信什么，而不是什么是对、什么是错。他们知道人类的心理天生不会自发地寻求事实，人们渴望的是安慰、安全感、个人确认和既得利益。人们不渴求事实，尤其那些令人不快的事实，那些能够揭露人们矛盾和不一致、能揭露人们不想了解真相的事实都会遭到人们的排斥。

操纵者擅长说谎，擅长让受众相信他们所说的是事实。例如，在翻看中情局的历史时，人们会发现中情局许多不道德的行为都被谎言所掩盖。事实上，这些不道德的行为发生时，官方否认中情局采取了这些行为。

诡计 41

将抽象词语和符号描绘得像它们是真的存在一样。[一] 操纵者深知大多数受众并不精通语言学。大多数人不会思考他们的话语和世界上具体事物之间的关系。语言和具体事物是存在一定距离的，这为世界提供了更宽泛的解释。大多数人认为他们的世界观准确地反映了世界上的事实，并不知道自身的观点是高度歪曲的。在大多数人眼中，抽象并不是抽象，而是事实。思考下面的例子：

- 我们是自由的代表。
- 民主的要求。

[一] 我们传统上称之为"reification"。

- 公正坚持我们要……
- 旗帜向前行进。
- 科学称……

注意在上面所有的这些例子中，抽象观点由于和动词一同出现就有了生命。例如，旗帜如何前行？这是不可能的。但是人们就被这种炫目的、高度误导性的词语所深深影响。

诡计 42

"抛进一条红鲱鱼"（指转移受众注意力）。在这个策略中，操纵者通过关注不相关但却能调动受众情绪的事情来转移注意力。当操纵者发现自己不能驳倒对手的推理时，他就不会继续反驳了，而是抛进来一则能够煽动其受众情绪的议题，将受众的注意力从对手的推理上吸引过来。

思考下面的例子：操纵者的对手称，由于人类的活动，尤其是工业垃圾的大量产生，世界上的海洋正在走向灭亡。没有反驳对手的观点，操纵者是这样转移受众注意力的：

"真正需要我们关心的是，所有的政府都在监管他们的工业。如果这些行政监管继续增长的话，我们就会失业。我们需要的是人们能有工作的机会、孩子能有发展的机会以及人们能实现自己潜能的国家。"

这和海洋消亡有关吗？当然没有。这是操纵者丢进来的"一条红鲱鱼"，目的是转移受众注意力。

诡计 43

诉诸统计。人们对数字印象深刻，尤其是精确的数字。所以无论何时只要可以，操纵者就会引用统计数据来支持他们的观点，尽管这个数据是值得怀疑的。操纵者的受众常因为他们所引述的数据而印象深刻:"你知道吗?有 78% 的学生读了这本指南后,两学期内平均绩点提高了 1.33 个水平,比你们学校还要高!"

诡计 44

双重标准。操纵者经常使用双重标准——对自己和他人的标准不同。比如,我们不能忍受国家发展核武器(除了我们自己和我们的盟友),我们谴责入侵(除非我们是入侵者),或者我们不能忍受敌人的严刑拷问和破坏人权(尽管有时我们自己这样做)。

谬误识别:分析过去的一则演讲

现在来检查一下你对上述谬误的掌握程度。阅读下面这则历史上十分重要的政治演讲,这篇演讲凭借其极大的说服力帮助演讲者赢得了 1897 年的国家选举。思考演讲者是如何应用上述 44 个诡计的。

设想你自己是 1898 年美国的一位选民,正在听阿尔伯特·J. 贝弗里奇(Albert J. Beveridge)⊖的演讲"星条旗在前进(The March of the Flag)"。通读这段节选,思考作者使用了上述 44 个策略中的哪些策略。找到这些策略时最好用下划线标出。

开篇

同胞们:上帝赐予我们一片高贵的土地,这片土地足以使整个世界衣食无忧,这片土地的海岸线足以环绕半个欧洲,这片土地是这个星球上两大帝国海洋间的守卫,这片土地是一个拥有高贵命运的新英格兰。上帝安置在这土地上的,是一个强盛的民族。这个民族从血雨腥风、荡气磅礴的历史中走来,它的刚健威猛、它的勤劳民众让整个民族焕发着永恒的生机和活力,它的权力美德、它的习

⊖ 参见 Thomas Deed (1903)。

俗风范、它奉神的旨意而孜孜不倦地追求让这个民族更突显其至高无上的品质。

上帝赠予它选民的，还有一段辉煌的、追求自由的历史，一段对我们的追求和未来有笃定不移信念的英雄史，一段政治家们将合众国的边界线向外猛推、囊括蛮荒未垦之地的历史，一段将士们高举星条旗、穿越酷热沙漠和暗藏敌人的山脉、抵达日出之地的历史，一段先知们预见到从过去中继来的罪恶后果和殉道者们牺牲自身来保护我们这些后人免受伤害的历史，一段拥有神圣逻辑，而且这一逻辑仍沿用至今的历史。

贝弗里奇对议题的界定

在本次竞选中，以下议题超越了党派层面。这是一个所有美国人的问题，这是一个世界的问题。美利坚民族要不要继续前进，为夺取世界商业霸权而奋斗？当自由之子力量壮大时，自由主义的制度要不要拓展它神的统治，直到我们的意识形态体系在全世界人民的心中扎根？

难道我们对我们的同胞们就没有义务、没有责任吗？上帝赐予我们的，仅仅是我们的沙漠，仅仅是我们在自私中腐朽的特殊身份，仅仅是像印度、埃及一样自命不凡，蔑视他人的民族气质吗？

我们应该是有天分、却百般隐藏的民族，还是天资聪颖、又充分利用以更具才能的民族？我们是不是应该等到最终目标实现、成为整个地球的主宰后才来享受成功的喜悦？我们要不要为我们的农民种养的、工厂生产的、商人销售的和轮船运输的东西占领新的市场？

……我们的商业是否应该受到支持和鼓励？美国的贸易是不是应该成为主宰世界的贸易？

……从今天起，我们就应该应对我们旨在打入市场的贪婪，应对拥有训练有素政客的国家，应对拥有船只、炮弹、枪药和金钱的国家……世界刚刚从睡梦中清醒，对美国这个无法抗拒的国家和它实现共和的命运拭目以待。

他对西班牙和美国战争的看法

……一个国家针对他国进行的最神圣的战争，这是一场为了文明的战争，是一场为了长久和平的战争，是在上帝的旨意下，对世界贸易敞开大门之战。

对美国殖民史的看法

上帝保佑1898年的战士，保佑1861年英雄的子女，保佑1776年勇士的后裔。在历史的厅堂中，他们会和荣誉之子并肩而立，就连华盛顿政府的反对者也不能否定他们的功绩。

不！没有人可以偷走他们的功绩，人们也不能否定美利坚合众国为它子民所做的一切努力。威廉·麦金莱（William McKinley）延续了杰弗逊（Jefferson）制定的政策，继续践行着共和国发展的要求；门罗（Monroe）也曾延续杰弗逊的政策；西华德（Seward）曾对此进行了完善；格兰特（Grant）曾对此进行过改良；哈里森（Harrison）也曾高声拥护它。

他对美国殖民他国的看法

夏威夷已是我们的，波多黎各将成为我们的，古巴也终将是我们的。东部岛屿，甚至亚洲的门户都将会是我们的！自由主义政府的旗帜将会飘扬在菲律宾上空。但愿这旗帜是泰勒（Taylor）在得克萨斯展开的那面，是Fremont带到加利福尼亚海岸的那面充满骄傲和荣誉的星条旗！

关于征服他国与他国自治权相冲突的观点

反对派对我们说："没有取得他人同意，你们不应该统治其他

13 谬误：心理诡计和操纵诡计 349

民族。"我的回答是：自由主义的统治，即所有合法政府的权力源自被统治者的同意，仅仅适用于那些有能力自治的民族。我的回答是：我们统治印第安人，没有取得印第安人的同意；我们统治我们的领土，没有取得领土的同意；我们统治我们的孩子们，也没有取得孩子们的同意。我的答案是：在这些没有获得同意的情况下，你又是如何认定我们的政府统治是合理的呢？

贝弗里奇认为其他民族欢迎美国的统治

相较于野蛮、血腥、抢夺、强取的统治，难道菲律宾人不更喜欢公平、文明、人性的共和政府吗？

他视他国被权力和贪婪驱动，视美国为其殖民民族的利益而战

我们要不要将这些民族推回那些魔爪，尽管此前我们刚从那些爪中解放了他们？我们要不要在德国、英国和日本对他们垂涎三尺时抛弃他们？我们将他们从那些国家的魔爪中拯救出来，难道只是为了让他们悲剧般地自治？

反驳其他国家有权自治的观点

……让他们自治无疑是像给婴孩一个剃刀。这就像给打字员一本爱斯基摩语，并强求他印出一份世界最好的日报。

你能够通过你的选票证明你不迷恋美国梦吗？或者证明我们是世界的统治民族，证明我们是政府的血液，是世界统治的心脏，是管理的精英和天才。

距离并不能成为否定我们对异族统治、践行我们使命的借口。因为，科技的发展为我们助力，蒸汽、电力，科技的每一份进步都在帮助我们一步步接近使命的完成。古巴不与我们毗邻，夏威夷、菲律宾不与我们接壤，没关系，我们的海军会让它们与我们联系在一起。Dewey、Sampson 和 Schley 会让它们和我们接壤，美国速度、美国枪支、美国心脏、美国头脑和神经都会让它们永远和我们

接壤。

想想当联邦的法律以法制和安全恩泽那片土地时，成千上万的美国人会蜂拥至夏威夷和波多黎各！想想当自由政府在菲律宾的土地上建立起秩序和公平时，成千上万的美国人会来到这片土地上开矿、生产。

想想当联邦的法治代替古巴无政府和暴政的双重压迫时，毫无疑问，成千上万的美国人会到这片土地上建立公立学校和能源产业。想想英国女王询问遵守法纪的百万富翁想要什么赏赐时，其子民要求的至高荣誉是星条旗下的身份，是成为美利坚合众国的一员。

这些对我们来说意味着什么？这意味着向联邦所有年轻人敞开的机会，他们是世界上从未有过的最刚毅、最有雄心、最有气概的年轻人。这意味着这些属地的资源和商业机会增加了美国的资源规模，这将远远高于西班牙的怠惰所获，因为美国人将会专有这些资源和商机。

就古巴自己而言，这里有 15 000 000 英亩㊀土地没被开发，有取之不尽的钢铁，有无价的矿藏……

这有数百万英亩土地未被开发……

波多黎各的资源从未被认真开发。菲律宾丰富的资源从未被现代技术染指。

这意味着联邦的工人们将会获得新的工作机会和更丰厚的薪水。这意味着每蒲式耳㊁的麦谷、每一磅㊂的黄油和牛肉，农民所有的产出都有更理想的价格。这意味着美利坚合众国这片土地上每一

㊀ 1 英亩 =4046.856 平方米。
㊁ 定量容器，好像我国旧时的斗，升等计量容器。1 蒲式耳在英国等于 8 加仑，相当于 36.268 升。
㊂ 1 磅 =0.454 千克。

美元的资本投资都有着积极的、强劲的投资回报。

这意味着未来，甚至永远，美利坚合众国经济霸权的地位会使美国成为世界和平的决定因素。未来的冲突将是商业冲突——市场争夺及贸易生死战。

啊！随着我们商贸的发展，自由之旗会在全球飘扬，会将贸易带到每个人的日常生活中。而美利坚合众国捍卫自由之旗的意志也绝不会动摇。随着旗帜高高飘扬，迷蒙混沌中的人们会听到自由之声。最终，文明的曙光会照亮这些迷蒙的心灵。最终，自由和文明、基督福音、商贸浪潮将会莅临这片混沌的大地。

美国人民承担着世界上最重大的历史任务。他们要实现一个商贸的世界，他们不能终止财富、权力、荣誉和基督文明前进的进程……

这是一个牢记我们对自己家园责任的时刻，这是一个庆祝我们被上帝选中的时刻，直到全世界和我们一起高歌对美国政府的忠诚。

同胞们，我们是上帝的爱子，是上帝选择的民族。靠着上帝奇妙的引导，我们才走到今天。在约克镇，上帝的保佑与我们同在。我们不可以逃避我们对世界的责任，我们必须完成上帝的神圣旨意，以超越我们自身的浅薄追求。我们不可以从任何上帝展开了星条旗的土地上抽身撤退。为了自由和文明，为了拯救那片土地，为了实现上帝许下的承诺，星条旗必须成为所有人类的象征符号。前进！星条旗。

谬误识别：分析当代的一则演讲

下面是布什总统在新闻发布会上一则关于伊拉克战争局势的开篇演讲（2004年4月14日）。识别出他使用的谬误。

谢谢。晚上好,在我回答你们的问题之前,让我先谈谈伊拉克局势。几周来,伊拉克的局势一直很恶劣,盟军在许多地方遭到了暴力袭击。我们的军队指挥官报告称,主要有三股势力煽动针对盟军的暴力活动。萨达姆政权的残余和伊斯兰激进分子在费卢杰向盟军发起了进攻,其他国家的恐怖主义者也混入伊拉克煽动、组织攻击行为。

在伊拉克南部,盟军遭到了什叶派激进领袖萨德尔组织的骚扰和袭击。他聚集支持者组织成非法的民兵组织,公开宣布支持恐怖组织哈马斯和真主党。

萨德尔的暴力和恐吓行径遭到了什叶派的反对。伊拉克官方称他参与谋杀了什叶派的一位著名领袖。尽管这些暴力煽动来自不同的派别,但他们却有着共同的目标。他们希望将我们赶出伊拉克,击碎伊拉克人民获得民主自由的希望。

这些暴力行为是那些极端分子掌握权力的结果。这不是内战,也不是起义。伊拉克大多数的地方还是很稳定的。大多数伊拉克人反对暴力和专制。在伊拉克人探讨他们政治未来的论坛中,在伊拉克管理委员会筹备的过程中,伊拉克人清楚地表达出了他们的观点。他们希望个人权利得到保护,他们渴望独立、渴望自由。

美国致力于推动伊拉克的民主自由符合我们国家的理想,这也是我们利益的诉求。伊拉克要么是和平的民主国家,要么则成为暴力恐怖的天堂——这是美国的威胁、世界的威胁。

为了确保一个自由的伊拉克,美国军人在这个国家保护着他们这些同胞。我代表国家向这些军人和他们家庭所做出的牺牲、承担的困难和长久的分离表示感谢。周末在胡德堡基地医院,我代表所有美国人向一些在战争中受伤的士兵颁发紫心勋章,这是他们应得的荣誉。我们知道,还有一些人甚至为此付出了宝贵的生命。我们的国家会永远记住那些在这场战争中不幸遇难的人,我们为他们、为他们的家庭祈祷，希望这些不幸的家庭会在痛苦中寻得上帝的安慰。正如我对那些失去挚爱的人说：我们会代替他们的挚爱完成他们未了的心愿。

美国的军队骁勇善战，他们的素质和荣誉远高出我们的期待。我们一直密切注视他们的处境，根据情况调整军事力量部署。如果需要支援，我会即刻派遣部队前去支援，如果需要其他资源，我们及时地提供补给。

美国人民团结在美军背后，美国政府也会尽其所能保证这一历史性任务的胜利。这一任务的核心就是将政权交还给伊拉克人民。我们已经确定6月30日为撤兵最终期限，设定最终期限对我们来说至关重要。作为骄傲独立的民族，伊拉克人民不会支持永久的统治，也不会接受美国的统治。我们不是日本和德国帝国主义那样的政权，我们是自由主义政权，欧亚两洲的国家可以作证。

美国在伊拉克的目的是有限的，也是坚定的。我们追求的仅是一个独立、自由稳定的伊拉克。要是盟军背弃了6月30日的誓言，许多伊拉克人就会质疑我们的意图，并感觉受到了欺骗，那些在伊拉克散播阴谋论和憎恨说的人就会找到更多的听众。我们不会背弃我们的承诺，6月30日，伊拉克的主权将会交到伊拉人的手中。主权体现的不仅仅是一天，或是一个仪式，它要求伊拉克人民为他们的将来负责。

在过去的几周，伊拉克政权面临着巨大的安全挑战。在费卢杰，盟军已经停止了暴风行动，允许伊拉克管理委员会的成员和当地官员筹备重建中央政权。这些官员还和反叛者进行会谈，以确保该城被有序地移交给伊拉克军队，而且战火不必重新燃起。他们还坚持将那些残害四名美国合同工人的罪犯移交法庭进行审判。

此外，伊拉克管理委员会的成员还希望改善南方局势，萨德尔针对指控做出回应，解散他的非法军队。

在伊拉克组建政府时，我们的盟军是和这些负责任的伊拉克领导人站在一起的。政权的过渡要求我们表现出对伊拉克的信心。我们必须怀有信心。伊拉克领导人表现出个人的勇气，他们会鼓舞整个伊拉克。

政权的过渡还需要安全的气氛。我们的盟军正在努力维持伊拉克的安全和稳定。我们会继续做出最大努力保护平民不受伤害。我们不允许骚乱和暴力的发生。我已经告知军队指挥官，必要时可以当机立断，保护我们的部队。

伊拉克这个国家正走在自治的路上。在不久的将来，伊拉克人民和美国人民会看到伊拉克自治的景象。6月30日，当自由伊拉克之旗在伊拉克上空冉冉升起时，伊拉克官员会从此承担起对伊拉克的责任。那天，阿拉伯世界史无前例的过渡行政法和人权法案会正式生效。美国及其盟国会和伊拉克开展正常的外交关系，在伊拉克设立大使馆及常驻外交大使。

根据管理委员会批准的这一计划，伊拉克最迟在明年1月举行国会选举。届时，国会会起草新的永久宪法，这一宪法会在明年10月呈现给伊拉克人民并进行国民公投。2005年12月15日，伊拉克人民会选举出正式的政府，这会是伊拉克从专制向自由转变的标志。

其他国家和国际组织也会承担起建立一个自由和安全伊拉克的责任。目前，我们正在和联合国特使布拉希米（Lakhdar Brahimi）以及伊拉克方面探讨6月30日接管伊拉克政府的具体问题。由Carina Pirelli领导的美国选举助理团队正在帮助伊拉克制订来年1月的总统选举计划。

北约也在为波兰领导的伊拉克多国部门提供支持。北约26个成员方中的17个国家也在积极地维护伊拉克的安全。国务卿鲍威尔、国防部长拉姆斯菲尔德和许多北约国防、外交官员都积极地寻求北约在伊拉克有更加正式的身份，如将波兰领导的多国部门改造成北约机构，赋予北约更多的权力以承担他的责任。

伊拉克的邻国也有责任维护伊拉克的稳定，所以我派副国务卿阿米塔格访问中东，和这些国家探讨伊拉克问题。建立一个自由独立的伊拉克符合所有国家的愿望，希望他们能够为此做出努力。

正如之前一直所说的，我们对伊拉克安全维护和成功建设的支持并不会在6月30号停止。此后，我们会帮助伊拉克重建，继续提供军事援助，帮助伊拉克建立新政府。联合部队会协助伊拉克政府抵御外来入侵和内部暴乱。

伊拉克自由政府的成立具有重要的意义。一个自由的伊拉克之所以如此重要是因为2 500万伊拉克民众能够像我们一样过上自由民主的生活；是因为它会成为中东改革的典范；是因为这将会展示出美国是支持渴望和平的穆斯林的，就像我们早在科索沃、科威特、波斯尼亚和阿富汗展示出来的一样。一个自由的伊拉克能够向世界证实，在最艰难的时刻，美国的民主和自由是可以依靠的。

总而言之，对伊拉克暴力和恐怖分子的打击对打击世界上的恐怖主义至关重要，对美国民众的安全至关重要。此时此刻，伊拉克是检验文明世界打击敌人的决心的地方，我们决不能犹疑。伊拉克国内的暴力行为对我们来说是熟悉的：劫持人质、在巴格达附近埋放炸弹的恐怖分子的逻辑和在马德里火车上屠杀无辜民众、在耶路撒冷虐待屠杀儿童、在巴厘岛袭击酒吧、割断犹太记者喉咙的恐怖分子的逻辑是一样的。

屠杀贝鲁特241名海员、攻击世贸中心、袭击非洲两座大使馆、进攻科尔号驱逐舰以及在制造无数无辜人伤亡的"9·11"事件都有这样的逻辑。这些举动不是出于宗教，而是源于邪恶的政治意识形态。这些意识形态的拥趸们在中东制造暴乱，镇压迫害妇女、屠杀犹太人、基督徒和渴望和平的穆斯林。他们企图恐吓我们，制造大规模杀伤性武器进行敲诈勒索并制造大规模的屠杀。

在过去的几十年里，我们看到妥协只会带来更多的敌人和流血事件。在过去的31个月里，我们不再背弃自己的信念，并没有对他们让步。文明世界首次向邪恶和恐怖力量做出猛力的回击。

恐怖分子失去了在塔利班的庇护所和在阿富汗的训练基地，也失去了在巴勒斯坦的天堂。他们失去了在巴格达的盟友，利比亚也开始加入打击恐怖分子的阵营。在国际搜捕中，他们的恐怖首领也被一一擒获。也许最令恐怖分子害怕的是看到中东的自由和民主的改革，因为这预示着中东更美好的明天。

身陷绝望、孤注一掷的敌人是最危险的敌人，因此我们的任务也愈发困难。没有人能够预测前方的困难和我们将为此付出的代价。在这场冲突之中，除了坚定的出击外，我们没有别的选择。

伊拉克战争失败的后果无法想象。要是失败，伊拉克国内每个支持美国的朋友都会被送进监狱，甚至遭到屠杀，一场新的暴乱即将展开。届时，美国的敌人也将为此欢呼，庆祝我们的失败与妥协，并以此招募更多的恐怖分子。

我们会在伊拉克战争中取得胜利，我们的决心不可动摇。伊拉克将成为自由独立的国家，美国、中东也会因此变得更加安全。我们为自由而战，这是一个值得为之战斗的理由。

谬误识别：分析一则总统候选人的演讲

读下面第三党派总统候选人 Ralph Nader 在2004年的演讲。在演讲中，他提到伊拉克战争、外交政策和"打击恐怖主义"。找出他的谬误。

布什政府和民主党将其企业赞助人的利益放在了美国人民利益之上。

——Ralph Nader

关于入侵占领伊拉克

伊拉克战争本是可以避免的，目前需要做的就是马上停下来，用联合国维和部队代替美国军队。在美国在伊拉克战争泥潭中越陷越深之前，我们必须加快总统选举进程和对伊拉克的人道主义援助。伊拉克战争以来，美国已经目睹了大量的军人伤亡、巨额的财政支出和越来越多伊斯兰国家的敌意。为伊拉克战争编造的理由和错误使得美国深陷战争泥潭，在伊拉克战场上我们已经花费了1 550亿美元。而且国内的需求还没有得到满足，这加大了布什政府的赤字问题。我们必须摆脱伊拉克战争这个泥潭，否则在国内基础设施、学校和医疗体系日渐恶化的情况下，我们将经受国内动荡的风险。要知道1 550亿美元可以满足美国所有学生4年公立大学学费的需求。

美国撤军

美国在伊拉克驻军妨碍了伊拉克的进步，也拖垮了美国经济。每天，我们的军队在被战争蹂躏得支离破碎的伊拉克执勤，而我们国内的安全岌岌可危。战争拖垮了我们的经济，国内的重要诉求被忽视，而这也妨碍了伊拉克进行自治。我们需要尽快撤军，而不是继续增加驻军。

许多总统候选人都称继续在伊拉克驻军会引发伊拉克的犯罪螺旋。美军的存在引发了伊拉克社会中的绑架、恐怖主义、无政府主义等一系列问题。完全撤军和结束美国对伊拉克经济和石油的管控，可以将大多数伊拉克民众和少部分恐怖分子分开，这会让伊拉克民众看到独立自主而非被侵占的希望。

宣布撤军所需的三个步骤

1. 在联合国的援助下,从经验丰富的中立国和伊斯兰国家中发展出一支维和部队,用这一部队来取代美国军队。韦斯利·克拉克(Wesley Clark)将军称布什的外交政策是牛仔式单边主义,这与美国想要向世界呈现出的形象是相违背的。是美国回到世界大家庭的时候了,美国的承诺应该是低花销和短期的军队支持。

2. 在国际监管下,尽早举行自由公平的选举,让伊拉克自治,允许伊拉克自行维持国内安全。长期以来,伊拉克为独裁者控制,经济制裁拖垮了它的经济,战争让这个国家分崩离析。在这个过程中,逊尼派、什叶派和库尔德人的政府却运行得顺畅有效。在美国撤走所有驻军和14个军事基地后,我们相信伊拉克能够更好地处理国内问题。因为在伊拉克人眼中,美国驻军伊拉克意味着美国为了占有石油资源而想要向伊拉克安插傀儡政府。

3. 美国和其他国家应该为伊拉克提供人道主义援助。经济制裁和战争对伊拉克基础设施和民众造成了极大的伤害。1991年海湾战争之前,侯赛因一直是美国反社会主义的盟友。20世纪80年代,在里根和老布什执政期间,美国还向伊拉克出口制造化学和生物武器的材料。美国石油和其他公司不应该从非法入侵伊拉克中获利,对伊拉克石油和其他资源的监管权应该归伊拉克人民所有。

关于打击恐怖主义对公民自由和宪法权力的影响

公民自由和相应的法律正遭受"打击恐怖主义战争"的侵蚀。新型高科技可以很容易地侵犯他人隐私,尤其阿拉伯裔美国人和美国的穆斯林受这种地毯式的侵扰十分严重。我呼吁重新重视公民自由、废止爱国法案、停止对他人隐私的探查、终止无指控的逮捕、结束军事法庭对平民的审判并结束军事法庭不可挑战的绝对权威地位。我呼吁扩大公民自由权,将受雇用权和不论性别、性取向、种族、宗教的公平权纳入到美国民众的基本人权中。

关于外交政策

我们的外交政策要重新界定全球安全与和平的元素。我们要限制军队，结束核武器，利用自身的资源和其他国家一起应对全球性传染疾病——艾滋病。目前，该疾病正以更强的抗药性侵扰我们的健康。其他低投入、高回报的事业也会强化我们在国外的积极形象，比如承担起控制饮水健康、控制吸烟的公共卫生事业的责任，承担控制土壤流失、沙漠化、化学药物滥用的责任，承担起推广国际劳工标准、刺激民主制度与农业合作、展示合理处理农业、交通、房屋和有效再生能源技术的责任。

联合国开发计划署和许多 NGO 都会展开海外合作，为减少饥荒、营养不良和利用有效药物治疗合成疾病提供核心经验和指导。随着对外政策的彻底转变，我们能够发现并培养出第三世界国家的天才，就像是巴西的 Paulo Freire、埃及的 Hasan Fathi 和孟加拉国的 Mohammed Yunis。

提示：许多学生在学习这些谬误时会发现自己的朋友曾大量地使用这些谬误。要知道其实自己和朋友使用谬误的频率差不多，请完整地看待自己并找出自己思维中的谬误。记住 Pogo 的名言："我们最大的敌人就是我们自己。"

避免两个极端

这两个极端是：

（1）只能看到他人思维中的谬误，而觉察不到自己存在的谬误。

（2）在每一篇文章中都能找到相同数量的谬误。

在日常生活中，识别谬误要注意避免两种风险。第一种风险是一种无意识偏见，认为谬误只存在于他人的思维之中，而看不到自己思维中的谬误。在这种情况下，你将谬误的标签贴到你对手的身上，而不去对自己的思维进行批判性的思考。如果你的"对手"应用一个类比，你就会立刻反驳说他是错误的类比。如果你的对手提出一个概括，你会立刻反驳说他的概括是匆匆做出的，不具有代表性。你从心里反对他，因此，你会发现他的思维中满是谬误。你笃信自己的观点，因而你不会发现自己观点中的谬误。

第二种风险在于，人们相信每个人都会做出数量相当的谬误，因此，没有必要关注自己的谬误。你对自己说"前景无望"。

在任何情况下，谬误都是以不正当的方式赢得辩论的卑劣手段，总是频繁地被人运用，尤其是那些操纵家。我们每个人都会犯下谬误，但是和操纵家相比，量上是有显著差别的。

可以将犯下谬误比作空气污染。所有的空气中都含有一定量的污染物，但是并不是所有的空气都受到高度的污染。要求人们认真地思考以完全避免谬误是不可能的，但是却有可能减少谬误。

为了保护我们自己，我们需要有能力识别他人企图用来操纵我们的谬误。而我们自身也必须尽量避免使用这些谬误。要减少谬误，我们必须对自己和他人的思维进行监控，进行批判性的思考。除了必须清楚地了解我们自己的观点及其有限性外，我们还要走进他人的观点，对他人的观点进行系统性的思考，在思考中看清自身和他人的思维本质：本质的事实、本质的推论和本质的假定。

我们必须像审视对手思维那样认真仔细地审视自己的思维。我们的思维应该处于一个不断改变、不断塑造的状态。通过我们的努力，可以减少我们的缺点，最终尽可能地减少我们所能犯下的谬误。

小结

在一个公平批判者的世界中,那些做出最佳推理的人应该和那些对世界做出最大贡献的人是同一批人。但是我们并不生活在一个思维训练有素、有同理心的理想社会中,我们生活在一个不具批判性的社会里,在这个社会里满是熟练的操纵者,他们为了实现他们的地位、利益而不择手段。

对权力和控制的谋求存在于每天的日常生活中。在这种谋求中,事实和洞见几乎不可能战胜推动媒体运行的财团大亨。通常,财团大亨通过媒体运作的逻辑、华丽的辞藻和大众宣教来实现自己的目的。大多数人由于都没有得到有素的思维训练,因此不能对此做出有效的回应,甚至都不知道自己的思维中存在谬误。

我们希望读者知道,我们通常所说的谬误是塑造他人观点和信念极其有效的策略。谬误也是模仿良好推理的"赝品",是操纵思维上"沉默羔羊"的有效工具。此外,我们希望读者能够意识到那些使用策略操纵他人的人事实上也是自欺的受害者,否则,他们也不能操纵他人。人们往往希望自己是公正公平的,不是居心叵测的操纵家,这就使得个体使用谬误来操纵他人时,必须先欺骗自己,使自己相信自己的思维是公正的。

在一个理想的社会中,孩子们应该从小接受良好的教育,从而能够识别出谬误。他们应该知道谬误在人们每天交流谈话中是多么常见。他们应该从生活的不同角度识别谬误。他们应该了解到人们思维中存在的弱点和不足,从而学会识别自己思维中的弱点和不足——他们思维中的自我中心和社会中心。他们应该知道非批判性思维、诡辩思维和公正思维之间的差别。

他们应该能熟练地识别出非批判性思维、诡辩思维和公正思维。他们应该能不断发现自己思维中的自我中心和社会中心,能够坦诚自己的错误，接受合理思维的论断。

但是，我们并没有生活在一个理想的社会中。我们这个社会，谬误是赢得辩论的诡计，因此操纵家每天会利用这些诡计来赢得辩论。大众媒体充斥着谬误。谬误逐渐成为政治演说、公共关系和广告的主要内容。我们无时无刻不受到谬误的影响，在这样的情境下生活，我们甚至误认为这些谬误就是事实。

你的目标应该是识别这些谬误以及那些利用谬误为自己谋利的人。这些谬误是操纵家获取影响、利益和权力的策略。识别这些策略，你就能有效抵制住这些谬误的影响。当你知道这些谬误如何运作时，你就能更好地抵制这些谬误的影响。

当你对这些谬误免疫的时候，你就会改变对谬误的反应，你会问关键问题，刺破面具和操纵者精心设计的形象，触到一切浮华繁荣背后的实质。这时，你开始自己管理你的思维和情绪，逐渐发展出独立的自我。最重要的是，在你追求自己目标的时候，你能够努力避免犯下谬误。

| CHAPTER 14 第 14 章 |

努力成为一名有道德的推理者

人们自我服务、自欺欺人的推理方式是实现公平公正的最大障碍。目前，人们的这种自欺倾向已经对理解道德概念和原则的理解造成了障碍。为了理解道德推理，我们首先要了解以下基本内容：

（1）道德原则与主观偏好无关。

（2）所有公正的人都有义务尊重清晰的道德概念和原则。

（3）为了在道德问题中进行良好的推理，我们必须知道如何合理地在这些问题中应用道德概念和原则。

（4）道德概念和原则应该与社会和同伴团体、宗教教育、政治意识形态、法律规范和禁忌进行区分。

（5）开展道德推理最主要的障碍是人类的自我中心和社会中心。

我们的问题会从澄清人类生活中的道德开始：道德是什么，它的基础是什么，人们通常对什么感到困惑，有哪些道德陷阱以及如何理解这些陷阱。紧接着，我们强调了合理道德推理的三个重要成分：①作为道德基础的原则，②要避免的伪造品，③人类心理的病态倾向。

为什么人们对道德感到困惑

每个人都清楚道德最根本的基础：个体的行为会对他人的幸福造成影响。我们的行为可以提高或降低他人的生活品质。我们能够帮助或伤害到他人。另外，我们能够了解何时我们帮助了他人、何时又伤害了他人。这源于我们与生俱来的同理心——想象自己处于他人的位置，对他人的遭遇感同身受。

即使是小孩子，他们也对帮助和伤害有一些了解。孩子们根据这些道德意识做出推理和判断，形成自己对生活中善恶道德意义的观点。但是孩子们更容易意识到自己受到的伤害，而不容易觉察到自己对他人造成的伤害：

"这不公平！他比我拿得多！"

"她不让我玩儿玩具！"

"他打了我，我什么都没对他做。他真卑鄙！"

"她承诺把我的娃娃给我，现在又反悔了！"

"骗子！骗子！"

"现在轮到我了，你已经轮完了。这不公平。"

通过积极的例子和鼓励，我们能够培养孩子的公平心。孩子能够学会尊重他人的权益和需求，而不仅仅只关注自己的愿望。主要问题不在于很难决定什么有益、什么有害，而是我们自我中心的天性。很少有人深入地思考过自己对金钱、权力、特权和个人财产的自私追求会对他人造成的影响。这导致尽管有大部分人（不论他们的社会、种族和宗教如何）口头上支持道德原则的共同核心（即蒙蔽、欺骗、剥削、虐待、伤害或盗窃他人在道德上是错误的：我们有责任去尊重他人的权利、自由和幸福；我们有责任去帮助最需要帮助的人；我们有责任去寻求共同利益而不是我们的一己私利；我们有责任努力使这个世界更加公正和人道）但很少有人一直遵循道德原则行事。

所有国家都认可的《世界人权宣言》阐述了普遍的道德原则。原则的核心在一般意义上为理性人定义了道德和道德规范的领域。然而，许多人并没有根据道德原则行事。在抽象层面上，很少有人有不同意见。大部分人都会认同，出于一个人的需求或原始本能去蒙蔽、欺骗、剥削和伤害他人在道德上是不正当的。然而在行动层面上，口头同意并不会带来行动上的尊重。人们可以采取许多方式合理化自己的贪婪需求，从而使得自己在利用弱者时能够心安理得。人类生活中有太多的力量——社会群体、宗教或政治意识形态，人们在这些力量的主导下，生成正误的规范，忽视甚至扭曲了道德原则。另外，人们太擅长于自我欺骗的艺术，以为口头上同意的抽象道德原则就是道德现实，认为自己塑造出了一个道德公正的世界。

让情况变得更加复杂的是道德行为并不总是不证自明的（即使对那些没有自欺的人来说也是这样）。在复杂的现实情境中，看似有道德的人通常不同意在具体事例中应用道德原则。同样一种行为在得到一些人道德赞扬的同时，也会受到另一些人的谴责。

换种方式来表达这一问题：不管动机有多强烈，人们只有在了解了什么事是道德公正的时候，才会做出有道德的行为。如果他们将自己认为道德正确的事和既得利益、个人愿望、政治意识形态或者社会规范混为一谈，或者缺乏道德判断和推理的能力时，人们就难以做出道德正确的行为。

由于上述的复杂性，熟练的道德推理能力就成了自我批评和道德自我测评的先决条件。我们必须学会反思我们的自我中心、社会中心和自欺思维。而这些又要求个体的思维符合之前提到过的思维标准，包括思维谦逊、完整性和公平等。

合理的道德推理通常能够让思考者觉察并跨越道德评价的陷

阱：道德褊狭、自我欺骗和不加鉴别地依从。合理的道德推理通常需要我们注意我们的推理何时反映了社会教化；合理的道德推理通常还要求我们多关注他人的观点、从不同角度收集事实、质疑我们的假设并考虑讨论问题的多种方法。

然而，很少有成年人掌握了洞察日常道德问题复杂性的能力，很少有人能够觉察出他们自己的道德矛盾，很少有人能够将真正道德的问题与他们的既定利益、自我中心的需求清晰地区分开来，也很少有人通过洞察道德复杂性和推理陷阱来认真思考虚假的道德情感和评价。这导致人们在日常的道德评价中，总是无意识地混淆真实和虚伪的道德，混淆了人们的道德见解和伪善偏见。每个人都从自己的信念体系出发，相信自己观点中不证自明的道德感。

不经意间，我们自己的道德感缺失、道德扭曲和思想闭塞，并会影响我们的孩子和学生。那些最为大力鼓吹学校应该教授道德的人，只希望学校教授学生的是他们所坚持的信念和观点，而对这些信念的瑕疵不管不顾。他们认为自己掌握了"真理"，从自己的角度解释所有道德事件。这些人最害怕的是他人的道德观点被看作真理并得到普遍传播：保守派害怕自由派观点主导掌控地位，自由派担心保守派观点主导掌控地位；有神论者担心无神论观点会起到主导作用，无神论者害怕有神论观点起到掌控作用。以此类推，不一而足。

这些担心都是合理的。人们都倾向于认为自己所信就是真理，几乎没有特例的存在。正如我们已经强调的那样，"因为我们相信它，所以它是真的"是我们大多数人心中的潜意识，我们认为自身的信念就像"真理"一样。在"一般"人看来，永远都是其他人在做坏事、欺骗人、自私自利以及思想闭塞，而我们永远是正确的、对的或拥有真理的。因此，老师经常不知不觉地向学生灌输自己的观念，总是奖励那些与自身信念和观点一致的学生，忽视了对学生真实道德原则的培养。从这个意义上来讲，他们是在向学生灌输，而非教育学生。

道德推理的基础

要精通某个领域的推理，我们必须理解这一领域的基本原理。如要精通数学推理，我们必须理解基础的数学原理；要精通科学推理，我们必须理解科学的基本原理（物理、化学或天文学的原理等）。同样的，要精通道德推理，我们必须理解基本的道德原则。光有好心肠是不够的，我们必须以基本的道德概念和原则为基础，原则是道德推理的核心。

在全面考虑一个道德事件时，人们必须能够识别与特定道德情境相关的道德原则。针对当下事例或情境他们同样需要运用思维技巧公正地应用道德原则。但是道德原则本身不能解决道德问题，道德原则在复杂的情况中需要不同的应用。

比如考虑这个问题：美国应该和侵犯人权的国家之间建立邦交关系吗？与这个问题最相关的道德概念是公正和正直，但是也同样需要考虑实用性和有效性的问题。公正和正直似乎要求美国中断与任何侵犯人权的国家间的邦交关系。但是，我们需要思考的是：孤立和对立是实现这些道德目的最为有效的方式吗？另外，历史提醒我们，几乎所有国家都在以这样或那样的形式侵犯人权，美国也不例外。我们怎么有权去要求其他人遵守我们自己都经常达不到的标准呢？不论是天生的好心人还是自欺的愤世嫉俗者，都时常忽略这些具有挑战性的道德问题。

因为道德推理通常都很复杂，我们必须学习应对这些复杂性的策略。我们认为，以下三个思维任务对于掌握道德推理最为重要：

（1）掌握道德问题中固有的最为基础的道德概念和原则。

（2）学会区分道德和其他常与道德混淆的思维领域。

（3）学会觉察自己与生俱来的自我中心和社会中心对道德判断的影响（或许是三个任务中最具挑战性的一个）。

如果一个人的道德推理中缺少了以上任意一个基础，道德推理就有可能存有缺陷。让我们来思考这些能力。

道德概念和原则

对于每个道德问题，我们必须识别与该问题直接相关的一些道德概念或者概念集。如果我们不能清楚地理解道德术语和它们的区别，我们就不能对道德问题进行良好推理。最基本的一些道德概念包括诚实、正直、公正、平等和尊重。在许多情况中，应用这些概念暗含的原则很容易；但是在另一些情况中，应用这些原则则很困难。

想想一些简单的事例：如为了从他人那里非法谋求物质利益，而撒谎、误传或者歪曲事实，这无疑违反了诚实概念的基本原则；"己所不欲，施之于人"无疑违反了正直概念的基本原则；以自己不想被对待的方式去对待他人，违反了正直、公正和平等概念中的基本原则。

人们生活中每天都充满了明确违反基本道德原则的事。没有人会否认为了取乐而用微波炉加热猫咪是一种不道德的行为。为了钱而杀害他人，或者由于我们认为某人有罪就去折磨他，这些行为在道德上都是不可接受的。

然而，除了这些清晰明确的事例之外，还有许多复杂的、一时间难以做出道德判断的事例，这就要求我们进行道德对话，从不同角度考虑对立的论点。比如，安乐死在道德上究竟是不是合理的？当然，有许多例子证明安乐死是不合理的。然而，要做出究竟是不是合理的论断，我们还必须考虑使安乐死看似合理的许多条件。比如说，让那些遭受疾病无情折磨的人们接受安乐死怎么样？在这个群体中，有些人请求我们帮助他们结束生命，以使他们免受痛苦折磨（在痛苦之中，他们没有别人的帮助无法结束自己的生命）。

假如有一个人，他正处于剧烈的疾病折磨之中，一个与理解该问题相关的重要道德概念是残忍。《韦伯斯特新世界词典》将"残忍"定义为"引起疼痛、紧张等的原因；'残忍的'意味着对他人痛苦的漠不关心，或者对给他人带来痛苦漠不关心的性情"。在这个例子中，残忍指"引起"这个人不必要痛苦的原因，意味着我们本可以不费吹灰之力地减轻他人痛苦，结果却没有这么做，而让一个无辜的人遭受不必要的痛苦和折磨。

当残忍被确认为一个相关的概念时，这里的道德原则就清晰了：努力去减轻、去终止无辜的人不必要的痛苦和折磨。这条道德原则能够让我们清楚地判断在哪种情境下拒绝帮助痛苦的人是残忍的、在哪种情况下这种拒绝不能归于残忍。

另一个可能与之相关的道德概念是：生命本身就很美好。从这一概念中发展出的道德原则是：生命应该被尊重。考虑到这个原则，一些人会认为在任何情况下，生命都不应该被人为地终止。

作为一个能够批判性思考的人，你应该能够通过思考得出自己的结论。同时，你必须准备详细地陈述自己的推理，解释你自己认为与之相关的道德概念和问题，以及你这样思考的原因。你必须认真地考虑关于这个问题的不同观点，不能忽略其他冲突的观点。你必须找出最为相关和重要的事实，对问题进行批判性思考。尽管事实证明你的道德判断是正确的，但这并不意味着你可以放弃对自己思维严谨性、清晰性的要求。

再思考一个问题：动物实验在道德上是不是合理？如果是的话，列出合理的情况。同样，相关的道德概念是残忍，因为任何一个了解动物实验的人都知道，人们有时出于科学研究的目的，会让动物遭受极端的痛苦、焦虑和折磨。动物权益组织——善待动物组织（PETA）则关注动物实验的负面效应。在其网站上，PETA 说道：

- 每年都有成千上万的动物因为在化妆品和家用产品的检验实验中遭受痛苦折磨而死去。从眼影和肥皂，到家具擦亮剂和烤炉清洁剂，这些产品无一都不在兔子、老鼠、豚鼠、狗和其他动物身上进行的试验，但试验结果却无助于人们减轻伤痛。这些动物通常被关在笼子里，只有头部可以伸出来。这些试验通常将液体、火花或者其他粉末状物质滴到一群白兔的眼睛里，由于之前不会对动物进行麻醉，滴入眼睛内的物质会使兔子的眼睛肿胀疼痛，实验者再用夹子把兔子的眼睛夹起来。当然，一些动物也会在挣扎逃跑的过程中扭断自己的脖子。
- 尽管黑猩猩的免疫系统不受艾滋病侵扰，但是艾滋病研究还是喜欢用黑猩猩做被试。黑猩猩同样被用于痛苦的癌症、肝炎、心理实验、对人工授精和生育控制方法、血液疾病、器官移植和实验外科的实验研究当中。军队实验中黑猩猩的使用受到了人们的质疑，但是这些信息是保密的，很难证实。黑猩猩是高度活跃的和社会性的动物，一旦在实验室中被隔离，失去与人类或者其他猩猩的常规身体接触时，它们很快就会精神异常。由于成年黑猩猩很强壮，并且通常难以管理，加之被感染的黑猩猩不能放在动物园或者保护区内，许多黑猩猩在 10 岁之前就被杀死了。
- 全世界每年有超过 205 000 种新药投入市场，它们大部分都采用了仍在使用的不可靠的古老测试方法：动物研究。许多医生和研究者公开反对这些过时的研究，他们指出，这些不可靠的动物试验会让危险的药物投入市场，而且可能埋没潜在的有效药物。例如，如果青霉素当初用豚鼠（常见的实验室被试）来做试验的话，今天就不会被广为使用，因为青霉素会杀死豚鼠。同样，阿司匹林会杀死猫，而吗啡，一种对人类适用的镇静剂，则是猫、山羊和马的兴奋剂。我们不能用动物实验的方法来检测人类对药物的反应，因为不同物种（甚至是同一物种中的不同个体）对药物的反应不同。

责任医疗医师委员会报告称，复杂的非动物研究方法比传统的动物研究方法更加精确、便宜并且节约时间。

一些人认为在不能避免动物遭受折磨的实验中，这些折磨在道德上是合理的，因为从长远来看，从这些实验当中获得的知识可以减轻人类的痛苦和折磨。这些实验的支持者认为，减轻人类痛苦比免除动物的痛苦更具有道德性。

在对复杂的道德问题进行推理时，批判性的道德推理者能够识别与这些问题相关的道德概念和事实，并且能合理地应用这些概念。在做出总结判断时，他们能尽可能地考虑更加合理的方法。经过这样的批判性思考后，他们能够发展出区分清晰与复杂道德问题的能力。当道德问题不清晰的时候，正是锻炼我们道德判断的关键时刻。

道德原则的一般本质

对于每个道德问题，都有需要识别和应用的道德概念和原则。这些概念中暗含的原则是《世界人权宣言》中阐明的权利。1948年12月10日，联合国大会对这些权利的表述是：

> 承认人类大家庭中所有成员固有的尊严以及平等的、不可剥夺的权利是世界自由、公正和和平的基础……对人权的忽视和蔑视已经造成了人类野蛮的行动，践踏了人类的良心，阻碍了一个自由平

等世界的出现，在这个世界中人类可以享受言论和信仰自由，不受恐惧威胁，并享受普罗大众拥有的希望。

《世界人权宣言》被视作衡量"所有民族、所有国家成就的标准"。它清楚地陈述了一些重要道德原则。

以下是 30 条宣言中展示的一些原则：

- 在尊严和权利方面，人人生而平等。
- 每个人都享有生活、自由和安全的权利。
- 没有人应该受到奴役。
- 没有人应该遭受折磨，受到残忍、不人道的对待和惩罚。
- 每个人都有使生活能满足其和其家人健康幸福的权利。
- 每个人都有受教育的权利。
- 每个人都有自由参与和平结社和集会的权利。
- 不用区分诸如种族、肤色、性别、语言、宗教、政治、民族、财产、出身或地位，每个人都享有宣言中提出的所有权利和自由。
- 所有人在法律面前一律平等，并且不加区别地享受法律的平等保护。

尽管世界人权宣言中列出的道德原则在理论上被广泛地接受，但是，即使是民主国家也未必遵照这些原则行事。比如，《纽约时报》（"特赦组织发现美国侵犯权利的'普遍模式'"Oct. 5，1998，p.A11）报道，国际特赦组织以侵犯基本人权为由传讯美国。国际特赦组织的报告指出："没有警察机关和刑事、法律系统长期存在侵犯人权的普遍模式。"

报告中，国际特赦组织指责美国没有"向所有人兑现捍卫人权的基本承诺"。报告指出："美国全国有成千上万的民众遭到警察持续、故意地暴行侵扰。残忍、可耻甚至威胁生命是美国刑事司法系统的特征。"

担任国际特赦组织秘书长达 6 年的沙勒（Pierre Sane）曾说："世界上最强大的国家使用国际人权法批评他国，却不用同样的标准要求自己，这不是讽刺吗？"

理论上，每个国家都同意基本人权的重要性，然而在实践中，它们通常不能坚持这些原则。

区分道德和其他思维领域

除了知道如何识别与道德问题相关的道德概念和原则之外，熟练的道德推理者必须能够对道德和其他思维领域进行区分，如社会习俗、宗教和法律等。道德推理通常会与其他的思维模式相混淆。比如，人们通常会把社会价值观和社会禁忌当作道德原则。

因此，通常人们会错误地认为宗教意识形态、社会规范和法律等观念规范本身就是道德的。如果我们将这些领域与道德混合在一起，我们就会认为任何宗教系统里的行为实践都是道德的，任何社会规范都是道德的，每条法律都是公正的。这样一来，我们就不能批评某一宗教实践（比如折磨异教徒）是不道德的。

同样，如果道德和社会习俗规范是一样的，那么任何文化下的社会实践都是道德的（包括纳粹德国的社会规范）。因此，不论在道德上多么不合理，我们都不能在道德上指责任何社会传统、规范、习俗和禁忌。另外，如果道德和法律逃脱不掉这样的混淆，那么任何法律系统内的任何一条法律都是道德的，包括那些公然违反人权的法律。

如此看来，学习区分道德和其他通常与道德相混淆的思维领域就很关键了。掌握了这种区分能力，我们就能够对被普遍接受但不道德的社会习俗、宗教实践、政治观点和法律做出批判。缺乏这种区分能力的人很难做到公平公正。

1. 道德和宗教

理论推理回答了形而上学的问题,例如:

什么是所有事物的起源?上帝存在吗?存在不止一个上帝吗?如果有上帝的话,他的本质是什么?上帝传达神法来指导我们的生活和行为了吗?如果有神法的话,这些神法是什么?它们如何传达给我们的?我们应该做些什么来忠于神的旨意?

2. 宗教信仰具有文化多样性

宗教的多样性源于神学论信仰本质上就易受争议的事实。人们有无数种方式去思考并解释"精神"的本质,比如《美国百科全书》列出了300多个宗教信仰。被社会群体和文化接受的传统信仰通常具有社会习俗规范的力量,因而一代一代地传承下来。对于任一群体中的个体来说,他们的信仰似乎是思考"上帝"的唯一合理方法,他们并不清楚自己的宗教信仰只是许多宗教信仰中的一种。思考宗教信仰与道德原则混淆的一些例子。

- 多数派宗教团体成员通常将自己的信仰强加给少数派。
- 宗教团体的成员通常认为他们的神学观点是正确的,是不证自明的。他们不假思索地依照自己的信仰采取行动,蔑视持有其他观点的人。
- 宗教团体的成员通常不清楚"原罪"只是一个神学概念,而不是道德概念("罪"是神学上定义的)。
- 不同的宗教以不同的方式定义原罪(但是通常将自己的观点强加于所有人,把它当成通用的道德原则)。

当宗教信仰在人们生活中占支配地位时,它会通过规则、要求、禁忌和仪式影响人们生活的方方面面。在道德上，这些规则大部分都既非正确也非错误，它们仅仅代表了一种社会倾向和文化主体的选择。

每个人都有选择自己宗教信仰的权利，比如不可知论和无神论。这就是为什么在《世界人权宣言》当中（第 18 条）有对宗教信仰权利的描述：

> *每个拥有思考、行动和宗教自由的权利，这种权利包括改变宗教信仰的自由……*

众所周知，关于神和精神的信仰是多种多样的，因此宗教信仰并不具有强制性。任何一个信仰都不能证明自己优于其他信仰，进而排除其他所有信仰而存在。出于这个原因，宗教自由是一项人权。人们可以客观地证明谋杀和袭击的有害性，但是却不能证明不信上帝的有害性。

受到宗教激情驱使而谋杀、折磨他人的事实表明，道德评判必须处于宗教信仰之上。历史上的宗教迫害现象司空见惯，只有在道德的庇护下，人们才能保护自己免受宗教的迫害。

思考这个例子：如果一个宗教团体认为每个家庭必须用第一个出生的男孩献祭神灵，那么这个团体中的所有父母都会认为自己有道德义务杀死第一个男孩。他们的宗教信仰会让他们做出不道德的事情，并且降低这些父母觉察自己残忍行为的能力。

另外，如果一个社会中的宗教实践包含任何形式的奴役、折磨、性别歧视、种族歧视、迫害、谋杀、攻击、欺骗、谎言或者恐吓，那么这个社会就是不道德的。暴行经常发生于宗教冲突中，即使现在，宗教迫害和宗教冲突还是很常见。没有宗教信仰能够证明违反人权是合理的、有道德的。

简而言之，神学信仰不能超越道德原则。我们必须依托道德原则才能保护自己不受宗教实践的侵害。

3. 道德和社会习俗规范

让我们回到道德和社会习俗规范之间的关系。过去在美国，人们有100多年的时间都认为奴役制是合理的，这是当时社会习俗规范的一部分。毫无疑问，自始至终这一规范都是不道德的。另外，在整个历史当中，许多妇女、儿童和残疾人都成了歧视的受害者，这种歧视在当时的社会规范中被认为是有道德的。然而，不论多少人支持这些规范，作为一个批判性思考者，我们都有必要对这些违反道德的行为规范进行审慎思考。

除非我们能对从一出生就强加在我们身上的社会习俗规范进行彻底的批判性思考，否则我们就会把这些规范视为权利而不加批判地接受、遵从。由于我们所有人都受到社会的制约，因此不会自然而然地发展出针对社会习俗规范的有效批判能力。

学校往往成了传统思想的捍卫者，教师不注重培养学生区分社会习俗规范和道德的能力，因为他们已经内化了社会习俗，不会对这些习俗规范进行批判性思考。因此，真正的教育，应该培养学生区分文化习俗和道德原则的能力，以及区分社会法令和道德的能力。出现道德冲突时，道德原则应该占支配地位。

4. 社会文化下的不同实践

文化的多样性源自社会群体满足其自身需要的方法的多样性。通常来讲，社会群体和文化内的传统生活方式会作为习惯和风俗而被传承下来。对于群体中的个体来说，这些方式似乎是唯一合理的行事方法，并且具有道德含义。社会风俗习惯回答了这样一些问题：

- 婚姻如何产生？哪些人可以结婚？在什么条件下，用什么样的仪式或庆典？一旦一对夫妻结婚了，男方应该扮演什么角色？女方应该扮演什么角色？多个婚姻伴侣可行吗？

可以离婚吗？在什么条件下可以离婚？
- 谁应该照顾孩子？他们应该教给孩子哪些行为？如何对待犯了错的孩子？
- 孩子在什么时候应该被当作成人对待？他们何时结婚？他们是否有选择结婚对象的权利？
- 当孩子产生生理需求时，他们应该怎么做？习俗允许他们和谁发生性关系？什么样的性行为是可接受的、健康的？什么样的性行为是堕落的、有罪的？
- 男人和女人应该如何穿着？允许他们暴露身体的程度是多少？如何对待裸体？如何处理那些违反社会准则的人？
- 应该如何获取和准备食物？谁有责任获取食物？谁来准备它？食物应该如何保存？如何吃？
- 社会是如何分层的（分成权力的不同水平）？如何控制社会？哪些信念观点能够证明稀有货物的分配以及社会规范、社会实践是合理的？
- 如果社会受到外部的威胁，它该如何应对这些威胁呢？如何保卫自己？社会如何加入战争？或者它应该加入战争吗？
- 在这个社会中，应该开展什么类型的游戏或娱乐活动？谁可以参与其中？
- 这个社会中，哪些宗教信仰是可以得到传播的？谁被允许参加宗教仪式？或者谁会向群体阐释神灵的旨意？
- 社会中的不满如何解决？谁来决定孰是孰非？违规者会受到怎样的处理？
- 许多社会对人的身体制定出许多禁忌，并且会严厉惩罚违反这些禁忌的人。
- 许多社会制定禁忌，反对给予男女平等的权利。

- 许多社会将宗教迫害合法化。
- 许多社会禁止跨种族的婚姻。

对接受这些社会禁忌的人来说，他们认为这些实践是道德的。

5. 道德和性禁忌

社会禁忌通常与强烈的情感有关。当他人违反禁忌时，人们通常会感到厌恶，这种厌恶情绪告诉他们，这种行为是不道德的。但是他们忘了，社会厌弃的东西可能并不违反任何道德原则，它只是与社会习俗的要求不同而已。性方面的社会教义就是一个典型的例子，社会把习俗对性的界定当成了道德真理，常常对违反习俗的行为进行严厉惩罚，甚至惩罚人的身体。如一些社会会对妇女进行不公正的惩罚，仅仅妇女是在公众场合没有用棉纱完全包裹住自己的这一行为，都会被许多文化视作不得体的甚至含有性挑逗的。但是，根据道德原则，只有带来伤害的性行为才是不道德的。

我们希望这一章会激励读者努力去做到准确熟练的道德推理，能够对道德原则与社会禁忌、法律和宗教信仰做出明确的区分，不会再混淆这些领域。由于这些领域都有可能出现在读者的生活当中，所有读者在做出道德判断时，都应该对每个领域进行恰当的思考。

6. 道德和法律

要发展道德推理能力，你应该能够对道德和法律做出区分。违法不等于违背道德原则，道德上义不容辞的事情也可能是非法的。道德和法律之间没有必然的联系。

法律通常源自社会习俗和禁忌。因为我们不能预设社会习俗是道德的，所以我们也不能说法律就是道德的。而且，大多数的法律根本上是由政客制定的，他们经常混淆社会价值观和道德原则。正如前文所述，除了在极个别的情况下，否则政客的首要目标都是权力或私利，他们不会考虑道德问题，因此制定出来的法律未必是道德的。比如，1900~1930年，美国政治家回应宗教信仰者的要求，通过了禁止包括医生在内的任何人宣传任何生育控制信息的法律，结果造成无数贫困妇女因非法用药和不卫生堕胎而遭受严重伤害甚至死亡。给违反社会习俗的行为"定罪"对政治家来说是一种由来已久的获胜方式。思考下列人们混淆道德和法律的例子。

- 许多具有非常规行为的人（比如同性恋者）受到了终身监禁或者死刑等不公正的惩罚。
- 许多社会根据种族主义观点制定了不公正的法律。
- 许多社会制定了歧视妇女的法律。
- 许多社会制定了歧视儿童的法律。
- 许多社会的法律认为折磨和奴役合法。
- 许多社会制定法律，武断地禁止人们使用某一药物。

7. 自身不道德的行为

任何不道德的行为都内在地否定了其他人或者生物的一些应有权利。下列行为本身是不道德的，个人可以站在道德立场上，有充分依据批判有下述行为的人或群体：

- 奴役：以个人或群体的形式拥有、役使他人。
- 种族灭绝：大规模杀戮以铲除整个民族或种族。
- 折磨：出于报复或其他不合理目的，对他人施加严重痛苦。
- 性别歧视：由于他人的性别而不公平地（并且有害地）对待他人。
- 种族歧视：由于他人的人种或种族而不公平地（并且有害地）对待他人。
- 谋杀：为了报复、取乐或者获得好处而有预谋地杀害他人。

- 攻击：攻击他人，给他人带来身体伤害。
- 强奸：迫使他人进行性行为。
- 欺骗：故意地欺骗他人放弃自己的财产或权利。
- 欺诈：把假的东西说成真的，以达到伤害他人的自私目的。
- 恐吓：用威胁或者暴力迫使某人伤害自己利益的行为。
- 不告知指控理由就将人关进监狱，不给他人自我辩护的机会。
- 仅仅因为政治或宗教观点而将他人送进监狱，并施以惩罚。

培养判断任何信念系统、实践、规则或法律是否符合道德的能力对于个体来讲是非常重要的。擅长道德推理意味着要有不屈从不道德法律、社会习俗和宗教信仰的决心。在你处理生活中的道德问题时，你要合理地运用道德原则。反复练习，你的道德推理能力会有明显的提高（见图 14-1）。

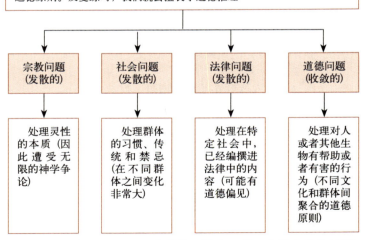

图 14-1　我们应该学会区分道德、社会习俗、宗教和法律问题

理解我们的固有自私

除了以上几点之外，道德推理还需要我们控制自身从自我服务视角看待世界的自私倾向。在第 11 章，我们探讨了人类的无理性倾向，详细地分析了人类自我中心的问题。在这里，我们将会应用第 11 章的一些主要观点来解决道德推理中的问题。

人类天生就是心胸狭窄、自我中心的。我们可以轻易感受到自己的痛苦，却很难感受到他人的痛苦。我们想自己之所想，却不容易想到他人的想法。并且，随着我们的成长，我们的共情能力不会自发地发展，我们也不会去考虑与我们对立的观点。出于这些原因，我们通常不能从一个真正道德的角度进行推理。共情并不是人类都有的能力，但掌握批判性的思维，或批判性地思考道德问题则是有可能的。经过恰当的练习，我们能够掌握从对立角度分析情境的能力。

正如我们在前面章节中提出的，人类倾向于从自我服务的角度来评判世界，擅长自我欺骗和合理化。我们通常会悍然不顾我们眼前的证据，坚持错误的信念，做出公然违背道德原则的行为，并且不会觉得不合情理。

每一个偏离道德的行为实质上都存在着一定形式和程度的自欺，而每一次自欺实质上都存在一些思维的漏洞。比如，希特勒自信地认为，他对犹太人的迫害和屠杀是正确的事情。他认为犹太人要比雅利安人低下，并且犹太人是德国问题频发的原因。他的行为就是这种错误信念的产物。在铲除德国犹太人的活动中，他相信自己在做符合德国最高利益的事。因此，他认为自己的行为是完全正确的。他偏离道德的推理导致无数犹太人遭到伤害和屠杀。

要掌握道德推理能力，我们必须清楚即使面对强大的自私欲望，我们也要做正确的事情。要生活得有道德，我们必须要控制固有的自我中心倾向。单单理解道德生活的重要性是不够的，单单在不损害自己利益时做正确的事情也是不够的，我们必须牺牲自己的私欲来履行道德义务。因此，理解人的自私倾向与掌握道德推理能力是道德生活的关键。

图 14-2 是对三种思维模式的综合描述。

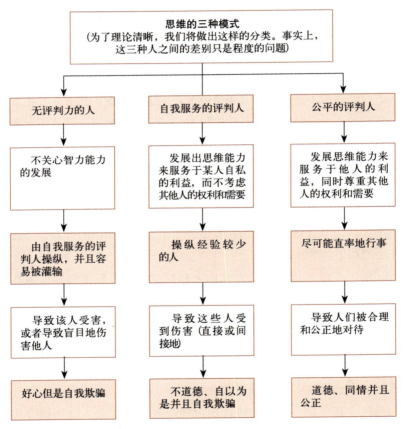

图 14-2 思维的三种模式

小结

为了掌握道德推理能力，我们必须内化道德推理的基本原理。这意味着我们必须精确地识别和区分道德概念和原则，必须清楚如何在相关的道德情境中应用这些原则，必须对道德和容易混淆的思维领域做出区分。

道德推理能力要求我们做到思维谦逊，要求我们控制固有的自我中心。如果没有这样有组织、有整合性并且基于批判性的道德推理方法，就可能会导致一些虚假道德的出现。到目前为止，在整个世界范围内，道德经常与其他思维领域相混淆，道德的误用是普遍存在的。

| 第 15 章 CHAPTER 15 |

策略性思维：第一部分

策略性思维有两个发展阶段：
（1）理解核心理念。
（2）发展基于该理念的行为策略。

本章和下一章的主要内容将围绕策略性思维的这两个阶段展开。策略性思维是行为实践的规则化。从理解到策略，再从策略到自我改善，是我们要完成的目标。

理解和使用策略性思维

如果我们理解头脑的三种功能——思维、感受和需求，并且意识到这些功能是相互依存的，这就意味着，我们能够意识到，头脑某种功能的变化都会导致另外两种产生相应的改变。如果我们改变了自己的思维方式，那么感受和需求水平也应该会发生一些改变。所以，如果我认为你在侮辱我，我会感到愤怒，并想要对侮辱做出回应。

同样，如果我们感受到一些情绪变化（比如难过），那么势必也会引发关于情绪影响因素的思考（比如，思考我们失去了一些重要的东西）。如果我们体验到非理性的负面感受或者非理性的需求，理论上，我们也能够找出产生这种感受和需求的非理性思维。

一旦我们发现了自己的非理性思维方式，我们应该通过更加合理的思维来修正它。当新的理性思维在我们头脑中生了根，我们会体验到感受和需求的变化。合理的感受和需求应该产生于合理的思维。

现在思考：假如你最近结束了一段恋爱关系，并且正在与另一个人约会。在此期间，你发现你的前任正在与你的室友约会。你突然感受到一股强烈的嫉妒情绪，想要痛斥你室友。这时，你非理性的思维是这样的：

我不能允许我的室友和我的前任约会，他们约会对我来说是不公平的。尽管我已经放弃了这段恋爱关系，但我仍希望能够控制她，她现在还是我的！我的室友也没有资格做让我这么苦恼的事情，他应该知道我的感受，我的感受是第一位的。所以，他喜欢我前女友又怎样？他应该去找其他人，而不是我的前女友。如果他是我的朋友，在他的心中，我应该是第一位的。

这种思维（如果我们准确地重现）在很大程度上是无意识的。事实上，没有人会有意地拥有这种思维。不过，通过努力，我们是有可能意识到自身的这种倾向的。首先，你要认识到每个潜在的非理性感受背后都有一个非理性的思维过程。要达成这种认识，你应该首先明确自己正体验到的感受，然后追溯原因，找到产生它的思维。因此，在这个案例中，你应该能够找出引起你对室友产生嫉妒和愤怒情绪的无意识思维。

你会发现，思维通常是高度自我中心和幼稚的。这些暗含的思维正是产生负面情绪的原因。如果你能够确定影响你的情绪和行为的非理性思维，你就能通过调整非理性思维来改变情绪和行为。

简而言之，通过主动地审查、分析和重构，你就能够意识到自己的思维有多么不合理和自我中心。意识到这种非理性后，你就可以主动地使用策略性思维，用理性思维取代非理性思维，例如：

等一等——我的前女友约会有什么问题吗？我自己不也在和新女友约会吗？我的室友与我的前女友约会有什么问题吗？她没有义务在约会前征求我的意见。如果我真的关心我的前女友，我应该祝她幸福。如果他们真心相爱，我难道不应该祝他们幸福吗？如果情况反过来，我难道不希望我的前女友以这种方式对待我吗？

无论何时你产生嫉妒情绪，你都应该慎重地按照上述推理方式进行思考，反复练习直到你发现自己的感受和需求发生了积极的改变。不过我们的大多数非理性思维、感受和需求都是无意识和原始的，改变它们很难。因此，我们不应该奢望自己能够完全摒弃非理性。但是，我们可以通过将非理性思维明确化，来一点点去除自身的非理性。如果我们一点点地去除自身的非理性感受和需求，我们就有可能成为一个拥有健康情绪和需求的理性人。

现在，让我们看看在上述例子中，我们是如何从理解进步到策略，又是如何从策略走向自我改善的：

理解。 人类头脑中有三种相关的功能：思维、感受和需求。这三种功能相互依存、相互影响。

策略。 不论何时发现自己拥有非理性的感受或需求，都要尽可能找出产生这些感受和需求的思维。然后努力发展理性的思维，用它取代你在这种情境下的非理性思维。最后，当你再感受到非理性的负面情绪时，运用以下步骤在心里预演理性思维：

（1）明确地陈述这种感受和需求是什么。

（2）理解产生这种感受和需求的非理性思维。

（3）理解如何将非理性思维转化为理性思维。

（4）不论何时当你再感受到负面情绪时，反复练习取代非理性思维的理性思维，直到你感受到了理性情绪。

在第15章和第16章中，我们将简要地回顾了书中讨论过的重要概念、原则和理论，并且给出策略性思维的例子。这样做是为了描述怎样应用，以让你更好地理解。

我们希望你能对自我改善有自己的看法。简单、快乐的生活没有公式可循。和你一样，我们也在致力于解决自身思维缺陷的问题。和你一样，我们也在努力变得更加理性和公正。当然，要发展出自己的看法是很有挑战的。

像所有形式的个人发展一样，思维的发展也意味着深刻地改变根深蒂固的习惯。只有当我们成为一名理性人、对自己的成长负责时，这种改变才会发生。策略性地思考必须成为一生的习惯，我们必须用这种思维方式代替惯有的思维习惯，代替那些无意识的、自我中心的思维习惯。

你愿意让自我反省成为一生的习惯吗？你愿意成为策略性的思考者吗？你愿意找出思维黑暗角落里非理性的思维、感受和需求吗？你愿意培养自己的同理心吗？如果答案是肯定的，你会发现这两章策略性思维的内容很有帮助。

策略性思维的成分

在继续本章策略性思维的例子前，你要清楚，进行策略性思考时，你自己的思维中必须包括两个成分：

（1）识别活动的成分。你必须能够弄清楚自己的思维何时是非理性或者是有缺陷的。

（2）思维活动成分。你必须主动思考，谨慎地对待自己的思维活动。

在思维活动成分中，你必须弄清楚四种信息：

（1）现在的事实究竟如何。

（2）你对行动的选择。

（3）做出这种选择的合理性原因。

（4）当意识到自己的非理性时，推理的方式或减轻自己非理性的方法是什么。

策略性思维的开始

现在，我们考虑一些批判性思维的基本概念、原则和理论，提供这些原则中隐含的策略性思维的例子。在每个情况下，我们都从一个核心的观点开始，然后根据这个观点探索发展思维的策略。我们将通过这种正规方式来解释策略性思维。

核心理念#1：思维、感受和需求是相互依存的

如前所述，头脑包括三个功能：思维、感受和需求。这三种功能是互相依存，互相影响的。我们的思维影响我们的感受和需求，我们的感受影响我们的思维和需求，同样，我们的需求也影响我们的思维和感受。

我们不能够立刻改变我们的需求和感受，我们只与思维有直接联系。有些人会要求你去感受你没有感受过的东西，或去追求你不需要的事物，但这些都是没有意义的。我们不会通过其他感受替代的方法而改变感受，也不会通过其他需求替代的方法而改变需求。不过我们可以用一种新的思维方式来代替原有的非理性思维方式，从一个对立的角度进行思考是可能实现的。因此，我们可以通过重

新思考我们的逻辑和推理来改变我们的思维。当思维发生改变时，我们的感受和需求也随之做出改变。

策略性理念

只有对思维、感受和需求之间的相互关系有基本的理解，我们才可以注意并评价我们的感受。比如，如果我体验到自己的愤怒情绪，我就要确定这种愤怒是否符合理性。我应该通过评价产生它的思维来评价愤怒是否合理。

真的有人冤枉我了吗？或者是我误读情境了吗？

这种冤枉是故意的还是无意的？

还有其他的角度看待这个情境吗？

我是否公平地聆听了其他信息？

通过追溯思考这些问题，我能够更加理性地理解该情境。

即使我对情境的理解是合理的，我的愤怒是合理的，但考虑到情境的各个方面，我的行为不一定是合理的。愤怒是合理的，但不能因此就做出非理性的行为。

该策略简要概述如下：

（1）识别一种你体验过的非理性情绪感受（诸如非理性、怨恨、自大或抑郁的感受）。

（2）该情绪感受是由什么思维导致的？如果不止一种，弄清楚哪个思维的可能性最大。

（3）确定该思维的理性程度。密切关注你用以证明该思维合理的理由。这些理由会不会并不是实际原因？你能想到其他可能的动机吗？考虑其他的解释。

（4）如果你认为该感受是非理性的，那么，请准确地表达你得出这一结论的原因。

（5）建构该情境中的理性思维。

主动地用理性思维来取代非理性思维，反复演练理性思维。

比如，假设我阅读了一篇关于绝症的文章，通过文章对症状的描述，我认为我很有可能患有绝症，这个结论让我十分沮丧。晚上，想着自己即将死亡，我越来越沮丧。很明显，沮丧就是个非理性感受，它的非理性在于，除非医生给我做了检查，确诊我患有绝症，否则我没有理由相信自己确实患有该疾病。我的非理性思维就像这样：

我有这篇文章描述的所有症状，所以我肯定患了这个病。我很快就要死了，我的生命没有意义。这为什么会发生在我身上？为什么是我？

在相同的情境中，理性的思维会是这样：

是的，考虑到我似乎具有这些症状，我有可能患有这种疾病，但是很多时候，健康的身体也会出现同样的症状。既然如此，有可能我并没有患上这种罕见的疾病，而且这样仓促地下结论对我来说是没有好处的。还有，出于谨慎考虑，为了内心的宁静，我应该尽快去看医生，得到医生的专业诊断。在我拿到诊断之前，我应该去想其他事情，去想比未经证实的病症更加值得思考的事情。

当我发现自己因为文章内容感到沮丧时，我会在脑海反复进行理性思维，并且强烈地批评自己：

嘿，不要走极端。记住，星期一你就会去看医生。不要让自己经历不必要的痛苦，有许多原因能解释你的症状，回到现实中来。记住："并不是世上所有的问题都有解决的办法。"如果有，那就去把它找出来；如果没有，那就也不要介意。不要沉迷在痛苦中了，因为那只会降低你生活质量，百害无一益。

现在，想想下午打一场网球，晚上看一场好电影，怎么样？

通过改变非理性的需求和动机来改变非理性行为：

（1）识别问题行为（让你陷入困境、给你或者给别人带来问题的行为）。

（2）识别产生该行为的思维。产生这种行为的动机的思维是什么？

（3）分析思维合理的程度，不要遗漏任何重要的相关信息。

（4）如果思维是非理性的，发展理性思维。

（5）主动地用理性思维去代替非理性思维。

有许多例子可以用来阐述上述观点。这里让我们思考一个十分普遍的非理性行为的例子。思考这个情景，人们因为不愿意克服习惯改变过程中产生的痛苦情绪而放弃改变自身的非理性行为：

（1）人们意识到自身已经养成了很多坏习惯，并且理性地认识到必须改变这些行为。如：抽烟、酗酒、吃垃圾食品、运动不足、花太多时间看电视、浪费钱和考试之前"临时抱佛脚"等都是需要改变的习惯。

（2）下定决心改变坏习惯。

（3）在短时间内，人们确实改变了自己的行为，但在此期间，人们体验到了痛苦的情绪。这些负面情绪使人们气馁，所以人们选择放弃。

非理性的情绪感受带来痛苦和不舒服，这让人感到气馁，最终放弃改变自己的行为。这种负面的情绪感受是非理性思维的结果（可能是潜意识的），这种情况下，人们会做出这样的思考：

> 我希望改变习惯的过程并不伴随痛苦的感受，这种坏习惯已经有好多年了，改变它产生的痛苦太强烈了，我不能忍受这种强烈的痛苦。另外，我真的没有看到改变后的行为对我有多大的帮助。虽然我做出了很大的牺牲，但我并没有看到很大的进展。算了，不要去改了，不值得付出这么大的牺牲。

这种思维是不合理的，改变习惯的过程势必会有体验到痛苦和不舒服的情绪。在这种情景下，理性思维应该是这样的：

不论什么时候，只要我想改变一个习惯，我就必须做好忍受痛苦的准备。改变原有习惯对每个人来说都是不易的。但是，改变不良习惯、做出理性行动必须要忍受伴随而来的痛苦情绪。如果我不愿意忍受改变过程中的痛苦，我就不是真正地改变。与其期待没有痛苦，我不如把这种痛苦当作真正改变的信号，去欢迎它、拥抱它。不要去想："我为什么不得不忍受它？"要想："忍受这些痛苦是通往成功的必由之路。"要记住：没有付出就没有回报。

核心理念 #2：这是有逻辑的，并且你能把它弄清楚

作为一名批判性思考者，你通过在自己的头脑中建构意义体系并做出逻辑推理来弄清事情的方方面面。"逻辑"是这个系统的最大特征。作为一名批判性思考者，你能认识到学术科目是有逻辑的（化学、物理、数学、社会学的逻辑），问题也是有逻辑的（经济问题、社会问题、有争议性的问题、个人问题的逻辑）。

情境有逻辑，个人行为也具有逻辑。有外显和内隐的逻辑，也有公认的和隐藏的逻辑。福利有逻辑，和平有逻辑，攻击有逻辑，防守也有逻辑。有政治逻辑、社会逻辑、制度逻辑，也有文化逻辑等等。

人类大脑的运作方式有逻辑，权力有逻辑，统治、大众信念、宣传和操作也有逻辑。社会习俗有逻辑，道德概念和原则也有逻辑。有神学逻辑、生物学逻辑和心理学逻辑，甚至还有病理学逻辑（疾病和功能失调的逻辑）。具有批判性思维的人，要能弄清楚每一个逻辑。

我们希望你能够用思维元素去弄清事物的基本逻辑，这是获得

洞见并掌控事件的有效策略。接下来讨论的内容大体上是在个人生活逻辑范围内的。

人类生活中，多重意义系统十分常见。作为一名批判性思考者，你会发现为什么你的父母、朋友、老师和员工会以这样或那样的方式与你建立各式的联系。每个人都用自己的方式来解释生活情境。在这个过程中，他们应用了思维的八个元素。如果你能够识别出他人思维的元素，你就能够更好地理解他人的逻辑。

你可以思考以下所有内容：

- 你所交往的每个人都有自己想要实现的目的或目标。
- 每个人都有与这些目的相关的问题。
- 他们根据信息进行推理。
- 他们根据信息得出结论，但这些信息在该环境不一定都是有逻辑的。
- 他们认为一些观点是理所当然的，或做出某些特定预设。
- 他们在思维中使用某些核心理念或概念。
- 他们在某一框架内思考，这使他们难以客观地看待事物。
- 他们产生这种思维的结果和意义。

相信世上万物和人的思维都是有逻辑的，你就能理解这些事物和思维。因此，你会质疑肤浅的解释，达成更深层的理解。你会提出这些问题：

- 与你交往的人的目标和目的。
- 他们定义自己疑问和问题的方式。
- 他们做出的假设。
- 他们用来支持论证的信息。
- 他们得出的结论。

- 指导他们思维的概念。
- 他们思维当中的内在意义。
- 他们看待情境的观点。

像质疑自己身边人的思维逻辑一样，质疑你自己的思维逻辑。

策略性理念

当你能够意识到任何事情都有逻辑时，你就能对情境中的逻辑进行仔细思考。根据你的目标和目的，你可以通过不同的方式运用该原则。思考批判性思考者理解自己和他人思维逻辑时提出的问题：

（1）对目的、意图和目标的疑问。思考某人、某个群体和自己的中心意图是什么？我们会发现，思维中的问题通常是由基本目标层面的错误造成的。我们必须培养调整自身目标和目的的能力。我们必须清晰地知道自己和他人的目的，并且审慎地对待自己和他人的目的。

（2）对问题建构、难题提出和争议表达方式的疑问。在这种情境下应该强调哪些问题？应该提出的关键问题是什么？我们会意识到，被错误概念化的问题得不到妥善的解决，被误解的问题也无法找到答案。同时，我们需坚持当前问题，明白在有效处理争论中的问题之前，不偏离正题是很重要的。要注意其他人没能坚持的问题情境。

（3）对信息和信息来源的疑问。为了弄清楚正在发生的事情，我们需要收集哪些信息？能够从哪得到这些信息？如何检验这些信息？其他人使用什么信息？他们的信息准确吗？与争论相关吗？我们会意识到，如果我们缺乏有效应对问题所需要的信息，我们的推理效果会大大削弱。同样，我们也很清楚在推理中使用不正确信息会带来怎样的问题。

（4）对解释或结论的疑问。该情境有什么重要的解释、评价和结论？我们得出了什么结论？其他人得出了什么结论？要清楚解释情境的方式不止一种。在解释情境时，需要考虑多种方式，权衡各种方式的优缺点，然后再得出结论。同时，我们也要评价其他人的结论。

（5）对假设的疑问。什么被人们视作理所当然的？存在合理的假设吗？在该情景中，怎样假设是合理的？假设通常是无意识下做出的，因此很难被意识到。我们要能够识别并纠正有缺陷的假设，同样准确地评价他人使用的假设。

（6）对使用概念的疑问。该情景中使用了什么主要概念？这些概念有哪些意义？在该情境中应该理解的重要概念有哪些？我们要清楚，我们思考时都会使用概念，并且我们使用概念的方式是由我们的思考方式所决定。因此，我们必须密切关注自己和他人使用概念的方式。

（7）对考虑观点的疑问。情景中考虑了哪些观点？一些与理解该问题相关的观点是否没有被考虑到？我们会意识到，良好的推理需要考虑多种看待事物的方式。因此，重视从多角度思考问题的价值。

（8）对意义的疑问。我们的推理可能带来哪些结果和意义？有哪些积极的意义？又有哪些消极的意义？如果将两个结论进行比较，会带来哪些意义？我们发现，不论何时，推理都会产生意义。因此，我们需要仔细思考我们和他人的推理或结论会带来哪些潜在后果和意义。

通过上述方法，我们可以理解自己和他人思维的逻辑。要实现这种理解，下面这个例子会提供很大帮助。设想一个人，她日常生活的思维逻辑是：

简单快乐是幸福的关键：睡觉、把玩花草、散步、享受大自然、讲笑话、听音乐和读书。寻求满足生存需要之余的权力和金钱是没有意义的。不要试图去改变世界，因为不论你做什么，都不会有多大的变化。位高权重的人时常会腐败，总是会用他们手中的权力来伤害他人；而普罗百姓又总是慵懒且不负责任。不要卷入他人的事务中，这能避免流言蜚语。

不要为他人的事情担心。不要担心不公正，不公正的人自然会自食其果。对一切事情处之淡然。不要对自己太苛刻，要时常拿自己开玩笑。要避免和他人产生冲突，做好分内工作，珍惜你的朋友，因为朋友会在你需要的时候陪在你身边。

任何想要说服这个人积极主动参与社会、政治和道德活动的行动都是徒劳的。如果你理解她思维的基本逻辑，你会发现，她的回应永远都是一样的："你不能与政府作对，不要为政府的事情操心。你要避开冲突，你不可能做出任何有益的事，一意孤行很可能对自己造成伤害。"

这种思维逻辑的意义有积极的一面，也有消极的一面。从积极的一面看，这种思维会让这个人比其他大多数人都能更好地享受生活，因为她总是将他人眼中稀松平常的事件看作快乐高兴的事。远望窗外树枝上的鸟儿，这样一个简单的举动就能让她心生温暖。而从消极的一方面看，她认为自己对任何掌控之外的事情是没有道德责任的，这种思维模式让她对那些与自己没有直接联系的人漠不关心。尽管她读书，但是只读小说，读小说也只是为了消遣娱乐。

现在，让我们通过考察其内在思维元素来评价该思维的逻辑：

（1）这个人的主要目标是享受生活，避免卷入任何痛苦之中。这个目标的前半部分是完全正当的，因为人们有权利享受生活。但是后半部分值得怀疑，我们可以从不同的角度思考这一目标。一方面，当自己和与自己有关的人遭受不公正对待时，她认为有义务去帮助遭受不公正待遇的人；另一方面，如果是与她无关的人遭受不公待遇，那么她会认为自己没有义务去帮助这些遭受不公的人。

（2）这个人关心的主要问题是：最大限度地享受生活，避免卷入家庭和工作之外的任何问题。如上面对目标的分析一样，从不同角度评价这个问题。

（3）这个人在追求自己目标的过程中使用的主要是与日常生活直接相关的信息。这种信息是合理的，因为它可以帮助思考者实现她的目标。但是，她并没有使用那些客观公正的信息（关于努力改善环境的信息、关于友好行为可以帮助人们的信息，等等）。

（4）这个人在思维中使用的主要假设是：每个人都可以生活得简单、快乐，这比获得社会赞扬更为重要。在权力的世界中，没有什么是可以真正改变的。只有家人才可以对我们提出道德要求。类似地，假设的前半部分是合理的，而中间部分是不正确的。即使权力结构很难改变，但是辛苦付出确实也能够带来一些改变，支持这一观点的例子很多。至于假设的最后部分，如果她遭遇不公，她希望能帮助她的，不仅是她的家人，而且包括她所称的外人。因此，在这里她可能存在的无意识假设是："如果我遭遇不公正，希望有人会帮助我走出困境，我有权利受到公正的对待。"

（5）这个人在思维中使用的一些主要概念或原则是：最佳的生活方式是享受生活中的简单快乐。不论你做什么，你都不能和政府作对。不道德的人会遭受自然法则的惩罚。第一条"简单快乐"的概念应用是合理的，这帮助她享受生活中的小乐趣，欣赏日常生活中的简单快乐。第二条原则"不能和政府作对"是不合逻辑的，因为勤勉和毅力能够促进制度的改善。第三条"自然法则"的原则也是不合逻辑的，因为许多做出不道德行为的人并没有遭受任何惩罚，反而给无辜的人带来了痛苦和折磨。使用这个理念，她证实了自己不去改善世界的非理性行为是合理的。

（6）这个人得到的主要结论是：忠于自我和家人，沉醉于自己喜欢的事情中，珍惜每一分钟时间来欣赏生活中的细微欢乐，我可以很好地享受人生。综合考虑她在思维中使用的信息，她得出这样的结论是非常有逻辑的。但是她没有考虑减少不公正现象的道德义务信息，她的结论认为自己对家人以外的人没有道德义务。

（7）这个人的观点是：每一天都是简单、充满乐趣的，并且认为自己只对家人有道德义务。这个人只关心自己和家人的观点，而不关心其他人的观点。

（8）这个人思维的主要意义是，拥有这样的思维可以让她享受生命中许多细小的快乐，但是却不会促使她承担社会责任。这个人只关心欢乐生活，不关心自己可以做些什么来改善这个世界。

核心理念 #3：进行定期评价，提高思维的质量

拥有批判性思维的人会定期进行自我评价，寻找思维中缺陷，提高自己思维的质量并不断改善自己。作为一个理性的人，我们要不断改善我们的思维——不仅要思考，还要批判性地审视我们的思维，定期地用思维标准来审查自己的思维。也就是说，我们需要不断进行清晰、精确、准确、相关、符合逻辑、广泛、深入以及合理的思考，我们还需要掌握如何用这些标准定期审视自己的思维。

策略性理念

作为一名批判性思考者，我们需要定期使用思维标准来审查我们的思维，评价并改善我们思维的质量。看看真正的批判性思考者是怎么做的：

- 关注思维的清晰度。我清楚自己的思维吗？我能够清晰地将我的思维表述出来吗？我能清晰地描述它吗？我能清楚地给出具体的例子吗？我能用类比或暗喻来描述我的思维吗？别人表述的思维足够清晰吗？我需要询问他们思维中的

要点吗？我需要他们详细阐述吗？我需要他们举例描述吗？
- 关注思维的精确度。我提供了足够多的细节让人完全理解我的意思了吗？我需要更多的细节和特性吗？
- 关注思维的准确性。我使用的信息是准确的吗？如果不确定，我如何检查它们的准确性？我如何检查本书中信息的准确性？
- 关注思维的相关性。我的观点与当前问题有多大关联？我的解释与他刚刚所说的是如何联系的？他的问题与我们正在讨论的问题是如何联系的？
- 关注思维的逻辑性。在当下情境中，考虑到收集到所有的信息，我能得到的最有逻辑的结论是什么？或者还有哪些有逻辑的结论？我不确定他的结论是否符合逻辑，但其他可行的结论是什么？有其他更有道理的结论吗？该结论会带来怎样的后果？
- 关注思维的广度。在得出结论前，我是否还需要考虑其他的观点？在仔细考虑该问题时，我还应该考虑哪些观点？
- 关注思维的深度。该问题有多复杂？我是否不经意间用了一种肤浅的方式处理复杂问题？我如何深入挖掘情景，处理其中最有问题的内容？
- 关注思维的合理性。他的目的是合理的吗？考虑到情景因素，我的目的是合理的吗？或者，是否有自相矛盾的地方？他是如何使用信息的？他是否无意歪曲或者夸大了信息的含义？

| 第 16 章 CHAPTER 16 |

策略性思维：第二部分

正如第 15 章所述，策略性思维包含以下过程：
（1）理解核心理念。
（2）发展基于该理念的行为策略。

本章将讲述批判性思维发展最为重要的障碍——自我中心。第 15 章介绍了前三个核心理念，所以我们从核心理念 #4 开始。

核心理念 #4：自我中心是默认的心理机制

人类的心理是具有二元性的：一方面，人类具有非理性的本能倾向；另一方面，又具有追求理性的能力。为了有效控制我们的思维，使我们的思维趋向理性，我们必须有能力去①监控自我中心和非理性倾向，并且②用理性来制衡非理性倾向。

有自我中心倾向的我们并不关心他人的权利或需要，没有道德底线。只有经过恰当的发展，我们才能发展出理智、逻辑和有道德的理性。这种理性能够调整我们的思维，同时又能提升我们的道德责任感。它是一种结合了思维技能和公平性的思维整合模式。然而，当我们的理性尚未充分发展或者没有被充分使用时，我们与生俱来的自我中心就作为一种默认的心理机制起作用了。如果我们不控制它，它就会控制我们！

策略性理念

对我们来说，只有充分了解个体的自我中心倾向，我们才有充分的能力来制衡它。我们越是了解个体的自我中心，就越能在自己身上找到它，也就越能够去除这种自我中心倾向。实现摒弃自我中心这一目标，就要培养对自己思维逻辑进行分析的习惯。在接下来的例子当中，让我们看看批判性思考者是如何应用这一策略的：

（1）能够分析自己的目标和目的。在该情境中，我真正追求的是什么？我的目标合理吗？我是善意做出的行动吗？我是否有任何不可告人的目的？

（2）质疑自己定义问题的方式。我提出问题的方式合理吗？我是否借由提问的方式给予不同问题有偏的权重？我提出问题的方式是不是一种自我服务式的？我的提问是否仅仅为了追求自己的私利？

（3）评价思维的信息基础。我思考的信息基础是什么？该信息的来源合理吗？我需要考虑其他来源的信息吗？我是否考虑了所有相关信息，还是我仅仅考虑了支持我观点的相关信息？我是否以自我服务的方式歪曲了信息，有意地夸大了一些信息，同时又忽略了另一些相关信息？我是否犯了自我中心的错误，拒绝检查一些信息的准确性？我担心如果信息不准确，我就不得不改变我的观点。

（4）重新考虑自己的结论或解释。我是否为了自身利益而得出了一个逻辑错误的结论？我是否仅仅因为自己的意愿，就拒绝以更符合逻辑的方式看待问题？

（5）分析在思维中使用的理念或概念。我是如何使用基础理念的？我是否使用了正确的专业术语，或者我是否为了自身利益而偏向或误用一些语言？

（6）识别并检查自己的假设。我假设或者认为理所当然的事情是什么？这些假设合理吗？它们是自我中心的吗？我在自己的思维中做出自我中心的假设了吗（例如，"每个人都总是责备我""生活应该没有问题""我什么也不能做，我被困住了"）？我对他人的期待合理吗？我是否使用了双重标准？

（7）分析自己的观点。我是否固执地坚持自己的观点？是否拒绝考虑其他相关观点？我充分考虑他人的观点了吗？还是仅仅是"听"却没有听进去别人说什么？换句话说，我是否真正地尝试从他人角度理解情境，还是仅仅想赢得一场争论？

（8）思考思维产生的意义。我是否仔细考虑了我思维和行为的意义或可能的结果？我是否拒绝考虑思维带来的结果和意义（因为这样我就必须改变自己的思维而更加理性地考虑情境）？

现在让我们看一个例子，这个例子中的主人公用理性思维发现并制衡了非理性的思维。接下来就是例子情境中的思维片段。编号1～8对应于上面8个策略。

情境如下：

> 星期五晚，我和女朋友在音像店选择要看的电影。她想看爱情片，而我想看动作片。我给了她所有我能够想到的动作电影更好的理由。但是我发现，我仅仅是想让她遵从我的意见。在我陈述所有支持我的理由的整个过程中，我心里都在暗想："我要看动作电影，我不喜欢爱情片，我不要看爱情片。另外，因为是我埋单，所以我应该有选择权。"

（1）在该情境中，我的目的是说服女友接受我喜欢的动作片。我意识到我的目的是自我中心的，因为当我回想这些理由时，我发现这些理由一点也不比女友的好。我真实的目的是看动作片。

(2) 我提出的关键问题是："我需要说些什么来说服（或者真正地操纵）她支持我的电影选择？"我现在意识到这个问题是自我中心的，因为我的信念对任何人特别是我爱的人是不利的，这是不道德的。我的问题完全是自私的，它意味着我不在意我女朋友的需要。

(3) 我在推理中使用的关键信息是：我为电影埋单，以及其他说服女友的信息。通常我通过经验来获得这些信息，比如，我知道如果我足够坚持，她就会支持我，因为她希望我开心。我知道如果我说出这些理由，她最终是会选择动作电影的，我的理由通常会说服她。现在我回想起来，我不知道她是真的喜欢这些电影，还是她只是想让我高兴。我知道我使用这些信息的方式是自我中心的，因为我没有去思考支持她选择爱情电影的信息，只关注了支持我的信息。我没有注意到自己可能遗漏掉支持她立场的相关信息。

(4) 我得到的主要结论是：我们应该选择我喜欢的电影，她很可能也会喜欢它。我意识到这些结论是非理性的，因为它们完全是出于我的自私，只能够让我对看动作电影这件事感觉良好。

(5) 我在思维中使用的关键概念是操控，因为我的主要目的是操控她支持我，并且使用的原则是"谁为电影埋单，谁就应该有权选择我们要看的电影"。我意识到自己的这些概念和原则是不正确的，因为它们完全是为自我服务的，导致我以不道德的方式行动。

(6) 我在思维中使用的主要假设是："如果我能够有效地说服我的女朋友，我就能得到自己想要的。如果我的女朋友表现得好像她喜欢动作电影一样，她就确实是喜欢它们。谁为电影埋单，谁就有选择的权力。"我意识到这些假设都是自我中心的，并不是以合理的推理为基础的，它们能够证明我的行为是不道德的。

(7) 我进行推理的观点是将我女朋友看成容易被说服和操控的人，并且我还认为自己享有选择电影的权力，因为埋单的人是我。

我意识到这些观点都是自我中心的,因为我知道对所爱的人不诚实是错误的。

(8)我的思维带来的结果和意义就是我能够说服操控女友,但是她有可能对我的电影选择感到愤怒。因为我坚持自己的选择,她就不能看爱情电影。我意识到如果我理性地思考和行动的话,就不会出现这些结果。如果我富有理性的话,我会以尊重女朋友愿望的方式思考和行事。看爱情电影,并且让她知道我愿意为她做些事情,而并不总是期望她为我牺牲,她就会更加珍惜我们在一起的时光。

核心理念 #5:审慎对待我们周围人的自我中心

因为人类在本质上是自我中心的,并且很少有人知道如何制衡自身的自我中心,因此识别我们周围人的自我中心就显得很重要。不过我们必须承认,即使是高度自我中心的人,有时也会理性行事,所以我们必须注意不要形成刻板印象。同样,每个人都会有非理性的时候,所以我们必须以开放的、切合实际的方式评价他们的思维和行为。当我们理解了自我中心的思维时,当我们能够准确地识别他人自我服务的模式时,我们就能够制衡这种自我中心。

我们要对制衡自己的非理性和制衡他人的非理性进行区分。对于他人,我们必须学会沉默,换句话说,我们要将自己和非理性的人拉开距离,或者去间接地处理他们的自我中心。很少有人会对我们指出了他的自我中心表示感谢。人越是自我中心,就越拒绝承认自己的自我中心。自我中心的人拥有的权力越多,他们就越危险。作为一名批判性思考者,我们要学习如何更好地应对他人的非理性,而不被他们所控制或操纵。

当非理性主导人们的思维时,人们会发现很难站在他人的角度进行思考。人们会无意识地拒绝考虑与我们自我中心观点相违背的信息。人们会无意识地追逐不正当的目的和目标。我们的假设也是根据自身的偏见做出的。人们总是无意识地自欺，拒绝发现自身的自我中心。

另一个与应对他人自我中心相关的问题是我们自己的自我中心倾向。当我们与自我中心的人交往时，我们自己的非理性天性很容易被激起。或者更为通俗地讲，我们的自我中心按键很容易被按下。当他人以自我中心的方式对待我们、侵犯我们的权利或忽视我们正当的需求时，我们自身与生俱来的自我中心很可能会被启动来保护自己。在这种争斗中，自我中心遇见自我中心，这里，每个人都是输家，没有赢家。因此，在应对他人的自我中心时，我们必须能够觉察自己的自我中心，并用恰当的理性思维来应对它。

策略性理念

一旦我们清楚人类的自我中心是与生俱来的，并且大多数人都没有意识到自身与生俱来的自我中心时，我们就会知道我们在任何场合都在处理和应对这些非理性的自我中心。因此，我们可以质疑他人是否提出理性的理念，是否追求理性的目标以及是否以非理性的动机行事。我们能够觉察出他人的错误观点。我们会仔细地观察他们的行为，确定他们行为的实际的意义。

我们知道我们自身的非理性很容易被他人的非理性行为唤起，因此我们必须要谨慎地观察、评价自己的思维，确保自己理性地应对他人的自我中心。我们要密切监视自己自我中心的思维，当觉察到它的存在时，要采取行动制衡它，尽最大的努力去除它。当我们意识到自己在应对一个人的非理性时，我们要尽最大努力不让这个人的自我中心唤起我们的非理性天性。

要避免被他人的非理性影响，策略上讲，最好是尽可能避免与高度自我中心的人接触。当我们发现自己深深地卷入了与这类人的交往中时，应该寻找方法脱离这种人际交往。而当脱离不可能实现时，我们应该将交往减到最少，或者以能最小限度唤起他们自我中心的方式来行动。

了解到哪些条件下他人可能产生最高限度的自我中心反应，我们就可以将一个人的自我中心唤起降到最小。能够唤起他人自我中心的情景主要是人们感觉受到威胁、羞辱或者严重涉及利益和自我形象。从他人的观点进行思考，我们就可能预测我们周围人的自我中心反应。这样，我们就可以通过调整自我反应来回避掉他人自我中心的影响。

核心理念 #6：人们倾向于做出超出个人经验的概括

著名的儿童心理学家让·皮亚杰在研究儿童时，得到一个重要发现，即儿童倾向于过度概括自己的直接感受。如果一些好事发生在他们身上，对他们来说，整个世界都变得美好了；如果一些坏事发生在他们身上，对他们来说，整个世界都糟糕透了。他把这种现象称为直接的自我中心。

然而，皮亚杰没有强调的是，许多成人思维也有相似的反应模式。用长远的眼光看待世界对每个人来说都不容易做到。因为我们的即时（情绪的）反应要保持看待事物的恰当角度是不容易的。

生活中某一情境和事件的负面性常常会带来广泛的负面影响，这种负面性有时甚至会在我们整个生活中投下阴影。不论发生在我们身上的是负面还是正面事件，过分悲观主义还是愚蠢乐观主义，这些不合理的想法总会主导我们的思维。我们能够迅速地从生活中一两件负面（或正面）事件上跳到认为我们生活中一切都是负面（或者正面）的想法上。自我中心的负面思维很容易带来放纵和自怜，而自我中心的正面思维很容易导致不切实际的自满。

甚至一个国家都可以通过一件积极事件就给自己贴上不切实际的自满的标签。1938年在英国，张伯伦（Neville Chamberlain）

带着与希特勒达成的协议从慕尼黑回到伦敦,他宣布:"我们的时代是和平的!"大多数英国人洋洋得意地庆祝获得了希特勒的承诺,但却没有考虑到希特勒一贯食言的事实。整个英国陷入了一种由直接自我中心带来的全国性狂喜状态。

丘吉尔表达了对希特勒让步的怀疑,但像这样理性的声音被视作杞人忧天,因而被毫不留情地弃置一边。但是,丘吉尔的怀疑是从长远、实际的眼光来思考整个事件的。

思考悲观主义者每天所必须要面对的问题。早上醒来,他们不得不处理一些意料之外的琐事。随着他们处理的"问题"增多,生活中所有的事情都开始显得负面起来,渐渐地,坏事像滚雪球一样越滚越大。这一天结束时,他们已经看不到生活中任何积极的事了。他们的思维(通常是隐性的)是这样的:

所有事都很糟糕,生活不公平,我身上从没有发生过任何好事。我总是不得不应对问题,为什么发生在我身上的事都这么糟糕?

一旦这些想法主导了他们的思维,他们就失去了用理性思维制衡负面思维的能力。他们看不到生活中的美好事物,他们的自我中心思维让他们看不到更加实际、积极的事实。

策略性理念

如果我们在自我中心的负面作用开始主导我们思维之前就能够理性地思考,那么我们就能减轻这种负面作用的影响甚至根除它。首先,这要求我们了解直接的自我中心。然后,在自己和周围人的生活中找到直接自我中心的例子。

接着,我们要列出一张丰富且全面的生活事实的清单。摒弃自我中心,以理性思考的角度列出这张清单是很重要的。

不论事件积极还是消极,我们都要以长远的视角给予事件恰当的考量。我们必须确定我们最为重视的事情,必须形成长远的历史的视角，必须以正确的价值观和长远视角来看待问题，必须摒弃片面的、过分概括化的自我中心。当我们头脑中形成一个看待问题的完整"大图"思维框架时，那些不重要的事情就不会因为我们的偏见和错误信念而被不成比例地放大。

当我们感受到自己存在直接的自我中心倾向时，我们要主动地以理性思维来制衡它。我们要对自己的思维进行推理，指出思维中的缺陷，识别我们忽略的相关信息，找出我们歪曲的信息，检查我们的假设，并思考我们思维产生的结果。

简而言之，通过在头脑中形成一幅深刻全面的"大图"思维框架，通过在日常生活中尽可能全面地考虑观点，我们能够将自己的直接自我中心倾向减到最小。我们可以有效地分析我们生活中事件的重要性，进而无论在大风大浪的生活海洋中，还是在琐碎平静的日常湖面上，我们都能掌握好正确的人生方向。

核心理念 #7：误把自我中心思维作为理性思维

人类难以识别自我中心思维的首要原因是，它常常以理性的样子出现。没有人会对自己说："我应该非理性地思考这一问题。"当我们处于非理性状态时（比如非理性的暴怒状态），我们通常会感到愤愤不平并认为受到不公平的对待。自我中心思维以各种各样的方式蒙蔽我们，它让我们自欺。

我们总会认为自己是理性的——我们的感受似乎完全是合理的，我们的思维似乎没有任何漏洞，我们没有任何理由去质疑自己的思维，我们找不到任何理由以不同的方式行事。我们总是很难意识到自身的自我中心是非理性的，当这种自我中心能够让我们实现自己的目的时尤其如此。

策略性理念

一旦我们意识到自我中心思维常常以理性思维的形象出现，一旦我们用自己生活中的例子来证实这一事实时，我们就能够做出改变了。我们能够学会预测自我中心的自欺，之前我们需要觉察这种自欺的线索。比如没有真正思考反对观点、对反对者形成刻板印象、忽视相关的证据、情绪化地反应，以及为非理性的行为找借口，等等，都是我们应该注意的线索。思考下面这些例子：

情境1：你正开车去学校。马上要开过去时，你才注意到出口匝道。这时，你突然转弯驶向匝道，这让后面的司机防备不及而突然停车，他向你鸣喇叭大吼，你又吼回去。而另一辆车又突然变道，迫使你突然停车，你又向他鸣喇叭大吼。

在这件事中，你心里感到自己的行为是"公正"的。毕竟，你要准时到达学校，你并不是有意想阻碍谁的行驶，而且另外一个人也没有权力阻碍你。我们自欺时，经常使用这种过分简单化的思维：我们忽略否定自己观点的证据，并且强调支持自己的证据。因此我们不会体验到负面的情绪，并且认为自己的思维、感受和行动是公平的。

情境2：你考试考得很糟，回到自己的房间后，你发现你室友在很大声地播放音乐并跟着唱歌。你说："我们就不能安静一会吗！"你的室友说："你怎么了？"你摔上房间的门，闷在屋里一个小时，特别沮丧、愤怒。过了一会儿，你走出房间，发现室友正在和一个朋友聊天，他们没有理你。你说："好吧，你们俩对我可真是友好！"摔上门，你走了出去。

有时在这种情况中，冷静下来之后，我们会从自己的直接自我中心中恢复过来。但是在现实情景中，我们感到自己的愤怒和沮丧是正当的，自己是公正的，从而我们会强化自身的愤怒，发现自身的委屈并将其任意夸大，却感受不到自己的自欺。

理论上，我们有能力发现自己何时在自欺以及何时在歪曲事实。我们能够培养自己以下这些行为习惯：

（1）从我们自己和与我们意见相左的观点出发来全面分析事

件。和他人交谈时，我们可以通过解释自己对他人观点的理解来审视自己。

（2）不论何时，当我们感到自己完全正确、反对我们的人完全错误时，都要对自己对问题的解释持怀疑态度。

（3）当我们受强烈情绪的影响时，推迟对他人和事件的评价。直到我们可以冷静地质疑自己，并且相对客观地看待事实时，再做出评价。

核心理念 #8：自我中心思维是自动发生的

和理性思维不同，自我中心思维以高度自动的、无意识的方式起作用。基于原始的、"幼稚的"思维模式，自我中心思维程序化且机械式地对情境做出反应。因此，我们必须承认，在我们有机会回避或制止它之前，它已经出现并运作起来。它坚持，它回避，它拒绝，它压抑，它合理化，它扭曲，它否定，它为其他事物做替罪羊……一眨眼的工夫内，它就能完成所有这些，且完全没有意识到这些都是自欺的把戏。

策略性理念

因为我们知道，非理性思维以可预测的、程序化的和自动的方式起作用，我们要想成为对自己思维中自我中心机制的观察者，就要观察思维的机械动作并主动地将无意识水平下的思维活动提高到有意识的水平。就像皮亚杰要求的那样，在我们发展成为批判性思考者的初期阶段，努力将思维活动带入到意识水平，通常会表现出事后诸葛。不过，通过一段时间的练习之后，我们就可以敏锐地意识到自我是如何起作用的，我们就可以用理性思维活动阻止自我中心思维。

比如，正如核心理念 #7 当中提出的，我们要能够识别我们的思维何时倾向将事件合理化，并且熟悉我们倾向使用的合理化方式。比如，"我没有时间做这些"是一个普遍使用的合理化方式。不过，记住"对于重要的东西，人们总是有时间"，我们就可以很好地限制这种合理化方式的使用。紧接着，在识别之后，我们要面对事件的实际情况，上述例子的实际情况是"我不愿意为此留出思考空间"，也可能是"我知道它很重要，但只是通过说'我没时间'来自欺"。

经过一段时间的训练，我们能够注意到我们何时会否定一些重要事实。我们开始能够注意到我们何时会拒绝思考一些事实，而不去开放、直接地应对它。我们能够识别自己何时会自动地用不诚实的方式思考，来避免继续寻找问题的解决方案。

理论上，我们能够分析自我中心思维这一自动模式。最为重要的是，我们能够学会在意识到自己的这种非理性倾向后，主动施加干预，以积极摆脱非理性的思维。简而言之，我们能够拒绝受到原始需求和思维模式的控制，能够主动地用理性思维来取代自动的自我中心思维。

核心理念 #9：我们经常通过控制或顺从来谋取权力

当人们非理性地思考时，人们会通过控制或顺从行为来实现自身的目标。换句话说，当处于自我中心状态时，我们会试图通过控制或顺从他人来获得他人的支持以达到我们的目的。欺凌弱小（控制）和卑躬屈膝（顺从）在本质上是不易察觉的，在人类生活中，这两种行为很常见。

权力本身并不是坏事。我们都需要一些权力来实现我们的理性诉求。但是在人类生活中，人们通常把权力本身作为目标来追求，或者利用权力来达成不道德的目的。自我中心的人或者社会中心的群体要获得权力的典型方法：一个是控制更加弱小的人或群体，另一个则是向更有权力的人扮演顺从的角色。人类许多历史都可以用来说明这两种被个人和群体使用的自我中心的方法。通过观察个人行为的这两种模式，我们可以更深地理解个体行为。

尽管不同的个体会对这两个行为模式有不同的偏向，但是每个人都在一定程度上使用所有的两种模式。比如，一些孩子向父母扮演顺从的角色，同时又会欺凌其他小孩。当然，当一个更强壮的欺凌者出现时，这名欺凌者通常会顺从更强壮的人。

我们并不容易觉察我们的控制和顺从行为。比如，人们参加滚石演唱会是为了享受音乐，但是有一些观众表现出的行为通常是高度顺从的（崇拜的、追星的），甚至会有许多人扑倒在名人脚下，通过附于名人来获得自己的重要性。相似地，体育迷经常神化、理想化他们的英雄，对他们来说，这些英雄比生命更重要。如果他们的队伍或英雄成功了，他们也会感受到成功并拥有更多的力量。他们会说"我们真的彻底击败了他们"，其实这句话的意思是："我像我的英雄一样重要、成功。"

理性的人可能崇拜他人，但不会理想化、神化他们。理性的人可能有自己的组织，但不会在组织中受他人控制。他们不期望他人盲目地顺从自己，也不会盲目地顺从他人。尽管我们都不能完全实现这种理性理想，但批判性的思考者会不断地向这个方向努力。

顺便说一下，传统的男女性别角色需要男性控制女性，女性对男性顺从。女性通过附属于有权力的男性来获得自身的权力，男性在对女性的控制中展现权力。这种传统的男女关系在当今还没有消失。比如，许多媒体仍然以传统的性别角色来描绘男女。因为受一些社会的影响，男性倾向于表现出更多的控制、更少的服从，而女性倾向于更加服从，这在亲密关系中尤为明显。

策略性理念

如果我们意识到自我中心的控制和顺从在人类生活中的作用，我们就能够观察自己的行为，确定我们何时在非理性地控制或顺从于他人。当我们理解自我中心是人的本能，意识到要识别控制和顺从的模式时，我们就要审慎地检视我们的思维。通过反复练习，我们就能觉察自己和他人的控制和顺从模式，就能够注意到上司、朋友、父母行为中非理性的控制和顺从倾向。

简而言之，我们对人类生活中控制和顺从的模式了解得越深，我们就越能够在自己的生活中觉察到它们。而只有我们觉察到它们的时候，我们才能够采取行动改变这些行为。

核心理念 #10：人类的社会中心倾向是天生的

我们除了有天生的自我中心倾向外，还很容易卷入社会中心的思维中。群体给我们带来安全感，能够让我们内化并且不假思索地遵守它们的规则、命令和禁忌。在成长的过程中，我们会遵从许多群体，同龄群体特别能影响我们的生活，我们会无意地接受该群体的价值观，相信"如果我们相信它，它就是真的"。

我们不仅会接受我们所属群体的信念，还会依照这些信念行事。比如，许多群体观念在本质上是违反自然规律的，会带来许多不合理的行为。比如，一些年轻群体将群体成员对外人的侮辱作为权力和勇气的象征。

除了我们直接从属的群体之外，我们还间接地受到体现我们社会成员身份的宏观社会的影响。比如，在资本主义社会，占统治地位的思维是：人们应该尽可能多地赚钱，以及社会中存在的巨大贫富差距是正常的。

又比如，社会中大多数公共事件的提出和解决方案都由新闻媒体做出的，这造成人们通常根据过分简单的媒体思维来思考复杂问题。就像媒体的报道让许多人相信要"对犯罪采取强硬态度"一样，简单的思维取代了处理复杂社会问题的合理方式。

好莱坞电影中对生活的描绘也会对我们看待自己和生活问题的方

式产生重要影响。社会中心倾向的影响能够公然地在社会生活各个水平上发挥细微的作用。现代社会中普遍存在许多社会中心的力量。

策略性理念

人类天生是社会中心倾向的。我们通常会认为，因为我们是群体成员，我们的行为必须要反映我们所属群体的规范和禁忌。我们都在不同程度上不加鉴别地遵守我们群体的规则和期望。当我们能够意识到这些时，我们就能够对这些规范进行批判性的分析和思考，并理性地思考群体的期望是否合理。

当我们识别出群体中的非理性期望和要求时，我们就能够拒绝遵守这些要求，就能够调整自身的团体成员身份，加入到更加理性的团体中。我们也能够主动创造新团体，创造重视正直和公平、重视成员思维的独立性以及重视共同努力实现该目标的团体。

或者，我们也可以将自己所属的群体最小化来减少自己的社会中心。我们要审慎地对待大众媒体的传播和报道，抵制媒体的简单化思维。简而言之，通过深入理解社会中心思维，我们能够控制群体对我们的影响，并能显著地减少这种影响。

核心理念 #11：理性的发展需要练习

理性能力获得重要发展会花费数年时间。现代社会中流行的"现在就不可或缺"的观点阻碍了人类能力向更高水平的发展。想要发展自身的理性是没有捷径可以走的。想要更擅长于推理和应对复杂的问题，我们必须坚持练习。就像垒球运动员必须一遍遍地练习跑位才能在比赛中表现出精湛的球技一样，批判性思考者必须不断地练习才能掌握批判性思维。

策略性理念

了解到日常练习对于我们理性能力的发展是非常重要的，我们必须养成不断追求理性发展的习惯。我们必须能够识别自我中心倾向，并且不断减少这种自我中心倾向对我们思维的影响。当我们发现我们经常根据自私的本性来做出决定时，我们就能够用同理心、用替代观点来对这种自私进行制衡。

我们要培养自己经常评价自身思维清晰度、准确度、逻辑性、重要性、广度、深度以及合理性的习惯。比如，要想培养我们评价自己思维清晰度的习惯，我们就要定期地详细阐述自己的观点，向他人陈述观点时要给出的具体例子。同时，我们也要要求他人在陈述观点时，详细阐述并且举例说明他们的观点。要养成运用思维标准评价自己的习惯，定期反思自己以确定自己是否形成了这些习惯，以及确定我们的思维发展程度。

小结

批判性思维能力的培养（批判性思考并且不断寻求能力提高的思维）以两个相互重叠但是却截然不同的原则为前提。首先，我们必须对我们思维的运作方式有深入的理解。与批判性思维有关的概念、原则和理论是本书着重探讨的焦点。然而，仅仅知道这些概念、原则和理论是不够的，我们必须将他们内化为自己的一部分，必须能够熟练地运用他们。没有理解和内化的概念、原则、理论对我们来说没有一点儿用处。

其次，真正的策略性思维要求从理论水平上获得原则和理念，并在实践水平执行这些理论原则来不断改善我们的所思、所行和所想。在你思考自己的思维和行为时，要注重将掌握了的批判性思维的重要理念带入到现有思维、改善行为的方式。将抽象的概念理解发展到应用理解来改善生活是我们应该达成的最终目标。只有当你开始策略性地思考时，你的思维品质才会得到显著地改善。

| 第 17 章 CHAPTER 17 |

成为一名高级的思考者：总结

在学习任何一种技能时，反复练习都能带来进步，并且是持续进步。本书中的内容为训练批判性思维提供了丰富的练习和参考。要养成批判性思维，我们必须参考这些方式进行反复练习。运用本书中提供的参考技能和工具，反复练习，最终成为一个高级的思考者应该是读者阅读本书的目标。

高级的思考者能够形成分析自己思维的习惯，会在更深层的思维水平上理解观点，能够控制个体与生俱来的自我中心和社会中心倾向，而且能够做到思维上的谦虚和持之以恒。

练习批判性思维

高级的思考者是会系统审查自己对概念、假设、推理和观点的思考的人。换句话说，对那些有批判性思考能力并且定期剖析自己思维的人，高级的思考者是他们发展的第 5 个阶段。那些注重培养自己思维清晰度、准确性、精确性、相关性、逻辑性和合理性的人也是高级的批判性思考者。

高级的思考者具备的一些重要特征是：

- 理解思维在自己生活中扮演的重要角色。
- 理解思维、感受和需求之间的密切关系。
- 自己需要对思维、感受和需求做定期监控。
- 有效使用一系列改善自己思维的策略。
- 定期批判性的思考自己的习惯。
- 坚持发展新的思维习惯。
- 注重思维的完整性。
- 审慎对待生活中的不一致和矛盾。
- 有同理心，与他人换位思考。
- 有勇气直面产生负面情绪的思维。

阶段 5　高级的思考者

练习阶段和高级阶段有明显的持续性。没有一条明确的分界线清楚地区分这些阶段。然而，简要地说，当我们发现自己能够很好地掌握理性生活规则时，我们就接近高级思考者的阶段了。一些人已经达到了高级阶段，下面罗列的是这些人的特点。当然，我们并不认为所有人在所有这些特点上的发展程度都是一样的：

- 定期寻找思维中的缺陷，并成功地处理这些缺陷。
- 准确地识别出生活中需要得到改善的重要领域（例如，学生、员工、父母、丈夫、妻子、消费者），并通过练习在大部分领域中取得显著进步。
- 不再极度迫切的强求理性。
- 继续搜索思维、情绪和行为中存在的自我中心，能够克服这些非理性的思维和情绪，并且相应地改变自己的行为。
- 能够很好地承认自己犯了错误。
- 喜欢那些给我们建设性批评的人。
- 享受在行动中观察自己思维的过程。
- 享受理解分析他人观点的过程。
- 从学习与我们有显著不同的思维中获得满足。
- 定期识别分析思维中的假设。
- 不再关心维持肤浅的形象，在反对集团信念时不会再感到不适。
- 确定错误思维带来的非理性行为、动机和感受。在这一学习过程中获得令人满意的结果。
- 用不同的方法来调整自己的思维，并改变自己的感受。
- 经过反复练习，发现并调整思维的活动是自动发生的，并且不需要很大努力。
- 通过对行为和思维的分析，理解自我中心和社会中心在人类生活中造成的问题。
- 意识到自身发展程度取决于减少生活中自我中心倾向的程度。知道如何减少对他人的操纵和顺从。
- 意识到与生俱来的自我中心思维不是一种理性的思维模式。
- 擅长觉察自己和他人的自我中心思维。
- 能觉察出他人思维的逻辑，并且能觉察出他人何时在以自我中心的方式行事。
- 能够识别他人何时试图对我们进行思维操纵。
- 定期写下自己思考的东西以便更好地分析。
- 向批判性思维者详细阐述自己的思维，来确保我们没有不合逻辑地解释情境，并对抗自我中心的无意识思维。
- 因为人生来倾向自欺，所以必须主动调控自己的思维。
- 使用内在对话来审视并改善思维。思考下列高级思考者内在对话的例子。

内在对话的例子

- 我不清楚这个人试图跟我传达些什么。我需要问些问题来弄清楚情况。我应该要求她详细阐述自己的观点,我想我还需要一个具体例子。
- 我不确定他说的是否与问题相关,他的信息是否与我们试图解决的问题相关,他的问题是否与这次会议的焦点相关。
- 似乎我对情境的解释存在一些不合逻辑的地方。也许我在收集相关信息之前太急于得出结论。也许我这个结论是根据不准确的信息得出的。也许我的解释只是出于对自己利益的考量。有可能我固有的自我中心阻碍了我重新思考结论。
- 我开始意识到自己听不进他人的观点,因为他的观点会让我不得不反思自己的立场。不论何时,当我感受到自己的这种防御性时,我知道我犯了自我中心的毛病。我会努力发现自己的荒谬,强迫自己理性地思考对立的立场,以善意行事而不是去实现自己试图隐藏的目的。
- 我能知道自己在想些什么。我没有试图解决观点冲突,而是试图强迫他人接受我的观点。我希望他人完全按照我所说的行事,即使伤害他也在所不惜。我能够觉察出自己操纵他人的想法,并且知道不论何时出现这种想法,我就是非理性的,很可能对他人造成伤害。我必须认识到企图操纵他人的想法是一种伤人的思维模式,要努力摒弃这种想法。
- 我会考虑为什么我要屈从于他人。不论什么时候屈从于他人,我都要问一问自己是不是想在该情境中得到些什么?是不是想从这个人那里得到什么?为什么在这种环境中,我会选择服从而不是更加理性一点?也许屈从他人的真正原因是想要操控他以得到我自己想要的东西。如果我告诉他真实的原因,我还能够得到自己想要的东西吗?我会发现自己需求中的荒谬吗?

达到思维发展的高级阶段可能要花几年时间，许多因素都会影响该方向的发展，其中最重要的是动机、投入和反复练习。

阶段 6　完善的思考者

练习阶段和高级阶段是连续的。没有明确的分界线清晰地区分这两个阶段。然而，简要地说，当我们能够自动地做出原本需要刻意付出努力的事情时，我们就已经接近高级批判思考者的阶段了。反复练习会使得行为自动化，当高度熟练的表现成了思维活动的特征时，我们就进入了完善水平阶段。

"完善"思维有以下特点：

- 系统地管理自己的思维，不断地监控、修改并且重新思考策略以获得思维的持续进步。
- 拥有深刻的、内化了的思维技巧，批判性思维既是有意识的又是高度自觉的。将批判性思维提升到皮亚杰所说的"有意识"水平。
- 积极地自我评价，主动地分析生活中所有重要领域的思维，并且不断发展出在更深思维水平上的新见解。
- 致力于公平的思维，尽力控制自我中心本性。
- 系统地监控思维中概念、假设、推理、意义和观点的作用，并且不断地完善这种监控。
- 对思维有高水平的认识和实际洞察力。
- 自觉地评价自己思维的清晰度、准确性、精确性、相关度、逻辑性以及所有的思维标准。
- 将批判性思维内化为自己的思维习惯。
- 经常地、有效地并且富有洞察力地批评自己的思维，并不断改善自己的思维。
- 不断地监控自己的思维。
- 经常有效地、极富洞察力地表达自己思维中固有的优缺点。
- 关注自己思维的易谬性。
- 能够做到思维的谦逊、公正、坚毅、有勇气、有同理心、自主、有责任感和公平。
- 能够很好地控制自我中心和社会中心思维。

我们中的大多数都不会成为高级批判性的思考者，这就像高校棒球运动员中不会有很多人发展成专业棒球运动员，或者学生作家中不会有很多发展成著名小说家那样。然而，我们要认识到成为一名高级批判性思考者是很重要的，要把它作为理想去奋斗，把它看成是可能实现的并为之不断奋斗。也许在未来，批判性思维将会成为一种受到高度尊重的社会价值。

发展的第 6 阶段——完善的批判性思考者阶段，也许我们用第三人称来描述它最合适，因为我们不清楚在非理性时代中生活的人是否有资格做一名真正完善的思考者。可能是因为所有人都深陷社会制约之中，所以我们不太可能成为完善的思考者。然而这个概念是很有用的，因为它提出了我们奋斗的目标，并且理论上，一些人是可以达到这个阶段的。

完善思考者需要一个批判型社会，一个重视批判性思维、会对有批判性思维的个体进行奖励的社会，一个父母、学校、社会团体和大众传媒重视培养并尊重批判性思维的社会。而在当下的社会中，当人们必须用理性来应对解决生活中的非理性时，要求人们达到批判性思考者发展的最高水平就显得过于苛刻了。

完善的思考者的心理品质

以下罗列的是对完善的思考者来说最为重要的心理品质。完善的思考者：

- 能够意识到自己思维的运作。
- 是高度整合的。
- 是合乎理性的。
- 是有逻辑的。
- 是目光长远的。
- 是深刻的。
- 是能够进行自我修正的。
- 是自由的。

下面将详述每一条心理品质。

完善的思考者能意识到自己思维的运作。他们：

- 意识到自己的思维和行动模式。
- 深思熟虑地做出思维改变。
- 赞同自己的内在逻辑。

完善的思考者是高度整合的。他们：

- 灵活地运用不同的知识。
- 洞察基本概念和原则，组织大量信息。

完善的思考者是合乎理性的。他们：

- 能够概括知识。
- 遵从语言逻辑。

- 合理地使用概念和问题的逻辑。
- 能够在多重思维框架下推理。
- 能够通过思考"增加"理解和洞察力。

完善的思考者是有逻辑的。他们：

- 经常分析事物的逻辑。
- 综合分析多个理由和证据。
- 保持高度的一致性。

完善的思考者是目光长远的。他们：

- 采取长远的观点。
- 规划自己的发展。
- 关注最终价值。

完善的思考者是深刻的。他们：

- 对自己的基本信仰和价值观有深刻见解。
- 抓住自己思维和情绪的根本。
- 确保自己的信仰有理性的基础。
- 了解思维、感受和行动背后的深刻动机。

完善的思考者是能够进行自我修正的。他们：

- 应用思维标准评价自己的思维、感受和行为。
- 发现并批评自己的自我中心和社会中心。
- 关注自己的矛盾。

完善的思考者是自由的。他们：

- 追求理性。

- 能够调整自己的生活模式、习惯和行为。
- 是理性和公平的榜样。

完善的思考者的内在逻辑

因为完善的思考者成功地将自己的理想和思维、情感、行动联系起来，他们在行动时是有很高的自我实现感和幸福感的。理性是他们自我认同的重要部分，他们能够很好地调整自己的思维，能洞察那些企图利用地位和权势来威胁他们的策略，能够对那些因为惧怕权势而企图逃避的人表达异议。他们意识到了人类生命的短暂，从而更加珍惜现有的生活。他们努力做到诚实和自我完善，建立没有自欺和欺骗他人的人际关系。

完善的思考者能够意识到自身在广阔世界中的位置，努力去实现自己能够实现的目标。他们不被他人所控制，有自己的信念和观点却不深陷自己的观点之中，不被自己的偏见和谬见所蒙蔽。

完善的思考者

不论是否存在或者将来是否会出现完善的思考者，都不可能存在"完美的"思考者，因为人类头脑不可能以一种"完美的"方式运转。人类所有的发展都受到人类易谬性的限制。不论我们的理性发展到了多高的程度，我们固有的自我中心和社会中心都不可能完全被去除。不论我们的整合性发展到多高的程度，我们的意识还是会错过一些矛盾和不一致。不论我们的洞察力发展到多高的程度，我们都会有无法达成的洞见。不论我们内化了多少观点，我们都无法全面理解所有的观点。不论我们的经验多么丰富，我们都无法获取所有有益的经验。

不论我们大脑开发到何种程度,我们的思维永远是有限的、易犯错误的、自我中心的、社会中心的、存有偏见和非理性的。正因如此,完善的思考者能够强烈地意识到自己的局限性,知道自己离"完美的"思考者还有多远。因此,他们会不断地学习,不断地开发自己的头脑,以及不断地反思批评。

参 考 文 献

Campbell, S. (Ed.) (1976). *Piaget Sampler: An Introduction to Jean Piaget Through His Own Words.* New York: John Wiley & Sons.

Clark, R. (1984). *A. Einstein: The Life and Times.* New York: Avon Books.

Darwin, F. (Ed.) (1958). *The Autobiography of Charles Darwin.* New York: Dover Publications.

Downie, L., and Kaiser, R. (2002). *The News about the News.* New York: Knopf.

Ennis, R. (1985). *Goals for Critical Thinking/Reasoning Curriculum* (Illinois Critical Thinking Project). Champaign, IL: University of Illinois.

Esterle, J., and Cluman, D. (Eds.) (1993). *Conversations with Critical Thinkers.* San Francisco, CA: Whitman Institute.

Frank, J. (1982, Oct.). *Chemtech*, p. 467.

Fromm, Erich. (1956). *The Art of Loving.* New York: Harper & Row, pp. 1–2, 23–24, 47.

Guralnik, D. B. (Ed.) (1986). *Webster's New World Dictionary.* New York: Prentice Hall.

Jevons, F. R. (1964). *The Biochemical Approach to Life.* New York: Basic Books.

Lipman, M. (1988, March). Critical thinking and the use of criteria. *Inquiry: Newsletter of the Institute for Critical Thinking.* Upper Montclair, NJ: Montclair State College.

Markham, F. (1967). *Oxford.* Holland: Reynal & Co.

New York Times (1998, Oct. 5). Amnesty finds "widespread pattern" of U.S. rights violations.

New York Times (1998, Dec. 28). Iraq is a pediatrician's hell: No way to stop the dying.

New York Times (1999, March 6). Testing the limits of tolerance as cultures mix: Does freedom mean accepting rituals that repel the West?

New York Times (1999, June 12). Beautiful beaches and bronzed men, but no bathing belles.

New York Times (1999, June 20). Arab honor's price: a woman's blood.

New York Times (1999, July 1). U.S. releases files on abuses in Pinochet era.

New York Times (1999, Oct. 21). Boy, 11, held on incest charge, and protests ensue.

New York Times (1999, Nov. 22). Moratorium now.

New York Times (1999, Nov. 27). Spanish judge is hoping to see secret files in U.S.

New York Times (1999, Nov. 29). Advertisement by the Turning Point Project entitled "Invisible government."

New York Times (2004, Feb. 25). Prosecutorial misconduct leads justices to overturn death sentence in Texas.

New York Times (2004, April 4). Convicted of killing his parents, but calling a detective the real bad guy.

Paul, R. (1995). *What Every Student Needs to Survive in a Rapidly Changing World.* Dillon Beach, CA: Foundation for Critical Thinking.

PETA. (1999). 501 Front St., Norfolk, VA 23510, www.peta.com.

Peters, R. S. (1973). *Reason and Compassion.* London: Routledge & Kegan Paul.

Plotnicov, L., and Tuden, A. (Eds.) (1970). *Essays in Comparative Social Stratification.* Pittsburgh, PA: University of Pittsburgh Press.

San Francisco Chronicle (1999, Feb. 6). First Philippine execution in 23 years: Lethal injection for man who raped his stepdaughter, 10.

San Francisco Chronicle (1999, June 11). Treatment is new salvo fired by reformers in war on drugs: Courts, voters beginning to favor therapy, not prisons, to fight crack. (Article taken from the *New York Times*.)

San Francisco Chronicle (1999, Oct. 2). U.S. order to kill civilians in Korea illegal, experts say. Prosecution seen as impossible now. (Article taken from the *Associated Press*.)

Siegel, H. (1988). *Educating Reason: Rationality, Critical Thinking, and Education.* New York: Routledge Chapman & Hall.

Stebbing, S. (1952). *Thinking to Some Purpose.* London: Penguin Books.

Sumner, W. G. (1940). *Folkways: A Study of the Sociological Importance of Usages, Manners, Customs, Mores, and Morals.* New York: Ginn and Co.

Zinn, H. (1995). *A People's History of the United States.* New York: HarperCollins.

思考力丛书

学会提问（原书第 12 版·百万纪念珍藏版）

- 批判性思维入门经典，真正授人以渔的智慧之书
- 互联网时代，培养独立思考和去伪存真能力的底层逻辑
- 国际公认 21 世纪人才必备的核心素养，应对未来不确定性的基本能力

逻辑思维简易入门（原书第 2 版）

- 简明、易懂、有趣的逻辑思维入门读物
- 全面分析日常生活中常见的逻辑谬误

专注力：化繁为简的惊人力量（原书第 2 版）

- 分心时代重要而稀缺的能力
  就是跳出忙碌却茫然的生活
  专注地迈向实现价值的目标

学会据理力争：自信得体地表达主张，为自己争取更多

- 当我们身处充满压力焦虑、委屈自己、紧张的人际关系之中，
  甚至自己的合法权益受到蔑视和侵犯时，
  在"战和逃"之间，
  我们有一种更为积极和明智的选择——据理力争。

学会说不：成为一个坚定果敢的人（原书第 2 版）

- 说不不需要任何理由！
  坚定果敢拒绝他人的关键在于，
  以一种自信而直接的方式让别人知道你想要什么、不想要什么。

写作与表达

《风格感觉：21世纪写作指南》
作者：[美] 史蒂芬·平克 译者：王烁 王佩 译 阳志平 审校

写作在这个时代的重要性，远远超过以往任何时代。如果只读一本写作书，就读这一本。

比尔·盖茨大力推崇的心理学家、畅销书作者史蒂芬·平克教你如何运用语词打动人心

《纽约时报》畅销书/《经济学人》优秀图书

《学术写作原来是这样：语言、逻辑和结构的全面提升》
作者：易莉

中国人在英文学术写作中有哪些误区？如何提升学术写作的效率？北京大学心理与认知科学学院博导易莉多年英文论文写作课程精华，一部有关心理学、社会科学的英文学术写作指南

《故事板演讲术：4步打造看得见的影响力》
作者：[法] 玛丽昂·沙罗 [美] 珍妮弗·约翰逊 译者：胡晓琳

如何缓解公众演讲的焦虑和压力？如何轻松应对演讲前的痛苦准备？4个步骤、10个工具帮助你创作吸引人的演讲，实现与他人有效沟通

《用图表说话：职场人士必备的高效表达工具》
作者：[美] 斯科特·贝里纳托 译者：王正林

数据可视化：一种新的商业沟通语言，一项商业精英的技能。数据可视化专家手把手教你做出有说服力的图表

《好图表，坏图表：可视化语言打造看得见的说服力》
作者：[美] 斯科特·贝里纳托 译者：黄涛

当代职场沟通必备技能，《哈佛商业评论》可视化思维经典入门指南。4个步骤、300余张好图表VS坏图表，让你熟练掌握可视化语言，提升说服力和影响力，实现职场跨越式成长